Bolz

Blindflug mit Zuschauer

Norbert Bolz

Blindflug
mit Zuschauer

Wilhelm Fink Verlag

Umschlagabbildung:
Pieter Bruegel d. Ä., Ikarussturz (Ausschnitt)

Bibliografische Information Der Deutschen Bibliothek

Die Deutsche Bibliothek verzeichnet diese Publikation in der Deutschen Nationalbibliografie; detaillierte bibliografische Daten sind im Internet über http://dnb.ddb.de abrufbar.

Das Werk einschließlich aller seiner Teile ist urheberrechtlich geschützt. Jede Verwertung außerhalb der engen Grenzen des Urheberrechtsgesetzes ist ohne Zustimmung des Verlages unzulässig und strafbar. Das gilt insbesondere für Vervielfältigungen, Übersetzungen, Mikroverfilmungen und die Einspeicherung und Verarbeitung in elektronischen Systemen.

ISBN 3-7705-4051-4
© 2005 Wilhelm Fink Verlag, München
Einbandgestaltung: Evelyn Ziegler, München
Herstellung: Ferdinand Schöningh GmbH, Paderborn

Inhaltsverzeichnis

Vorwort	7
1. Der Verlust der Gewißheit und die neuen Stabilitätsbedingungen	11
2. Das Chaos der Intimität: Männer, Frauen, Familien	21
3. Rückblick auf die vornehmen Werte	33
4. Wie das Ressentiment schöpferisch wurde	45
5. Warum es intelligent ist, nett zu sein	59
6. Politik zwischen Celebrity Design und Muddling Through	69
7. Wie Medien die Gesellschaft zusammenhalten	85
8. Der Kult des Authentischen im Zeitalter der Fälschung	93
9. Gute Unterhaltung	103
10. Das Kaleidoskop der Werte	121
11. Die neuen Arbeitsverhältnisse	133
12. Der Wunsch nach Eigenzeit	145
Coda: Die Prinzen von Serendip	163
Anmerkungen	183
Literaturverzeichnis	201

Vorwort

> We are too busy to be unhappy.
> Charles H. Cooley[1]

Modernität hat ihren Preis. Zwar wird sich heute niemand ernsthaft wünschen, wieder in vormodernen Gesellschaften zu leben, aber das Projekt der Moderne war kein Weg ins Glück. Was es kostet, modern zu leben, ist schon früh auf prägnante Begriffe gebracht worden: Entzweiung (Hegel), Entfremdung (Marx), der letzte Mensch (Nietzsche). Im 19. Jahrhundert schien noch ein Ausweg aus der Tragödie der Moderne möglich, sei es in der Perspektive des Geistes oder der Revolution, sei es als Wiederholung der Antike. Auch zu Beginn des 20. Jahrhunderts hatte sich an der Diagnose nichts geändert: das Unbehagen in der Kultur (Freud), das stahlharte Gehäuse der Hörigkeit (Max Weber), die Kristallisation des Posthistoire (Spengler). Aber die Auswege waren nun versperrt, und es blieb nur noch, dieses Schicksal der Modernität auszuhalten, es männlich zu ertragen. Danach kamen lediglich noch Reprisen wie Adornos „verwaltete Welt" oder Abbruchunternehmen wie Luhmanns Systemtheorie, die mit der Austreibung des Menschen aus der Gesellschaft zu enden schien.

Man bekäme aber eine ganz andere Welt zu sehen, wenn man die Vorzeichen ändern, wenn man die Tragödie der Moderne durch eine Positivierung ihrer Problembegriffe aufheitern würde. Und dazu gibt es durchaus interessante Ansätze. Arnold Gehlen hat die Geburt der Freiheit aus der Entfremdung plausibel gemacht. Joachim Ritter hat Hegels Schlüsselbegriff der Entzweiung resolut positiviert und daraus eine weitreichende Theorie der Kompensation abgeleitet. Und im Anschluß daran hat schließlich Odo Marquard gezeigt, wie Wertepluralismus und Überdeterminierung, also die Überforderung des einzelnen durch Ansprüche, Normen und Erwartungen, die sich aber wechselseitig einschränken, Spielräume der Freiheit eröffnen.

Die aktuellen Problembegriffe der modernen Gesellschaft lauten

Komplexität und Kontingenz, Ungewißheit und Unsicherheit. In ihrer sachlichen Dimension ist sie gekennzeichnet durch wachsende Komplexität, rigorose Systemdifferenzierung, den Eigensinn der Codes und die Ausklammerung des „Menschen". Zeitlich ist die moderne Gesellschaft charakterisiert durch eine evolutionäre, also myopische Dynamik, die dem einzelnen keine Karriere, sondern nur noch eine Patchwork-Identität gönnt, die man neuerdings unter dem Label portfolio living anpreist. In ihrer sozialen Dimension ist die Moderne durch Reflexivität als reale Struktur und durch Kontingenz geprägt: „People are responding to an environment that consists of other people responding to their environment, which consists of people responding to an environment of people's responses."[2] Wie ich mich entscheide, hängt davon ab, wie der andere sich entscheidet, der sich wiederum an meiner Entscheidung orientiert. Und ich weiß, daß der andere weiß, daß ich, wie er, auch anders könnte.

Die Codes ordnen die sozialen Systeme jenseits von Gut und Böse, und das erscheint vielen als Werteverlust. Die Positivierung auch dieses Problembegriffs macht dagegen deutlich, daß Wert modern immer heißt: das eine aufgeben, um das andere zu bekommen. „Da Gesellschaften aus vielseitigen moralischen Gefühlen bestehen, kann die einseitige Erfüllung eines einzelnen Wertes nicht das Beste sein. Da nicht alles Wünschbare erfüllt werden kann, verwirklicht sich die gute Gesellschaft durch die Nichtverwirklichung von Werten."[3] Man kann also keine Werte verwirklichen, ohne andere Werte zu verwirken. So dreht sich das Wertekarussell immer schneller. Es mangelt der modernen Gesellschaft nämlich nicht an Werten; sie sind nur nicht mehr hierarchisch geordnet und kollektiv verbindlich. Deshalb drängen sich Bilder wie Wertekaleidoskop oder eben Wertekarussell auf.

Das ist faszinierend und beängstigend zugleich. Man möchte das Schauspiel genießen – aber aus der sicheren Distanz des Zuschauers. Genau das war ja die Leistung der antiken *theoria*: Welterkenntnis mit Distanzgenuß. Modern ist das aber nicht mehr möglich. Der Zuschauer weiß sich jetzt als Rezipient und Beobachter selbst in das Beobachtete einbezogen. Das gilt für die Welt der Massenmedien genauso wie für die Welt der Theorie. Die Massenmedien reduzieren die Distanz des Zuschauers auf scheinbare Betroffenheit. Die Rezipienten der Weltnachrichten sind betroffen von der Betroffenheit anderer, also betroffen unbetroffen. Die Gesellschaftstheorien reduzieren die Distanz des Zuschauers auf die Beobachtung anderer

Beobachter, die alle nicht trotz, sondern kraft ihres blinden Flecks sehen können, was sie sehen können.

Blinder Fleck – das ist die Schlüsselmetapher der sogenannten Kybernetik zweiter Ordnung. Sie macht uns mit dem erstaunlichen Gedanken vertraut, daß es Einsicht nur durch Blindheit gibt. Die folgenden Überlegungen kopieren diesen Gedanken in die Theorie der modernen Gesellschaft hinein: Die moderne Gesellschaft bewegt sich im Blindflug. Damit ist mehr gesagt als die Selbstverständlichkeit, daß Evolution blind verfährt. Blindflug heißt nämlich auch Instrumentenflug. Wenn man aus dem Fenster schaut, ist nichts zu sehen – aber man kann sich auf die Anzeigen der Instrumententafel verlassen.

In der Metapher des Blindflugs kontrahieren wir viele der negativ bewerteten Phänomene der modernen Gesellschaft und bereiten ihre Umwertung vor: die Ungewißheit und Unsicherheit der Lebensverhältnisse, die Deregulierung des familiären und sexuellen Alltags, das „muddling through" der Politik, die Unvorhersehbarkeit einer auf Wissen basierten Wirtschaft und die „job uncertainty" eines globalisierten Arbeitsmarktes. Meines Erachtens gibt es keine bessere Metapher für die Entwicklungsdynamik der modernen Gesellschaft als die des Blindflugs. Aber für ihre Prägnanz bezahlt sie mit einer Ungenauigkeit. Die Metapher des Blindflugs müßte auch noch mitkommunizieren, daß nicht klar ist, wo wir landen werden. Auf die Instrumente und das Personal ist Verlaß, aber niemand weiß, wohin die Reise geht.

1. Der Verlust der Gewißheit und die neuen Stabilitätsbedingungen

Die Erde ist nicht der Mittelpunkt der Welt, und der Mensch steht nicht im Mittelpunkt der Gesellschaft. Aber auch sozial sind wir immer noch Ptolemäer. Deshalb zeigt sich uns das spezifisch Moderne als Un-Welt: die Ungewißheit, das Unerwartete, das Unheimliche, das Unberechenbare, der Unsinn, die Unwahrscheinlichkeit. Diese Begriffe, die die Beschreibungen unserer Gegenwart dominieren, signalisieren die Katastrophe der Moderne, den Verlust der „klassisch modernen" Gewißheiten – und sie provozieren, da sich die moderne Gesellschaft ja fraglos am Leben hält, die Frage nach den neuen Stabilitätsbedingungen. Das ist natürlich auch die Frage nach einer neuen Semantik, mit der man diese Un-Welt besser kartographieren könnte.

Der Begriff Katastrophe ist in diesem Zusammenhang nicht unangemessen emphatisch, wenn man ihn im Sinne René Thoms als Wechsel der Stabilitätsbedingungen eines dynamischen Systems begreift. Zunächst einmal geht es hier um den Preis, den wir für die offene Gesellschaft der Moderne zu zahlen haben. Spätestens seit Henry Maine den Prozeß der Modernisierung als Übergang *from status to contract* definiert hat, abundieren die Versuche, diesen Preis zu benennen. Ob nun vom Nomosschwund oder dem Unbehagen in der Kultur, ob von Auraverlust oder dem Verlust der Mitte die Rede ist – die Botschaft all dieser Formeln lautet: In der Un-Welt gibt es nichts Unbedingtes; wer modern lebt, muß auf Unverzichtbarkeit verzichten. Und jeder macht die spezifische Modernitätserfahrung: alles ändert sich in meiner Lebenszeit.

Peter L. Berger hat deshalb von einer Ökumene der Unsicheren gesprochen. Diese Formel komprimiert sehr schön den Doppelsinn der Einsicht, daß es keinen Ersatz für die Weisung der Religion gibt: Religion kann dem Leben keine Weisung mehr geben, aber wir können darauf auch nicht verzichten. Deshalb fragt die heutige Religiosität nicht mehr ‚Was darf ich hoffen?', sondern ‚Was muß ich fürchten?'

Je komplexer die Welt wird, desto mehr müssen Handlungsanweisungen durch Lernanweisungen ersetzt werden. Doch eine Lernbereitschaft, die der modernen Ungewißheit gewachsen wäre, muß selbst komplex angelegt sein. Denn es kann nicht darum gehen, daß Lernen die moderne Ungewißheit in neue Gewißheit verwandelt. Ungewißheit ist nämlich ein autologischer Begriff: „uncertainty itself is subject to uncertainty; we do not know how much we know, or how accurately; there is no visible boundary between knowledge, opinion, and ignorance."[1]

Die große Zumutung der Un-Welt besteht also darin, daß wir uns nicht nur mit einem moralischen, sondern auch mit einem kognitiven Relativismus abfinden müssen. Die Härte dieser Zumutung kann man am Fanatismus der ideologischen Reaktionsbildungen ablesen. Man muß den Blick dabei gar nicht in den Nahen Osten schweifen lassen; jede beliebige Talkshow zeigt, daß Undurchschaubarkeit und Moralismus, daß Kontingenzerleben und Fundamentalismus sehr stark korreliert sind. Diesen Zusammenhang kann man mit einem von Harrison C. White geprägten Begriffspaar rasch verdeutlichen: *high ambage / low ambiguity*. Wo hohe soziale Ungewißheit herrscht, können wir eine geringe symbolische Ungewißheit erwarten – und umgekehrt![2] Man hat also immer die Wahl zwischen sozialer und symbolischer Unsicherheit.

Nichts blockiert Modernisierungsprozesse effektiver als die Faszinationskraft der fanatischen Gewißheit. Sie war ursprünglich, etwa bei Luther, Heilsgewißheit und ermäßigte sich in der Moderne zur Wahrheitsgewißheit des Cartesischen Cogito – und zum demütigen Gehorsam Fénelons. Den Zugang zur Gewißheit gewährten zunächst Institutionen, dann Texte; schließlich das innere Erlebnis. Auch die wissenschaftlich „säkularisierte" Gewißheit durchlief drei gut unterscheidbare Entwicklungsstadien. Vorneuzeitlich versprach die Wissenschaft Gewißheit durch mathematischen Beweis, Deduktion – schlicht: sicheres Wissen. Neuzeitlich beschränkte sie sich dann auf die Gewißheit der Grundlagen, hohe Wahrscheinlichkeit und Induktion. Und gegenwärtig muß der Wissenschaft die Sicherheit des Zusammenhangs, das Funktionieren des Systems und die Viabilität der Konstruktion genügen. Wer heute Gewißheit behauptet, weckt nur noch Zweifel an seiner wissenschaftlichen Redlichkeit.

Die gesuchte neue Semantik, die der Katastrophe der Moderne ihren Schrecken nimmt und die Un-Welt positiviert, muß genau hier ansetzen. Moderne heißt nicht Sicherheitsverlust, sondern Sicherheitsverzicht – nämlich zugunsten von Kontingenz, also Ersetzbarkeit und funktionaler Äquivalenz. Die Gundparadoxie der Moderne ist die Notwendigkeit der Kontingenz. Damit wir modern leben können, ist es notwendig, daß nichts, was ist, notwendig so ist wie es ist; daß das, was ist, nicht alles ist und nicht für immer. Kontingenz heißt: Es geht auch anders, und auch der andere könnte auch anders, aber nicht beliebig anders – und nicht besser!

Der beliebte Begriff „Lebenswelt" schließt ein solches radikales Kontingenzbewußtsein eigentlich aus. Und das ist auch nicht verwunderlich, denn auf diese einzige Notwendigkeit der modernen Welt, nämlich Kontingenz, kann man sich nicht „lebensweltlich" einstellen. Auch unser tiefes Bedürfnis nach Sicherheit muß also mit einem funktionalen Äquivalent vorliebnehmen. Und wie wir im folgenden immer wieder sehen werden, findet die moderne Welt ihr Sicherheitsäquivalent in zirkulierender Unsicherheit.

Der Kritische Theoretiker Adorno hat einmal über die moderne Welt gesagt: „ihr einigendes Prinzip ist die Entzweiung"[3] – und genau so hat bekanntlich auch der Kompensationstheoretiker Joachim Ritter an Hegel angeknüpft. Entzweiung ist aber keine Wunde, die sich schließen müßte, sondern das Operieren der gesellschaftlichen Differenzierung selbst – mit all ihren Folgeproblemen der wachsenden Artifizialität und Selbstkorruption. Jede Funktion ist eben auch eine Dysfunktion. Deshalb kann das moderne Leben – Stichwort: Systemdifferenzierung! – nicht „das gute Leben" sein. Was der Soziologe Niklas Luhmann mit einem ebenso ironischen wie präzisen Hegelianismus das „unaufhebbare Fürsichsein" der Systeme[4] genannt hat, macht deutlich, daß die moderne Gesellschaft nicht als Ganzes – und sei es das „Unwahre" – gedacht werden kann.

Noch viel radikaler als in Heideggers Programmtitel Sein und Zeit intendiert geht es heute darum, Komplexität im Horizont von Zeit zu deuten. Zeit wird sichtbar im Tempo, das deshalb zur letzten, nüchternsten Ideologie geworden ist. Das Opfer der Modernisierung wird nicht mehr von seinem Platz verdrängt, sondern kommt mit der Entwicklung nicht mehr mit. Man könnte im Blick auf die soziale Dynamik geradezu von einer Beschleunigung – und komplementär dazu: Verzögerung (Moratorium, Katechon) – in die Rechtfertigungsunbedürftigkeit sprechen.

Für die Anpassung an die Realität fehlt uns die Zeit; deshalb orientieren wir uns an der Zeit, statt an der Realität. So ist der Terminkalender ein unverzichtbares Requisit des time binding, in dem wir die Anschlußfähigkeit unseres kommunikativen Handelns in der

Zeit sichern. Wenn sich sachlich alles auflöst und sozial alles kontingent wird, kann Ordnung nur noch zeitlich konstituiert werden. Die einzigen Bindungen, die es noch gibt, sind Zeitbindungen. Modern leben heißt: man folgt nicht dem Gefühl, sondern der Uhr. Besonders deutlich wird das immer dann, wenn es um die Einschränkung des Möglichen geht. Immer seltener läßt sie sich sachlich begründen: Das geht nicht! Und immer seltener folgt sie sozialer Verbindlichkeit: Das macht man nicht! Der Satz, mit dem man heute einschränkt, was möglich ist, lautet statt dessen: Dazu fehlt mir die Zeit. Wie die moderne Gesellschaft so bildet auch das Individuum eine temporalisierte Identität aus – dynamisch stabil, also nicht zielorientiert. Dazu verhilft zum einen die Diskontinuierung der Vergangenheit, zum andern die Diskontierung der Zukunft. Die Vergangenheit wird abgestoßen – man wechselt den Beruf, den Partner, die Ideologie. Und die Zukunft verliert an Bedeutung, je ferner sie ist. Ungesicherte Endlagerung der Brennstäbe; unkontrollierter Treibhauseffekt; die Deutschen sterben aus; das Rentensystem bricht zusammen – all das ist dramatisch, vielleicht katastrophal; aber nicht in meiner Lebenszeit.

Die Moderne hat niedrig, aber solide gebaut, sagte Leo Strauss einmal. Er kann nicht die Solidität des Konstanten gemeint haben. Unsere Gesellschaft stabilisiert sich nämlich gerade durch Variation. Semantische Variabilität sichert sie durch die Erfindung von Problemen; soziale Variabilität durch die Kultur des Konflikts. Das führt uns zu der erstaunlichen Einsicht, daß Unruhe die Stabilitätsbedingung des Sozialen ist. Und jedes soziale System kultiviert seine eigene Form der Unruhe: die Neugier in der Wissenschaft, die Sensibilität in der Erziehung, das Begehren in der Wirtschaft, den Ärger in der Politik. Man kann diese Beobachtung auch anthropologisch „tiefer" legen: Die Instabilität des Menschen ist Bedingung der Stabilität der Gesellschaft. Heute sucht man tatsächlich, wie schon Christian Thomasius es befürchtet hat, Ruhe in der Unruhe; und zumeist endet diese Suche als Flucht in die Selbstreferenz des „happiness of pursuit"[5].

Hier helfen dialektische Modelle nicht mehr weiter. Es geht nämlich in der modernen Gesellschaft nicht darum, Widersprüche aufzuheben, sondern sie zu stabilisieren. Die Selbstwidersprüche eines Systems helfen ihm bei der Anpassung an das Unvorhersehbare. Das Stabile ist nicht immer auch das Optimale, und Ultrastabilität schließt Störungen nicht aus – etwa Montagsdemonstrationen in Leipzig. Gerade die dialektischen Gesellschaftskritiker haben

Schwierigkeiten, zu begreifen, daß Stabilität heute durch positive Rückkopplung erreicht werden kann: Die Reichen werden immer reicher, die Dekonstruktivisten immer radikaler, die Neurotiker immer empfindlicher, die Freizeitsportler immer tollkühner. Die moderne Gesellschaft wird also gerade durch Abweichungsverstärkung immer einheitlicher.

Wir sagten gerade, daß unsere Gesellschaft nicht als Ganzes begriffen werden kann – weder als das Wahre (Hegel) noch als das Unwahre (Adorno). Und so sind die sozialen Systeme, die wir beobachten können, nicht Teile eines Ganzen. Dennoch kann man durch die Beobachtung des Verhältnisses von Ganzem und Teilen etwas Interessantes für die Beschreibung der Moderne lernen. Das Ganze kann nämlich verläßlicher sein als die Teile; und die Perfektion der Teile verbessert nicht notwendigerweise das Ganze. Es ist also durchaus ein stabiles Ganzes aus unstabilen Teilen möglich. Campbell nennt das „holistic dependence on fallible elements"[6]. Stabilität wird durch Ersetzbarkeit gewährleistet. Das entspricht exakt der mathematischen „Stelle" als dem Ort, der nicht durch die Anwesenheit von Dingen, sondern eben durch ihre Ersetzbarkeit charakterisiert ist. Hier liegt die Analogie zur modernen Gesellschaft auf der Hand. Auch ihr Sein ist Ersetzbarsein; auch sie erreicht freie Organisierbarkeit durch funktionale Äquivalente.

Stabil heißt nun aber nicht mehr voraussehbar. Je moderner eine Gesellschaft ist, desto chaotischer verläuft ihr Wandel. Ihre Dynamik ist nichtlinear, und Modebegriffe wie „Schmetterlingseffekt" (butterfly effect) wollen deutlich machen, daß minimale Unterschiede in den Ausgangsbedingungen eines Systems sich zu gewaltigen Differenzen aufschaukeln können (Abweichungsverstärkung). Doch nicht nur die Multiplikation der Effekte schafft Unübersichtlichkeit. Hinzu kommt, daß auch die Theorie sozialer Systeme die Bedeutung des Zufalls für die Evolution anerkennen mußte. Auch für die moderne Gesellschaft gilt: order from noise. Ordnungen entstehen in Prozessen der Selbstorganisation aus dem Rauschen. Das macht die gesellschaftliche Entwicklung unvorhersehbar und eine Koordination ihrer Perspektiven unmöglich. Die einzig noch mögliche Tugend in dieser Welt scheint deshalb die Komplexitätsempfindlichkeit zu sein.

Man muß daher der neuen Weltethik der *sustainability* eine schlechte Prognose stellen. Modernität ist eher das Gegenteil von Nachhaltigkeit. Die Koevolution von Teilen der Gesellschaft schafft ganz neue Formen. Und alle Subsysteme üben Selektionsdruck aufeinander aus: Werte – Wissen – Organisation – Technik – Umwelt. Deshalb scheint es viel realistischer zu sein, mit Richard Norgaard davon zu sprechen, daß sich Gesellschaft und Umwelt in einer „coevolution of unsustainability"[7] entwickeln. Es gibt keine planerische Integration der Umwelt; sie variiert anders als die sozialen Systeme. Und daraus folgt: Man kann die Umwelt nicht verstehen, aber man muß sich in ihr behaupten. Koevolutionärer Wandel ist kein rational gestaltbarer Prozeß, sondern geprägt durch Experiment, Selektion und wechselseitige Anpassung.

Gesellschaftliche Evolution antizipiert nicht Zukunft, sondern reagiert auf Komplexität. „Der Evolutionsbegriff selbst schließt Prognosen aus."[8] Und das gilt schon für seine Erstformulierung durch Darwin, der ja Wohlstrukturiertheit ohne dahinterstehenden Plan, also ein Design ohne Designer denkbar gemacht hat. Evolution ist opportunistisch; sie greift nicht auf Zukunft aus, sondern schiebt die Destruktion auf. Und vom Überleben der Tüchtigsten kann nur die Rede sein, wenn damit ein koevolutionärer Begriff von Fitness gemeint ist.

Doch wenn die Strategie der Nachhaltigkeit fehlschlägt – was dann? Friedrich von Hayek hat schon vor Jahrzehnten die wichtigsten Tugenden des modernen Wirtschaftssubjekts als „Anpassungen an das Unvorhersehbare"[9] charakterisiert. Dazu braucht man Spannkraft, Elastizität, Flexibilität – kurzum das, was die Amerikaner mit einem schwer übersetzbaren Wort *resilience* nennen. Die Fähigkeit zur Anpassung an das Unvorhersehbare setzt Geistesgegenwart und Resistenzerlernungsfähigkeit voraus. Es geht dabei um die Leistungen der Schockabsorption und des Überraschungsmanagements – und insofern steht die Tugend der *resilience* quer zur Forderung nach Effizienz. Während die Strategie der Antizipation, etwa im Streben nach Nachhaltigkeit, auf klassische Stabilitätskonzepte setzt, operiert die Strategie der *resilience* mit Variabilität. Um flexibel reagieren zu können, braucht man Redundanz und lockere Verknüpfungen. Und umgekehrt sind gerade diejenigen unfähig, mit dem Unerwarteten umzugehen, die besonders gut in ihre Rolle passen – Seligman und Garber haben diese Unbeweglichkeit durch Überanpassung sehr schön als *learned helplessness* bezeichnet.

Seit Popper kann man wissen, daß man künftiges Wissen prinzipiell nicht prognostizieren kann. Je wissenschaftlicher eine Zivilisation, desto unvorhersehbarer ist sie also. Weil wir immer mehr wissen, wissen wir immer weniger von der Zukunft. Dynamische Zivilisationen sind – darauf hat Hermann Lübbe immer wieder hingewiesen – zukunftsfremde Zivilisationen. Das Paradoxon lautet also: Je mehr wir in Zukunft wissen werden, desto weniger werden wir wissen – von der Zukunft. Noch nie wußte man so wenig von der Zukunft wie heute. Um das zu verstehen, muß man sich klarmachen, daß unsere Kultur mehr als jede andere zuvor auf Wissen basiert ist. Nun verhält es sich aber so, daß wir nichts von künftigem Wissen wissen können – sonst wüßten wir es ja schon heute. Und daraus folgt eben: Je mehr Zivilisation auf Wissen basiert, desto unvorhersehbarer wird sie. Mit anderen Worten, je mehr das Wissen die Zukunft prägt, desto weniger kann man von der Zukunft wissen.

Dieses Unbekanntsein der Zukunft ist aber kein Problem, das man lösen könnte – man kann nur differenzieren, indem man Szenarien, Skripts und Schemata entwirft. Mehrere sich gegenseitig ausschließende zukünftige Gegenwarten zeitigen dann eine offene Zukunft. Zukunft ist also nur das Symbol dafür, daß alles auch anders werden kann. Mit der Fortschrittsidee hatte die Aufklärung noch das Unbekanntsein der Zukunft verdeckt. Doch heute signalisieren uns die Zeichen der Zeit keinen Fortschritt mehr, wohl aber evolutionäre Sackgassen. Nüchtern betrachtet kann man also nichts über die Zukunft sagen, sondern allenfalls etwas über ihre Möglichkeiten – und die Grenzen ihrer Andersartigkeit. Sinnvoll möglich sind dann aber nicht Voraussagen über die Zukunft, sondern nur *pattern predictions* im Sinne Friedrich von Hayeks.

Jede Zukunft ist das selbstkritische Bild einer Gegenwart. Und in jeder Gegenwart konstituiert sich die Zukunft neu. So können wir Prognosen als Selbstbeobachtungen der Gesellschaft verstehen, durch die sie sich selbst verändert. Wer diese Selbstveränderungen als Modernisierungen positiv bewertet – etwa unter dem Titel „Reform" –, kann dann moderne Gesellschaften dadurch charakterisieren, daß sie eine „metapreference in favour of challenging the prevailing preferences"[10] haben. Moderne Gesellschaften evaluieren sich selbst und entwickeln dabei die Metapräferenz, andere Präferenzen haben zu wollen; sie evoluieren durch Selbstkritik.

Evolution entfristet die Zeit und macht sie zur ziellosen Offenheit. Daß wir Zukunft haben, aber kein Wissen von der Zukunft, sind Vorder- und Rückseite derselben riskanten Freiheit. Entsprechend bedrohlich sehen die Zukunftshorizonte wissenschaftlicher Weltbeschreibungen aus. Vom Popper-Axiom einer prinzipiell unvorhersehbaren Wissensgesellschaft und Norgaards *coevolution of unsustainability* war gerade ausführlich die Rede. Friedrich von Hayek hat die Anpassung an das Unvorhersehbare gefordert, Kenneth

Boulding die Erwartung des Unerwarteten und Herbert Simon die Modellierung des Unbekannten. Die Programmformel von Marion J. Levy: „socialization for an unknown future", faßt das sehr schön zusammen. Da kann es auch nicht mehr überraschen, wenn Politologen wie Charles Lindblom unserer Gesellschaft das Sichdurchwursteln eines *disjointed incrementalism* und Organisationssoziologen wie James March *technologies of foolishness* verschreiben.

Entsprechend ungelassen beobachten wir diesen Blindflug. „Die unbekannte Zukunft rückt der Gegenwart näher, und die Nähe des Unbekannten ängstigt. Zukunftsgewißheitsschwund gehört daher zu den Mißbefindlichkeitsunkosten, die wir für die historisch singulären Wohlfahrtserträgnisse der modernen Zivilisation zu zahlen haben."[11] Die Antizipation der Folgelasten und das Bewußtsein der wachsenden Eingriffstiefe unserer Handlungen verwandelt alles Zukünftige in Gelegenheiten zur Sorge. Künftig mögliche Schäden, über die man sich besorgt, sind aber heute schon schädlich – nämlich als Sorgeschäden. Und jede Gegensteuerung zielt heute schon auf eine ferne Zukunft: Halbwertzeiten, Ressourcenerschöpfung, Ozonloch. Wir wissen nicht, was kommt, müssen aber heute schon mit zukünftigen Folgelasten kalkulieren.

Antony Giddens spricht von *distancing*, um den spezifisch modernen Sachverhalt zu bezeichnen, daß sich die Umweltfolgelasten individuellen Handelns immer weiter von diesem Handeln selbst entfernen. Zwar gab es schon immer unbeabsichtigte und unerwartete Folgen menschlichen Handelns, aber erst heute haben wir die Technologien, die eine präzise Spurensicherung der Effekte unseres Verhaltens ermöglichen. Nun kann man die Tanker aufspüren, die ihre Tanks auf hoher See gereinigt haben. Nun vergeht kein schöner Sommertag mehr ohne bedrohliche Ozonwerte.

Es gibt immer mehr Risiken, weil es immer mehr Möglichkeiten der Gefahrenvermeidung gibt. Das Risiko ist die Gestalt der Zukunft in der Gegenwart. Und das vertretbare – durch wen? – Risiko präsentiert die Zukunft als gegenwärtige Zukunft. Zum Verdruß der „Risikoaversen" gibt es heute aber keine Alternative mehr zwischen riskantem und sicherem Verhalten. Wer „auf Nummer Sicher" geht, riskiert den Verlust einer Chance. Also muß jeder *nolens volens* Risiken kalkulieren. Dieses Risikokalkül ist aber eine nicht-triviale Maschine, das heißt, die Einschätzung des Risikos variiert mit der Zeit. Und deshalb impliziert der Risikobegriff, daß man entscheiden muß, ohne ausreichend informiert zu sein. „Choice is an exploitation of unknowledge."[12]

Im Blick auf Zukunft gibt es nur Unentscheidbarkeiten, die zur Entscheidung zwingen. Jede Gegenwart ist ja der Augenblick der Entscheidung über die Zukunft und der Wahl einer zu dieser passenden Vergangenheit. Wenn man nicht weiß, was kommt und was zu tun ist, muß man entscheiden. Dafür gibt es in der modernen, hochkomplexen Welt keinen Außenhalt. Das Auseinanderbrechen von Herkunft und Zukunft hat zu einem Orientierungsdefizit geführt, das nur durch permanentes Entscheiden kompensiert werden kann. Je mehr aber Entscheidungen die Zukunft bestimmen, desto weniger kann man sie voraussagen.

Die Bedingung der Möglichkeit von Politik heute ist es gerade, daß niemand weiß, was die Zukunft bringt. Denn politische Programme sind genau so weit zustimmungsfähig, als ihre Folgelasten unüberschaubar sind. Demokratie hält die Möglichkeiten zukünftiger Wahl offen. Und zwar eben nicht durch Prinzipien und Programme, sondern durch die Konstanz des politischen Codes. Offene Zukunft heißt dann ganz einfach, daß man die Dinge immer auch anders sehen kann. Deshalb hat Adam Przeworski es als die fundamentale demokratische Tugend bezeichnet, die Ungewißheit zu lieben.

Wenn die Zukunft ungewiß ist, muß man die Wahrnehmung auf unvorhergesehene Folgen einstellen. Hermann Lübbe hat in diesem Zusammenhang von einer „Black-box-Zivilisation"[13] gesprochen. Und hier wäre eine Politik des Sichdurchwurstelns viel erfolgreicher als die Strategie der Nachhaltigkeit und Antizipation. Statt Zukunft voraussagen zu wollen, wäre es deshalb vernünftiger, die Komplexität zu umarmen, wie es Albert O. Hirschman ausdrücklich empfiehlt. Das also wären die Postulate kontingenzbewußter Modernität: Liebe die Ungewißheit, umarme die Komplexität!

In der modernen Welt hat Komplexität keinen Gegenbegriff mehr – deshalb wächst die Sehnsucht nach Einfachheit; die Religion Simplicity bekommt Zulauf. Schon immer hat Autorität Unsicherheit absorbiert. Sie impliziert ja die Hinnahme fremder Entscheidungen, entlastet damit aber auch von Entscheidung. Heute erwarten die meisten derartiges wieder von Werten und von Ethik als der Illusion eines zeitunabhängigen Wertebezugs. Die Kontingenz der modernen Welt provoziert Werte als Fiktion von Stabilität. Und Werte sind genau in dem Maße stabil, als man mit ihnen nichts anfangen kann. Sie machen viel Lärm um fast nichts.

Die Orientierung an stabilen Werten, die in einer Hierarchie geordnet sind, steht genau antipodisch zum modern geforderten Kontingenzbewußtsein. Schon vor hundert Jahren hatte Max Weber von einem Polytheismus der Wertreihen gesprochen und damit die Pluralität der Systemrationalitäten vorgedacht. Wie auf Weisheit verzichtet die Moderne nämlich auf absolute Werte und institutionalisiert den Wechsel der Präferenzen, genauer gesagt: die Metapräferenz für den Wechsel der Präferenzen. Ihr Lieblingskind ist der Opportunist.

2. Das Chaos der Intimität: Männer, Frauen, Familien

Die Achtundsechziger sind unser Schicksal. Als Kinder haben sie die ersten Früchte des Wirtschaftswunders genossen; als Jugendliche haben sie Politik und Medien durch ihre „Studentenrevolte" fasziniert; als Erwachsene haben sie die Professoren- und Chefredaktionsstellen unserer Republik dauerhaft besetzt. Heute stellen sie die Regierung und garantieren sich selbst eine luxuriöse Rente, für die alle künftigen Generationen bluten müssen. Zu Recht hat Andreas Kilb in diesem Zusammenhang von „Generationenherrschaft" gesprochen.[1] Bekanntlich ist die Bewegung der Achtundsechziger dann nahtlos in den Feminismus übergegangen, und was beide verknüpft hat, ist der Angriff auf die bürgerliche Familie. All das war so erfolgreich, daß sich seither kein ernstzunehmender Konservativismus mehr formieren konnte. Sehen wir näher zu.

Eine Frau, die arbeitet, ist unserer Gesellschaft heute mehr wert als eine Hausfrau und Mutter. Die CDU hat bei den letzten Bundestagswahlen die Quittung dafür bekommen, daß sie diese neue, familienpolitisch korrekte Wertehierarchie noch nicht begriffen hat. Die höchste Wertschätzung genießt das berufstätige Paar mit ganztägig betreutem Kind. Dann folgt die alleinerziehende, berufstätige Mutter – sie ist die eigentliche Heldin des rot-grünen Alltags. Ihr folgen die Singles bzw. Dinks (double income, no kids). Am unteren Ende der Werteskala rangiert die klassische Familie mit arbeitendem Ehemann und Mutter/Hausfrau. Ihr gilt nur noch der Spott der neuen Kulturrevolutionäre, die die Lufthoheit über den Kinderbetten längst erobert haben.

Im Ernst wird auch heute niemand bestreiten, daß Hausfrauen und Mütter Arbeiten verrichten. Aber der Arbeit der Hausfrau fehlt die vertragsmäßige Freiwilligkeit; sie ist keine „workforce" auf dem Arbeitsmarkt – und deshalb wird sie nicht anerkannt. Die traditionelle Mutter/Hausfrau sieht sich heute von einer Fülle hochmoderner Unterscheidungen umstellt, die ihr heiliges Familiengefühl antiquiert erscheinen lassen. Vor allem ist sie ständig mit Frauen konfrontiert, die sich für Produktion, also Karriere, und gegen Reproduktion, also Kinder, entschieden haben. Hinzu kommt eine subtile Regierungspropaganda, die Frauen, die „nur" Mütter und Hausfrauen sind, ein schlechtes Gewissen verpaßt.

Man kann das Schicksal der Familie in der modernen Gesellschaft nur verstehen, wenn man Unterscheidungen unterscheidet. Die Familie monopolisiert hier die Unterscheidung Mann/Frau; und daraus folgt, daß diese Unterscheidung in allen anderen sozialen Systemen dann keine Rolle mehr spielen darf. Deshalb ist es in fast allen Lebenslagen gut begründet, sich an das moderne Gebot zu halten: Ignoriere den Geschlechtsunterschied. Dieses Gebot, das ja ein Unterscheidungsverbot ist, führt aber nicht nur zu der interessanten mystischen Utopie, man könnte in einem Kalkül der Liebe das Unterscheiden völlig außer Kraft setzen, sondern auch zu einer Kaskasde neuer Unterscheidungen.

Der Abbau von Leitunterscheidungen wie etwa alt/jung beschert uns statt dessen „junge Alte" (best ager), das heißt, man unterscheidet Jugend als Wert vom Lebensalter. Und wenn man die Unterscheidung Mann/Frau herunterspielt, hat man es sofort mit Unterscheidungen wie männlich/weiblich oder Frau/Weiblichkeit zu tun. Für einen Beobachter der modernen Gesellschaft ist hier vor allem die heimliche Substitution durch die Unterscheidung Frau als Opfer/Frau als Held der Zukunft interessant. Wir kommen gleich darauf zurück.

Frauen, die diese Unterscheidungspraktiken reflektieren, können natürlich (natürlich!) auch weiblich (weiblich!) darauf reagieren – und das Unterscheiden als typisch männlich ablehnen. Damit plazieren sie sich auf der Seite (der Seite!) der Mystik, das heißt jener Ganzheitserfahrung von Welt, die sich gerade in der Verweigerung des Unterscheidens einstellt; der Mystiker will die Welt nicht verletzen.[2] Nicht mehr zu unterscheiden, ist der Kern jedes mystischen Heilsversprechens. Wer etwa Tao lehrt und Meditation empfiehlt, entzieht sich dem alle Bestimmungen überhaupt erst ermöglichenden Befehl „Draw a distinction."[3] Wer hier nicht unterscheidet und das reflektiert, könnte sich an der Unterscheidung zwischen Grenze, Unterscheidung, Verletzung (männlich) einerseits und Schwelle, Zweideutigkeit, Zone (weiblich) andererseits orientieren. Wer dagegen auf der anderen Seite der Mystik, also diesseits dieses Nichtunterscheidenwollens steht, kann dasselbe kritisch so formulieren: Diejenigen, die „Intuition" sagen, wollen sich um die Unterscheidung drücken.

Jede Negation eines Unterschieds bringt offenbar, gleichsam auf ihrem Rücken, einen neuen Unterschied mit sich. Die Dinks der Nachbarschaft machen uns mit der Unterscheidung Ehe/Kinder vertraut. Natürlich gab es schon immer kinderlose Ehen, aber erst heute wird die natürliche Assoziation zwischen Ehe und Kindern gebrochen. Mit ähnlichen Brüchen sind wir ja längst vertraut. Seit es die Pille gibt, ist Sex ohne Kinder selbstverständlich. Und umgekehrt konfrontiert uns die Gentechnik heute mit der Möglichkeit, Kinder ohne Sex zu haben. Da kann es nicht überraschen, daß in „kulturrevolutionären" Kreisen Schwangerschaft zunehmend als Behinderung behandelt wird.

Bei Kulturanthropologen und Soziologen finden deshalb die gesellschaftlichen Folgen der Pille immer stärkere Beachtung. Frauen kontrollierten schon immer die Reproduktion – erst die Pille aber hat sie zu den wahren *gatekeepers* der Natur gemacht. Gerade deshalb verweigern Männern zunehmend die Verantwortung. Das wiederum führt zu einer drastisch sinkenden Geburtenrate. Hinzu kommt, daß das Recht in einer genialen Wendung die Abtreibung als illegal, aber straffrei eingestuft, also das Problem „rechtsfriedlich" geregelt hat. Das sind die harten Rahmenbedingungen für eine neue Intimitätskultur, die Barbara Ehrenreich als *flight from commitment* charakterisiert. Der hieraus resultierende Kindermangel destabilisiert die Ehen – und schon sind wir in der ultramodernen Welt der alleinerziehenden Mütter.

Nun, ganz allein sind sie nicht. Wir haben es heute nämlich mit einem neuen Dreieck zu tun: das Kind, die alleinerziehende Mutter – und Vater Staat. Das Familiäre wird heute zur Angelegenheit formaler Organisationen. Wohlfahrtsstaatliche Leistungen verringern die Kosten unehelicher Kinder und ermutigen die Frauen, auf einen Haushalt mit dem Vater ihrer Kinder zu verzichten. Und umgekehrt fühlen sich Väter weniger verantwortlich für ihre Kinder. Und diese Entlastung von Verantwortung geht Hand in Hand mit der Sentimentalisierung der familiären Beziehung. Gerade weil die Verwaltung zunehmend den Vater ersetzt, wird Vatersein zum freischwebenden Gefühlswert.

Man kann die Tragödie der heiligen Familie durch einen einfachen, sich selbst verstärkenden Kreislauf beschreiben: Frauen arbeiten (und wir können es hier dahingestellt sein lassen, warum). Deshalb werden Kinder teurer, denn sie kosten nun wertvolle Arbeitszeit. Folglich werden weniger Kinder geboren – und damit schrumpft das „gemeinsame Kapital" der Eheleute. Daraus folgt nun, daß Scheidungen billiger werden, und deshalb haben wir immer mehr Scheidungen. Damit schließt sich aber der Kreis, denn Frauen müssen nun arbeiten, weil sie sich nicht mehr auf die Ressourcen der Männer verlassen können.

Da kann es nicht überraschen, daß Scheidungen längst ihr negatives Vorzeichen verloren haben. Die Scheidungsrate ist nämlich ein Maß für die ökonomische Unabhängigkeit der Frauen. Aber auch hier hat Vater Staat seine Hände im Spiel. Frauen müssen nämlich auch deshalb arbeiten, weil die Ablösung vom Verschuldensprinzip Scheidungen erleichtert. Die soziologischen Effekte dieses veränderten Rechtsbewußtseins kann man gar nicht hoch genug veranschlagen. Entscheidend ist nämlich, daß auch bei der Wahl des Partners das Kontingenzbewußtsein wächst – nichts anderes meint das rot-grüne Urwort „Lebensabschnittspartner". Und das heißt eben: es wächst die Zahl der Scheidungen. Auch das führt in einen sich selbst verstärkenden Kreislauf: Geschiedene heiraten Geschiedene, und eine hohe Scheidungsrate macht Scheidungen attraktiver. Man muß kein Sozialpsychologe sein, um die gesellschaftlichen Folgen dieser Entwicklung zu verstehen. Je leichter es ist, sich scheiden zu lassen, um so geringer ist für jeden der Partner der Anreiz, die Liebe zu nähren und zu pflegen.[4]

Und schließlich Vater Staat zum dritten. Frauen arbeiten, weil die staatliche Förderung von Day Care es billiger macht, die eigenen Kinder betreuen zu lassen. Damit sind wir bei der aktuellsten Politik, beim neuen Kulturkampf um die Kinder. Als hätte die DDR einen späten ideologischen Sieg errungen, predigt Rot-Grün heute ganz selbstverständlich die Verstaatlichung der Kinder. Denn Kinderkrippen, Day Care und Ganztagsschule sind nicht als Hilfestellungen für notleidende Eltern, sondern als neue familienpolitische Norm konzipiert. Die Schule wird zum childcare center, in dem die Kinder nicht primär lernen sollen, sondern „betreut" und „integriert" werden. Die Schule der Zukunft ist einerseits Schmelztiegel für Immigranten und Asylanten, andererseits Dienstleister für eine Art Outsourcing des Familiären. Die Sorge um und die Aufmerksamkeit für das Kind werden gleichsam gemietet.[5]

Dem entspricht dann präzise die Soap Opera im Fernsehen, die uns allabendlich die Familie als Ready Made bietet.[6] Und interaktives Fernsehen soll bald paßgenau das Fernsehen mit der Familie ersetzen. Es geht hier also um eine sowohl inhaltliche als auch habituelle Substitution der Familie durch Soap und interaktives Fernsehen. Ironischerweise gilt das auch für Haushalte, die noch von Familien bestritten werden. Fernsehen entspannt nämlich – und stabilisiert damit die Familie! – gerade dadurch, daß es familiäre Interaktivität eindämmt. „Television [...] may help to keep some families together by keeping them apart."[7]

Soap Operas funktionieren also ähnlich wie Fertiggerichte, Therapie, Berater, Child Care und Nachhilfelehrer; sie alle stellen ein „subcontracting of family functions"[8] dar. Man muß kein Soziologe sein, um die Folgen dieser Entwicklung weltweit zu beobachten. Pazifismus, Feminismus, Weltmoral und die Religion der Solidarität sind nur verschiedene Formen desselben Prozesses: Das Familiäre emanzipiert sich von der Familie. Deutschland ist hier deshalb führend, weil das spezifisch deutsche Tabu über Nation und Staat zu einem Kurzschluß zwischen Familiärem und „Menschheit" führt. Man könnte von einer Feminisierung der Öffentlichkeit sprechen.

Seit den sechziger Jahren kann man hören: Emanzipierte Frauen wollen weder Hausfrau noch „Sexualobjekt" sein. Aber was sonst? Die Antwort auf diese simple Frage fällt meist tautologisch aus: Emanzpierte Frauen wollen emanzipiert sein. Doch diese Tautologie ist gesellschaftlich höchst folgenreich. Emanzipierte Sexualität widerspricht nämlich der dauerhaften Paarbindung.[9] Die sexuelle Orientierung wird heute betrachtet wie die freie Wahl des Konsumenten.

Die freie Wahl des Partners macht aber die Intimbeziehung zum Risiko. Früher hat man es durch „Passion" verdeckt; heute verzeitlicht man es; das rot-grüne Urwort „Lebensabschnittspartner" bringt das perfekt auf den Begriff. Kenneth J. Gergen hat in diesem Zusammenhang von contained relationships gesprochen, die gerade durch ihre Begrenztheit attraktiv sind. Die Ehe als Institution wurde ja deshalb erfunden, weil Liebe nicht auf Dauer gestellt werden kann. Der Schwur ewiger Liebe war und ist eine kontrafaktische, aber notwendige Behauptung. Für den Augenblick gilt: „ewige Liebe". Heute verdeckt man die Paradoxie der Liebe durch Eheverträge, die aber immerhin ein neues Risikobewußtsein signalisieren. Wir können formelhaft sagen: Lebensabschnittspartnerschaften und Eheverträge sind die beiden Formen der Verzeitlichung des Risikos der Intimität.

Jede Emanzipation hat bekanntlich ihren Preis. Den Preis für die Emanzipation der Frauen zahlen die Kinder. Deshalb werden diese zum zentralen Thema der staatlichen Sorge. Nun war es bisher so, daß Kinder, die in die Schule gekommen sind, die erste Erfahrung von Systemdifferenzierung gemacht haben – hier die Familie, dort die Schule. Heute ist es anders: Kinder, die zuhause „Familie" gar nicht mehr erfahren, bekommen die Schule als eine synthetische Familie der Wohltätigkeit verabreicht. Dort predigt man den Kindern den Wert der Beziehung, statt der konkreten Bezugsperson. Liebe dagegen ist die singuläre Referenz zu dieser Person mit dieser Biographie.[10] Dieser Verschiebung von der geliebten Person zur abstrakten Beziehung („soziales Lernen") entspricht präzise, daß sich die Pädagogen nicht mehr als Vorbilder, sondern als Beziehungsarbeiter verstehen. Und abends zuhause treffen die Kinder dann auf moderne Eltern, die sich ihnen anpassen, statt sie zu erziehen.

Nur Narren können glauben, es gäbe einen Weg zurück. Rot-Grün hat die klassische Familie endgültig entheiligt, und dagegen ist kein Roll-back möglich. Was könnte man also Menschen raten, die gegen den Strom schwimmen und eine klassische Familie gründen wollen? Und was könnte man einer Partei raten, die auf den Gedanken, die Familie sei das Grundelement der Gesellschaft, nicht verzichten kann oder will? Gerade wenn man einsieht, daß der Feminismus als Kreuzzug gegen die Familie triumphal erfolgreich war, kann man auch erkennen, daß er heute in die Sackgasse eines Imperial Overstretch geraten ist – frau hat sich zu Tode gesiegt.

Könnte das die Chance für ein Comeback des Familienlebens sein? Durchaus denkbar, daß die Erfolgreichen des 21. Jahrhunderts das Familiäre als Ressource entdecken; das Familienleben nicht als Idyll, sondern als kooperativer Konflikt; die Familie als Ort der Konvergenz all der gesellschaftlichen Rollen, die man zu spielen hat. Die Ehe besteht ja selbst aus zwei aufeinander abgestimmten Rollen, deren jede für den anderen zugleich Publikum ist. Spieltheoretisch betrachtet, wäre dann die Ehe ein *local game*: Es geht nicht ums Gewinnen, sondern um die Aufrechterhaltung der wechselseitigen Anteilnahme.

„The home is less a nesting place than a pit stop"[11], behauptet ein soziologischer Beobachter der modernen Gesellschaft. Und dennoch gilt nach wie vor, daß Familien Gefühle produzieren, genauer, nämlich mit dem Ökonomen Gary Becker gesagt, sie produzieren die *family commodity*. Kinder und Geld konkurrieren dabei um die Aufmerksamkeit der Ehepartner. Und um in diesem spröden Jargon der Wirtschaftswissenschaftler zu bleiben: Kinder sind dauerhafte Konsumgüter, die psychische Befriedigung verschaffen.[12] Und sie machen zukunftsfähig. In diesem Bewußtsein könnten klassische Familien den politischen Spieß umdrehen und sagen: Wer keine Kinder hat, hat auch kein existentielles Interesse an der Zukunft.

Die tiefste kulturelle Kluft dieser Zukunft könnte zwischen klassischen Familien und kinderlosen Lebensstilen aufbrechen. Man spürt schon heute, daß diese Gruppen sich außer Frechheiten und Beleidigungen nichts zu sagen haben. Hier steht der Zeitgeist der Selbstverwirklichung gegen den Anachronismus einer segmentären Ordnung. Gerade die Stärke der Familie ist nämlich auch ihre Schwäche: die modernitätsuntypische Multifunktionalität. Das macht sie als gesellschaftliches Orientierungsschema ungeeignet – die Welt ist zu groß, die Familie zu klein.[13]

Die Familie ist der natürliche Feind der Propaganda des heutigen Zeitgeistes. Dessen Rhetorik präsentiert sich nicht offen familienfeindlich, sondern operiert „wortpolitisch". Natürlich können auch hartgesottene Sozialdemokraten schlecht öffentlich leugnen, daß dort, wo Kinder sind, Familie sein sollte. Doch die SPD-Rhetorik wendet das Deontische ins Apodiktische: Wo Kinder sind, *ist* Familie. Damit wird der Familienbegriff durchaus geschickt für eine Politik der totalen staatlichen Fürsorge gerettet und zugleich der Sprengsatz entschärft, der für die Politik der „sozialen Gerechtigkeit" in der bürgerlichen Form der Familie liegt. Denn die Familie erlaubt ja gerade ein extremes Ungleichgewicht der Leistungen und eine extreme Ungleichheit der Kompetenzen. Genau das aber ermöglichte einmal jene konkreten persönlichen Generationenverpflichtungen, die der Wohlfahrtsstaat heute durch das Phantom der Solidarität, also „ein abstraktes Verhältnis der kollektiven Haftung aller für alle"[14] ersetzen will.

Bleibt uns also nur die *tragic choice* zwischen dem anachronistischen „Zurück zur Familie" und der sozialistischen Verstaatlichung der Kinder? Gegen die traditionelle Trennung von Firma und Familie drängen viele Frauen heute auf eine neue Einheit von Beruf und Privatleben. Sie verstehen das Familiäre als Ressource, nicht als Hemmnis. Und diese Kraftquelle wird immer wichtiger, seit der an der Metapher der „Karriereleiter" orientierte Lebensentwurf typisch scheitert. Das Berufsleben folgt nicht mehr einem klar formulierbaren Programm; statt dessen gibt es dann nur noch eine Patchwork-Identität. Ihre entscheidende Tugend ist Spannkraft. Und hier haben Frauen einen evolutionären Vorteil, weil sie immer schon ein diskontinuierliches, kontingentes Leben gelebt haben.

Die ideologischen und sozialen Rahmenbedingungen für diese Entwicklung lassen sich sehr klar benennen – nämlich einerseits Mobilität und Flexibilität, die vor allem auch durch die neuen Medien ermöglicht und erzwungen werden. Zum andern aber die ideologische Randbedingung: das schlechte Gewissen der Männer, von dem der Diskurs der Political Correctness zehrt. Vor diesem Hintergrund beginnt das alte Vorurteil, die Produktivität der Frauen werde durchs Familienleben beeinträchtigt, eigentümlich zu schillern. Man kann nämlich derartige *Vorurteile* über Frauen ganz leicht in *Vorteile* der Frauen umverstehen.

Feminismus und Political Correctness machen den großen Fehler, gegen das traditionelle Frauenbild mit der Geste naiver Aufklärung frontal anzukämpfen. Man ist wütend über derartige Vorurteile einer männlichen Kultur – doch diese Wut macht blind. Man bekommt die Zukunft der Frauen viel besser in den Blick, wenn man die Vorurteile nicht einfach ableugnet, sondern uminterpretiert.

Prüfen wir diese heuristische These an einem zweiten, noch härteren Vorurteil: Frauen sind geschwätzig! In der *Bild-Zeitung* konnte man lesen, Wissenschaftlern sei es gelungen, bei Frauen ein Plapper-Gen zu isolieren. Und wer das als bösartige Erfindung der Yellow Press abtun wollte, mußte dann ein paar Wochen später im *Spiegel* lesen, andere Wissenschaftler hätten in statistischen Erhebungen nachgewiesen, daß Männer im Tagesdurchschnitt 11 000 Wörter sprechen, Frauen dagegen – 23 000. Nun ist es so, daß Wissenschaftler sehr oft über Dinge erstaunen, die Hans oder Erika Mustermann auf der Straße ganz selbstverständlich erscheinen. Man wußte doch schon immer: Frauen sind geschwätzig.

Es ist heute unstritten, daß Frauen besondere *soft skills* besitzen, zu deutsch: große kommunikative und soziale Kompetenz haben, daß sie also besonders befähigt sind, *soft issues* anzugehen. *Soft skills* bewähren sich nicht in Hierarchien und linearen Befehlsstrukturen, sondern in der Heterarchie der Netzwerke und des Teamwork. Frauen verstehen Organisation als Konversation und begreifen leichter als Männer, daß Kooperation in Kommunikation begründet ist. Man muß die Rahmenbedingung für diese Entwicklung in der Evolution der neuen Medien suchen, sich dabei aber klarmachen, daß diese neuen Medien nicht nur die Produktivkraft Kommunikation, sondern auch die kommunikative Lust stimulieren. Es geht nicht nur um Information Processing, sondern auch um das zutiefst menschliche Geschwätz.

Unter Medienbedingungen zählt Performanz mehr als Kompetenz; das kommt den Frauen entgegen. Wer mit Frauen kommuniziert, ist gleich in Geschichten verstrickt – also weibliche Konversation statt des männlichen Information Processing. Das legt ein Zwischenfazit nahe: Die Welt der *Materie und Energie* war die Welt der

Männer. Die Welt der *Kommunikation* und des *Designs* wird die Welt der Frauen sein. Frauen bestimmen zunehmend den Kommunikationsstil der Öffentlichkeit. Das steckt nicht nur hinter den Modebegriffen Heterarchie, Netzwerk und Teamwork, sondern hinter dem neuen Kult der Communities und der Kultur des Dialogs; offenbar ist nur weibliche Kommuniktion symmetrisch.[15]

Marketing und Werbung wissen schon lange, daß Frauen Sinn für Mode, Zeitgeist und Trends haben. Das wird in einer Gesellschaft mit radikal offener Zukunft immer wichtiger. Trendnasen brauchen eine emotionale Intelligenz, und es ist heute unstrittig, daß Frauen hier die größten Ressourcen haben. Der arbeitsteilig-funktionalistisch-sachlichen Männerwelt setzen Frauen heute das Emotional Design ihres Sinns für „das Ganze" entgegen.

Intelligentes Design, selbsterklärender Gebrauch und online-help sind Begriffe, die uns signalisieren wollen: Vergiß die Technik! Design versteht sich heute nicht mehr als Verpackungskunst eines Geräts, sondern als Animation einer Black Box. Das Wissen darüber, was in ihr vorgeht, ist unwichtig für das Verständnis ihrer systemischen Funktion. Und Frauen akzeptieren es leichter, nicht zu wissen, was in den schwarzen Schachteln vor sich geht. Das funktioniert bei Autos schon lange sehr gut, und heute beobachten wir das auch bei der Black Box Computer. Denn das Wissen von seinen Schaltplänen ist unwichtig für das Verständnis seiner sozialen Funktion.

Die Frage, wie ein Auto oder ein Computer technisch funktionieren, hat also nichts mit der Frage zu tun, was sie gesellschaftlich bedeuten. Man kann – und das ist für Männer typisch – das eine verstehen, ohne von dem anderen einen blassen Schimmer zu haben. Neuerdings kann man aber nicht nur Männer beobachten, die an Autos oder Computern herumschrauben, sondern auch solche, die sich die Brusthaare rasieren und nach einer Körpercreme suchen, die zu ihrem Hauttyp paßt. Und daß Männer sich „putzen", ist wohl das deutlichste Symptom dafür, daß die Frauen die Macht übernommen haben.

Wenn diese Diagnose zutrifft, müßte man erwarten dürfen, daß die moderne Gesellschaft den Männern Kompensationsangebote macht. Und tatsächlich gibt es längst Naturschutzparks des Männlichen. So fahren Männer im Kreis. Nein, sie fahren nicht: sie rasen, und ihre Rennwagen verbreiten einen mörderischen Lärm. Tausende am Streckenrand und Millionen vor den Bildschirmen verfolgen begeistert die wilde Jagd und genießen das Dröhnen der Motoren. Formel 1 – wie ist das möglich?

Man rast im Kreis herum; diese „Sinnlosigkeit" ist die größtmögliche Provokation des gesunden Menschenverstandes. Es scheint deshalb nur zwei Reaktionen zu geben: entweder man ist begeistert, oder man schüttelt den Kopf. Um das zu begreifen, muß man sehen, daß jedes Autorennen ein quasi-religiöses Ritual bietet; es hat seinen Kult, seine Fetische, seine Hohenpriester und eine anbetende Gemeinde. In der modernen Welt der Ungewißheit und Indirektheit fasziniert das Autorennen wie jeder Sport durch die Klarheit der Resultate: The winner is ... Und gerade das Formel-1-Rennen ist Spektakel, Event und Ritual zugleich. Als Spektakel befriedigt es die Schaulust und Neugier; als Event beschwört es die Aura des Einmaligen; als Ritual suggeriert es Sinnstiftung.

Der Futurist Marinetti hatte schon vor siebzig Jahren den fabelhaften Mut, auszusprechen, was eigentlich jeder Mann denkt: daß ein Ferrari schöner ist als die Nike von Samothrake. Der Rennwagen ist das hervorragendste technische Produkt einer Risiko-Ästhetik, die offenbar ein tiefes Bedürfnis der modernen Welt befriedigt, nämlich das Abenteuer als Präparat. In der Welt als Versicherung wird Unsicherheit zum Reiz. Gefährlich leben – auf der Rennbahn. Dazu braucht man Führer nicht aus der Gefahr, sondern in die Gefahr, also Verführer. Und dem entspricht, daß die Identität zum Abenteuer wird. Ich riskiere, also bin ich. Männlich ist der Wille zum Risiko.

Im Rausch der Geschwindigkeit erreichen Menschen – sagen wir ruhig genauer: Männer – wieder ihre archaische Erlebnisschicht. Es geht beim Autorennen um *Deep Play* im Sinne von Jeremy Bentham, also ein Spiel, das die tiefsten Leidenschaften entfesselt. Echte Gefühle gibt es nämlich nur noch im Wettkampf des Sports. Denn die leidenschaftlichen Emotionen passen nicht mehr in unsere moderne Welt. Deshalb lautet die Zauberformel auf dem Nürburgring genau so wie Auf Schalke: *containment of excitement*. Man (Mann!) erregt sich in den Grenzen des Renn- oder Spielverlaufs.

Das 21. Jahrhundert wird das Zeitalter der Frauen sein – und gerade deshalb wird unsere Kultur mehr denn je Asyle des Männlichen, Naturschutzparks des Maskulinen einrichten müssen. Das Männliche ist die Welt der erfolgreichen Aggression, der körperlichen Selbstbehauptung. Beim Boxen ist das evident; bei der Formel 1 kommt noch die kybernetische Spitzenleistung der Steuerung technisch perfekter Maschinen hinzu. Hier nimmt der Kampf ums Dasein Spielcharakter an. Das Autorennen bietet aber nicht nur einen Spielplatz für Geschwindigkeit und Aggression, sondern auch für ohrenbetäubenden Lärm. Soziologen wissen, daß Objekte, die Lärm machen, Statusansprüche signalisieren; deshalb tragen Jugendliche Ghetto-Blaster und knattern mit ihren Mopeds durch die Städte. Krach ist sexy. Zusammen schaffen Geschwindigkeit, Sex und der Kitzel der Todesgefahr den Augenblick der höchsten Erregung.

Wie gesagt: Vernünftige Menschen können hier nur den Kopf schütteln. Man kann hier nämlich nur verstehen, was man selbst erlebt hat. Für den Teilnehmer des Rennens wie für den Bungee-Jumper war es dann *das* Erlebnis schlechthin: „Das muß man einfach mitgemacht haben!" Aber auch der Fan vor dem Fernseher hat am Renngeschehen Anteil – nämlich genau denselben Anteil wie Pornographie an realem Sex. Die auf dem Rennwagen drapierte vollbusige Blondine ist deshalb der Inbegriff aller politisch inkorrekten Männerphantasien. Und nur die Formel 1 gönnt sie uns noch.

Sport als Asyl der Männlichkeit ist eine genaue Reaktionsbildung darauf, daß die Zivilisation als Zähmung der Männer durch die Frauen prozediert. War Männlichkeit immer schon Reaktionsbildung und Angstabwehr, so reagiert sie heute auf die Delegitimation der Männlichkeit selbst. Männlichkeit ist ständig gefährdet und muß deshalb ständig demonstriert werden. Zu den klassischen Ungewißheiten des Mannes – Bin ich der Vater? (Oder gehörnt worden). Ist sie befriedigt? (Oder simuliert sie) – kommt heute modernitätsspezifisch hinzu, daß Männlichkeit gesellschaftlich marginalisiert wird. Mehr denn je müßte also Männlichkeit eigens gelernt werden. Deshalb werden auch in Zukunft die Helden immer Männer sein – weil eben Frauen nicht erst lernen müssen, Frauen zu sein[16].

Face it! – diese Ultrakurzformel aller Männlichkeit markiert genau den Gegenpol zur Bergpredigt: „Widerstehe nicht dem Übel", die Max Weber zu Recht als „Ethik der Würdelosigkeit" bezeichnet hat. Seine Antithese konnte vor 90 Jahren noch „Manneswürde"[17] heißen. Heute erinnert daran nur noch die Karikatur des Machismo. Doch der Kult der Männlichkeit verträgt sich eben nicht mit modernen Erfolgsbedingungen. Und deshalb kann man immer häufiger beobachten, daß die Erfolgreichen in die Homosexualität flüchten. Homosexuelle entlasten sich nämlich vom Status-Sex-Wettbewerb. Die moderne Gesellschaft hat das längst normalisiert. „Als therapiebedürftig gilt jetzt der Homosexuelle, der über seine gleichgeschlechtliche Neigung unglücklich ist."[18]

Sucht man in der Literatur nach emblematischen Gestalten für diese unsere Kultur, so bietet sich Bartleby the Scrivener an: die Weigerung, männlich zu sein. Aber auch Peter Pan als die verkörperte Weigerung, erwachsen zu werden. Früher war man als Jugendlicher rot und ist dann nachgedunkelt. Heute bleibt man grün, auch wenn man längst grau geworden ist. Das heißt: man wird nicht mehr erwachsen. Gereifte Männlichkeit, wie sie noch Max Weber möglich schien, versuchte nicht, der eigenen Vergangenheit zu entkommen, sondern sie zu strukturieren. Und das bedeutete umgekehrt, daß man genau in dem Maße erwachsen wurde, in dem man aufhörte, sich die Zukunft als Glück (oder Unglück) auszumalen. Im Chaos moderner Intimität wird das immer unwahrscheinlicher. Wir werden Peter Pan nicht los, solange wir noch den Achtundsechzigern glauben.

3. Rückblick auf die vornehmen Werte

Am Anfang war die Ausgrenzung; die erste Unterscheidung grenzt das Unbegrenzbare aus und steckt damit einen Claim ab. Carl Schmitt hat das unter dem Titel Nomos zu seinem großen Lebensthema gemacht. Entscheidend für das Verständnis ist es dabei, das Wort Nomos aus einem Übersetzungsgeschehen herauszusprengen, das uns fatal selbstverständlich geworden ist. Griechisch *nomos* scheint dem lateinischen *lex* und dieses wiederum dem deutschen *Gesetz* zu entsprechen. Dieses Übersetzungsgeschehen verschleiert aber einen Sachzusammenhang, der konstitutiv für den Sinn des griechischen Urworts ist: Nomos gehört zum Namen und zur Nahme.

Unstrittig scheint die Bedeutungsnähe des Wortes *nomos* zu *doxa*, also zur Welt von Brauch und Vorurteil – heute würde man wohl mit Mary Douglas von *bias* sprechen und ihn mit Kultur schlechthin identifizieren. Dazu gehört die Autorität des Befehlens, die Kraft des Namengebens und eine Distanz zu Uneigentlichem, die bis zur Verachtung gehen kann. Wir kommen noch ausführlich darauf zurück.

Problematisch dagegen – oder müßte man sagen: schmerzlich, peinlich? – ist die appropriative Dimension des Nomos: Leben als Nahme. Carl Schmitt war hier rigoros und hat die geheime Weltgeschichte als die Geschichte des Methodenwandels der Nahme erzählt. Recht klar sind die Konturen dieses Geschehens noch in den Epochen der naiven „rechten" Nahme, also Landnahme, Kolonialismus und Imperialismus. Mit der modernen Welt beginnt dann die staatliche Nahme in Gestalt der Steuern. Doch komplex wird die Sache erst mit der dialektischen „linken" Nahme, die sich durch Titel wie Expropriation der Expropriateure, Enteignung, Umverteilung und heute vor allem: „soziale Gerechtigkeit" legitimiert – man denke nur an die jüngste Debatte über die Wiedereinführung der Kapitalsteuer. Seither muß man viele Nebelschwaden durchdringen, um an die aktuelle Gestalt des Nomos heranzukommen. Die Moderne steht unter dem Tabu des Nehmens.

Wir wollen diese geheime Geschichte des Methodenwandels der

Nahme im folgenden an einer negativen Sozialfigur exemplifizieren, von der unsere Sozialwissenschaften nichts wissen können oder wollen. Der Herr ist untergegangen wie das Abendland. Moderne Philosophie und Soziologie wissen nichts von einem Herrn. Theologie und Psychoanalyse kennen immerhin *Den* Herrn, also Gott, oder den symbolischen Vater. Seit Beginn der Moderne hat diese Sozialfigur eine Fülle von Entlarvungsdiskursen provoziert, die den Herrn als Scheinriesen präsentieren, der um so kleiner wird, je mehr man sich ihm nähert. Wissenschaft kann wohl nicht anders.

Ein Herr wird zur Unmöglichkeit, sobald die Herrschaft der Vernunft instauriert wird. Dazu genügt die Philosophie des Staates als des absoluten Herrn, dessen Lieblingskind der Beamte als Staatsdiener ist. Seither, also mit Beginn der modernen Gesellschaft, darf es keinen Herrn mehr geben. Er findet in ihr, wie anders nur noch der Penner, keinen logischen Ort. Auf diese soziale Exklusion reagiert der Herr mit methodischem Selbstausschluß. Er kennt die Gesellschaft nicht – man könnte sagen: er ignoriert sie noch nicht einmal. Und wenn sich ein Herr dennoch auf eine Diskussion mit Soziologen einlassen würde, wäre für seine vornehme Haltung der „Grundglaube" Nietzsches charakteristisch, „dass die Gesellschaft *nicht* um der Gesellschaft willen dasein dürfe"[1]. „Mein Einwand gegen die ganze Sociologie"[2]: daß sie die Antithese gegen das Pathos der Distanz zur Norm des modernen Weltlaufs erhebt. Statt Distanz und Rangordnung kennt der Soziologe nur funktionale Differenzierung und Integration. „Klüfte aufreißen" – das macht soziologisch keinen Sinn.

Genau darum aber, um das Pathos der Distanz, geht es dem Herrn. Und zwar, erstens und vor allem, um das Pathos der Distanz zu sich selbst. „Selbstentfernung" nennt das Ernst Jünger[3] einmal sehr schön. Ein Herr verzichtet auf Glück und Behagen und gönnt es den Knechten. Er hat keine Schüler, keine Parteigänger, keinen Partner und keine bessere Hälfte. Ein Herr kennt nur die Sternenfreundschaft. Das Pathos der Distanz ist, zweitens, die Kraft des Namengebens. Sie ist um so größer, je größer die Distanz zur öffentlichen Meinung ist. Deshalb heißt Pathos der Distanz, drittens, Widerspenstigkeit. Auch dafür hat Ernst Jünger, der große Namengeber, ein gutes Wort gefunden: „Refraktär"[4].

Das erinnert natürlich an Stirners Einzigen und seine berühmte Losung: „mein Widerwille bleibt frei"[5], aber auch an Heideggers Eigentlichkeit – und an den Snob, diesen Heiland des Posthistoire, der den Lifestyle als Asyl der Humanität entdeckt hat. In den unüberbietbaren Worten Oscar Wildes: „The first duty in life is to be as artificial as possible. What the second duty is no one has yet discovered."[6] Der Snob verhält sich übrigens zum Dandy wie die Kunst zur Mode. Das muß man wissen, um die Spuren des Snobismus in der Gegenwart nicht zu übersehen – nämlich in der Subkultur. Sie ist die Stilisation verlorener Freiheit in der Gesellschaft als errungene Freiheit von der Gesellschaft. Gestalt gewinnt eine Subkultur dann als Manierismus des Unmanierlichen.

Ein Herr dagegen hat Manieren. Und gute Manieren kann man nicht kaufen. Höflichkeit ist der spezifische, distanzierte Beitrag des Herrn zur Kultur. Er demonstriert, wie das Zeremonielle das Soziale stimulieren kann. Wie fern uns das heute ist, mag man daran ersehen, daß der Philosoph Alexandre Kojève schon in den fünfziger Jahren bis ins ultratraditionalistische Japan reisen mußte, um zu erfahren, wie der autonome Ritus als soziales Band funktionieren kann. In der modernen Gesellschaft dagegen sind die guten Umgangsformen längst in Spontaneität und Routine zerfallen. Genau wie Bildung wird Höflichkeit als Privileg denunziert. Und Freiheit äußert sich heute nur noch als Unverschämtheit und Rücksichtslosigkeit.

Spontan heißt unter Modernitätsbedingungen: rücksichtslos gegen andere. Insofern ist der Tyrann der Prototyp des modernen Individuums. Wie gut sich diese Spontaneität mit Routiniertheit verträgt, sieht man an den zahlreichen Formen standardisierter Spontaneität – etwa als Autoaufkleber: „Ich bremse auch für Tiere!" Sozial äußert sie sich zumeist als „schonungslose Offenheit" gegenüber anderen, in der die Taktlosigkeit selbst zur Routine wird. Taktvoll nämlich wäre gerade die Schonung der Selbstdarstellung des anderen. Insofern ist gerade der Kernbestand der Höflichkeit ganz artifiziell: kultivierte Unaufrichtigkeit.[7]

Wie man gute Manieren nicht kaufen kann, so kann man Vornehmheit nicht schauspielern. „Vornehm" ist ein Rejektionswert, der die Wertalternativen der modernen Gesellschaft zurückweist. Um das zu markieren, hat Nietzsche das härteste, schmerzlichste Antonym bemüht: verächtlich. Mit Dünkel hat das gar nichts zu tun, sehr viel aber mit dem Gebrauch von Unterscheidungen. Genaues Beobachten nämlich ist die höchste Form der Verachtung. Das ist die Lektion aller guten Moralisten. Vornehm heißt ausgesucht. Den Seltenen selten, heißt es einmal bei Stefan George: Selektion, Auswahl, Eleganz. Und weil man das nur erreicht, indem man Einen, Eine oder Eines aus einer Menge herausnimmt, statt alle und alles gleichzusetzen oder zu stellen, liegt in der modernen Gesellschaft über dem Vornehmen ein Tabu, das offenbar mit dem schon erwähnten Tabu des Nehmens exakt korreliert.

Es sind immer wieder dieselben Begriffe, auf die man im Umkreis von Nietzsches Grundformel „Pathos der Distanz" stößt: Rangordnung, Wertverschiedenheit, eingefleischte Unterschiede, „Übung im Gehorchen und Befehlen"[8]. Aus dem Pathos der Distanz nehmen sich die Herren das Recht, Werte zu schaffen und Namen zu geben. Das „Herrenrecht, Namen zu geben"[9] steht also polemisch gegen Hegels „Arbeit des Begriffs". Diese Arbeit besteht nämlich im wesentlichen darin, Unterschiede nicht Unterschiede sein zu lassen, sondern sie zum Gegensatz und Widerspruch zuzuspitzen. Die Moral des Herrn dagegen will Distanzen aufreißen, keine Gegensätze zur Synthesis balancieren. All das resümiert Nietzsche in der Formel: „es ist das eigentliche Herrenrecht, Werthe zu schaffen"[10]. Das ist natürlich ganz und gar unsokratisch, unromantisch, undialektisch. Und in der Tat: Nichts könnte einem Herrn fremder sein als Ironie.

Aber wie gesagt: Der Herr ist untergegangen wie das Abendland. Mit Hegels differenzierter idealistischer Geschichtsphilosophie läßt sich das weniger gut erklären als mit seinem dialektischen Mythos vom Kampf um Anerkennung. Den noch ganz undialektischen Startmechanismus kann man in nuce schon bei Heraklit finden: Pólemos macht (epoiese) die einen zu Sklaven und die anderen zu Freien[11]. Der eleuthéros geht aus dem pólemos hervor – doch nur um sich in eine Dialektik zu verstricken, die ihm das Todesurteil spricht. Wie Samuel Butler einmal gesagt hat: Wer mit einem Sklaven konkurriert, wird selbst zum Sklaven.

Der *Kampf* (Herr und Knecht) wandelte sich in der bürgerlichen Welt zur *Konkurrenz* – um einen Dritten (Konsument). Hegels Herr wird deshalb bei Marx konkret zum Fabrikherrn. Politisch entspricht dem die Demokratie als Aufhebung der Unterscheidung von Herr und Knecht. Der Begriff Demokratie verdeckt also die Paradoxie, daß der Souverän, nämlich das Volk, nicht herrscht; nicht erst seit Schumpeter weiß man, daß es die Politiker sind, die in einer Demokratie herrschen. So resultiert die Aufhebung der Unterscheidung von Herr und Knecht im Regime der Selbstbeherrschung freiwilliger Knechte. Und rückblickend können wir, durchaus wieder mit Hegel, sagen: Die Weltgeschichte ist die Geschichte des arbeitenden Sklaven.

Die Domestikation des Herrn hat uns einen autologischen Begriff vom Menschen beschert: Der Mensch als Haustier des Menschen. Das macht aber logischerweise nicht nur den Herrn zur unmöglichen Figur, sondern eben auch seine Komplementärfigur, den Diener. Keine Gesellschaft ist dem Dienen ferner als die Dienstleistungsgesellschaft, und nur wenn alle allen dienen, kann sie sich selbst ertragen. Einem Menschen oder einer Idee zu dienen ist nämlich kein Service. Kein Soziologe hat das genauer gesehen als der Dichter Stefan George: „Die weder dienen noch herrschen können, sind Bürger."[12] Sie können den Thymos nicht mehr ausagieren und werden gerade deshalb aggressiv. Früher konnte man Diener anherrschen, dann vielleicht die Frauen; heute nur noch die Hunde.

Den Herrn ersetzt also zunächst der Bürger, dann der Arbeiter und schließlich der „Mensch". Der Bürger ist das Subjekt des Liberalismus: *keiner soll befehlen.* So verwirklicht man Freiheit. Der Arbeiter ist der asketische Held des Sozialismus: *keiner soll haben.* So verwirklicht man Gleichheit. Und der Mensch ist der Durchschnittswert des Humanismus: *keiner soll meinen.* So verwirklicht man Brüderlichkeit. Dieses anspruchsvollste Projekt besorgt die Zähmung des Meinens durch die öffentliche Meinung.

Und hier läßt sich nun die Paradoxie der Demokratie sehr schön entfalten: Je freier die Menschen, desto versklavter durch die öffentliche Meinung. Das hat wohl Heidegger dazu inspiriert, der Eigentlichkeit des Herrn die Anonymität des Man gegenüberzustellen. Das Man ist der quasi-statistische Sinn, mit dem man (man!) Beobachtungen zweiter Ordnung anstellt: über die Meinung der anderen. Die öffentliche Meinung verbreitet aber nicht nur Meinungen, sondern auch *skripts*. Und vor allem imprägniert sie uns mit ihrem zweiwertigen Code: dafür-/dagegensein. Wer nicht gegen Präimplantationsdiagnostik oder Studiengebühren ist, ist dafür – und exponiert sich. Und genau hier schlägt die Freiheit in Sklaverei um. Aus Angst davor, sich mit der eigenen Meinung zu isolieren, beobachtet man ständig die öffentliche. Schweigespirale hat Elisabeth Noelle-Neumann das sehr schön genannt. Und dieser „fear of ostracism"[13] ist das entscheidende Definiens: Öffentlich heißt die Meinung, die man ohne Isolationsangst aussprechen kann. Gerade für die im Konformismus des Andersseins oszillierende Gesellschaft der Postmoderne gilt Nietzsches Satz: „die Meisten werden nur gewollt."[14]

Seit es keine Herren mehr gibt, braucht die Gesellschaft „they" (Norton Long) – die großen Persönlichkeiten, die verantwortlich sind für das Ganze und damit dem „Man" (Heidegger) die Angst nehmen. Konkret funktioniert das über einen Feedback-Loop zwischen den Mächtigen und den Massenmedien. Man könnte es auch so sagen: Die Massenmedien funktionieren wie ein doppelseitiger Spiegel, auf dessen Seiten sich They und Man formen. Man nimmt an Größe und Tragik teil und genießt zugleich die Wonnen der Anonymität – oder Schadenfreude.

Bewunderung ist die Währung, in der wir die Helden bezahlen, die uns entlasten. Das funktioniert um so besser, je sicherer die Distanz zu ihnen organisiert ist. Für den Genuß des Distanzgewinns brauchen die meisten Menschen aber Apparate, Medien und Inszenierungen. Nur in deren Schutz kann man Mythen und Helden als „Achtungskonserven"[15] konsumieren. Verehrung signalisiert nämlich Ambivalenz. Wer verehrt, liebt jemanden, um ihn nicht fürchten zu müssen. Hier entfaltet die Differenz zwischen Man und They ihren eigentlichen Zauber. Sie verdeckt auch erfolgreich das Problem, daß man sich am meisten denjenigen hingibt, die es am wenigsten nötig haben. Auch deshalb sollte man die jungen Mädchen von ihren Pop-Stars fernhalten.

Das gilt aber nicht nur für die Prominenz von Sport und Entertainment, sondern auch für die Hauptdarsteller der Schaufensterpolitik. Damit bestätigt die Mediendemokratie einen archaischen Mechanismus: Der Gruppenzusammenhalt wird durch die gemeinsame Beobachtung des dominanten *zoon politikon* gesichert. Man denke nur an die Parteiengeschichte der letzten Jahrzehnte und die Bedeutsamkeit ihrer Führungsfiguren. Auch hier ist der Feedback-Loop leicht zu erkennen: Dominantes Verhalten sichert starke Aufmerksamkeit, die ihrerseits wieder auf Dominanz hinweist. Früher hat sich hier die Figur des großen Jägers aufgedrängt; heute ist es der große Redner oder Schauspieler.

Mit der Welt des Herrn hat das nichts zu tun. Ein Führer und ein Star faszinieren die Massen – ein Herr dagegen hält sie auf Distanz. Und wo heute Führer verehrt werden, strahlt aus ihnen nicht mehr das Charisma, sondern der demokratische Mythos des Erfolgs. Moderne Führer folgen denen, die ihnen folgen. Souveräne Führung heißt heute, einen Rahmen zu definieren, innerhalb dessen sich Prozesse evolutionärer Selbstorganisation vollziehen können. Der Führer ist deshalb nicht mehr Herr, sondern Hirte. Aus dem Herrenrecht ist ein Berufsprofil geworden, das man kybernetisch kontrollieren kann. Mit anderen Worten: Chefs müssen lernen zu beobachten, wie sie beobachtet werden.

Die Folgen lassen sich am besten in der ökonomischen Sphäre studieren. Der Chief Executive Officer hat es mit einem hochkomplexen System zu tun, in dem Fehlentscheidungen sehr wahrscheinlich sind. Und die erste Lektion, die er lernt, lautet: Je komplexer ein System, desto weniger kann man es durch Befehle steuern. Seither laborieren alle Imperien daran, daß ihre zentrale Steuerung scheitern muß. Langsam sterben sie am schleichenden Gift der autonomen Information. Denn bisher war Information in Autorität fundiert – *Aristoteles dixit*. Jetzt ist Autorität auf Information fundiert. Diese autonome Information duldet keine anderen Autoritäten neben sich. Die meisten ihrer Agenten, für die *only sense makes sense*, können die Idee „Idee" gar nicht fassen. Und die Gebildeten unter den Verächtern des Geistes wittern – zu Recht! – in jeder Idee ein Rezidiv der Welt des Herrn. Theodore Roszak hat es gesagt: „Master ideas are based on no information whatever."[16]

Bekanntlich ist das Schöne selten. Das gilt gerade auch für die Schönheit des Befehls. Befehle sind selten – und noch seltener werden sie als solche verstanden. Während uns die Moderne durch die Sei-spontan-Paradoxie lähmt und das Versprechen der Freiheit durch ein „Tu, was Du willst" vergiftet, ermöglicht der Befehl Freiheit als Möglichkeit zum Ungehorsam. Die Moderne aber hat die Kunst des Befehlens verlernt, denn jeder Befehl muß sich heute als Gehorsam verkleiden. So sprach man früher vom Gesetz der Geschichte und verhext heute das feuilletonistische Bewußtsein mit dem Akronym TINA: There Is No Alternative. Der moderne Führer erscheint als ein Diener, der zufällig dominiert. Statt im Bewußtsein der Kontingenz der eigenen Entscheidung zu befehlen und gerade daraus Souveränität zu entfalten, verschanzen sich die, die sich gerne als „Entscheider" titulieren lassen, hinter *commitments*, die suggerieren, alles sei immer schon durch Wertbindung entschieden. Und genau das war für Zarathustra ja die schlimmste Heuchelei, „Dass auch Die, welche befehlen, die Tugenden Derer heucheln, welche dienen."[17]

Der Verkennung des Befehls entspricht präzise die Verteufelung der Hierarchie. Alle Welt predigt Netzwerke, Teamgeist und Heterarchie, als würde man sich in diesen Organisationsformen aus einer selbstverschuldeten Unmündigkeit befreien. Ein Herr könnte hier den blinden Fleck der demokratischen Gleichheitspolitik erkennen. Diese ist nämlich konstitutionell unfähig, die humanen Entlastungsfunktionen der Hierarchie zu würdigen. Nennen wir hier nur die drei wichtigsten: Die Hierarchie zähmt die Hackordnung. Nirgendwo ist der Psychoterror nämlich größer als unter Radikaldemokraten. Die Hierarchie entlastet, weil sie klärt, worauf man reagieren muß. Auch wenn der Aktienkurs des Unternehmens ins Bodenlose fällt, entsteht für den Abteilungsleiter kein Handlungsbedarf. Und schließlich: Rangdifferenzen entlasten von der Leistungskonkurrenz mit dem Überlegenen. Der verdiente Berliner Simmel-Spezialist muß nicht gegen John Searle antreten.

„Perspectice shifts with rank" kann man heute bei Soziologen lesen[18] – der Angestellte ist geschützt von der Firma, der Chef ist verantwortlich für die Firma. Deshalb ist ein Verfechter der Rangordnungen immer auch ein Anhänger des Perspektivismus. Sinn gibt es eben nur in Rangordnungen, und Kultur ist eine Ordnung von Unterschieden. Mit Shakespeares genauen Worten: *Degree is the ladder to all high designs.* Rangdifferenzen erleichtern das Lernen, denn um erfolgreich zu werden, muß man sich immer wieder Überlegenen (z.B. Lehrern) unterordnen. Zum andern kann man nicht werten, ohne jemanden zurückzusetzen.

Umgekehrt erzeugt der Verlust der Unterschiede erst die Rivalität, für die dann die Unterschiede verantwortlich gemacht werden. Deshalb muß man sagen: Gerade der moderne Gleichheitsgrundsatz und verschärft noch die Gleichstellungspolitik erzeugen Gewalt. Die Frage „Was ist deutsch?" ließe sich in diesem Zusammenhang sehr konkret beantworten: die Gleichstellungsbeauftragte. Schon Clausewitz hatte bemerkt, daß die Deutschen Ehre und Ruhm nur in der denunziatorischen Fassung als Ehrgeiz und Ruhmsucht kennen.

Eines der letzten Rezidive aus der Welt des Herrn ist der klassische, sprich: Schumpetersche, Unternehmer. Sein fabelhafter Mut, gegen den Strich der Wirtschaftslogik zu operieren, zum Risiko des *bias*, macht ihn zum Ärgernis für die verwaltete Welt. Nur der Unternehmer ist immun gegen Bürokratie, meinte schon Max Weber zu Recht. In unserem Zusammenhang soll diese schon etwas antiquierte Figur aber nur als Kontrastmittel dienen, mit dem wir eine Unterscheidung Helmut Schelskys deutlicher herausarbeiten können – die Unterscheidung zwischen den Selbständigen und den Betreuten. Der Akzent dieser Unterscheidung liegt natürlich auf den Betreuten, die zu hegen und zu pflegen der Sinn des Wohlfahrtsstaates ist.

Die sozialdemokratische Herrschaft der Betreuer brachte Martin Heidegger schon 1927 mit den wenigen Zeilen über „Fürsorge" auf den philosophischen Begriff. Im Anschluß daran hat dann Ernst Fortshoff den durchschlagenden Namen für den Inbegriff all dieser öffentlich-rechtlichen Leistungen geprägt: „Daseinsvorsorge". Heute überspannt sie die gesamte westliche Welt mit einer globalen Sozialarbeit, die uns zwar das Leben sichert, aber das Dasein abnimmt. Betreuung ist der Terror, für den man auch noch dankbar sein soll, hat Dolf Sternberger einmal gesagt.

Während nun also niemand mehr befehlen kann und Entscheidungen sich hinter ihrer scheinbaren Alternativelosigkeit verstecken, wird in einem anonymen Modus immer mehr entschieden – und zwar notwendigerweise von wenigen für viele. Die Entscheidungen der Entscheider verwandeln alle anderen in Betroffene. Und man lehnt als Betroffener genau die Entscheidungen ab, die man als Entscheider selbst treffen würde. Alles geht uns etwas an, und nichts berührt uns wirklich. Blasiertheit und Betroffenheit sind Komplementärphänomene. Dieser Sachverhalt eröffnet einen unbegrenzten Markt für Randgruppenanwälte und Betroffenheitsagenten und ermöglicht die für die Wohlfahrtsgesellschaft so typische Medienherrschaft der Mahner und Betreuer. Das soziale Klima, das sich unter diesen Bedingungen bildet, hat Michel Duclos auf eine wunderbar präzise Formel gebracht: *the arrogance of weakness.*

Längst hat die Arroganz der Benachteiligten die der Linksintellektuellen als Ferment unserer kulturellen Selbstverständigung abgelöst. Statt „kritisch" sagt man heute „sozial". Das ist der semantische Markenartikel des Wohlfahrtsstaates. Man kann es auch so sagen: „Sozial" ist der Ausdruck für das Unbehagen in der Moderne. Und gerade dieses Unbehagen stabilisiert die moderne Gesellschaft „dynamisch", das heißt, es hält sie in einer Art Fließgleichgewicht. Man kann das heute am besten an der Forderung nach „sozialer Gerechtigkeit" studieren. Im Klartext geht es natürlich um wohlfahrtsstaatliche Kompensationen. Für unseren Zusammenhang ist es aber viel wichtiger, zu sehen, wie weit sich dieser „soziale" Gerechtigkeitsbegriff vom traditionellen entfernt hat. Bei Aristoteles etwa ist Gerechtigkeit kein Wert, sondern die Äquidistanz zu allen Werten – oder wie man auch, mit Gotthard Günther, sagen könnte: ein Rejektionswert. Heute dagegen ist Gerechtigkeit nur noch ein Kampfbegriff.

Wer „soziale Gerechtigkeit" will – und das tun wohlgemerkt alle politischen Parteien –, ist nicht zufrieden mit Gerechtigkeit. Wir haben es hier mit einem Deckbegriff für Neid zu tun. Signalisiert wird er von Wörtern wie „untragbar", etwa im Blick auf eine bestimmte Einkommensverteilung. Bescheidenheit und moralische Indigniertheit sind die entsprechenden Fassaden, hinter denen sich der Neid am besten verstecken kann. *Public envy* heißt die dialektische Parole seit Bacon: Neid zugunsten des öffentlichen Wohls. Für diese staatstragende Heuchelei revanchiert sich der Leviathan, indem er den Stolz niederhält. Progressive Einkommensteuer und Erbschaftssteuer institutionalisieren dann den Neid. Und man reibt sich die Hände.

Gefühle, meinte Lacan, seien immer reziprok. Aber Neid ist kein reziprokes Gefühl; es korreliert mit Selbstmitleid. „Bewunderung ist glückliche Selbstverlorenheit, Neid unglückliche Selbstbehauptung."[19] Kierkegaard, dem wir diese Unterscheidung verdanken, war aber weitsichtig genug, gerade im Neid das „negativ-einigende Prinzip" der Gesellschaft zu erkennen. Soziologen diskutieren das seither unter dem Titel „soziale Kontrolle". Als sei der Neid das *transcendens* des Menschen, tritt er uns in Girards Imitationskonflikt genauso machtvoll und unbesiegbar entgegen wie in Lacans Begehren des anderen; er ist – paradoxerweise gerade als nicht reziprokes Gefühl – das eigentliche Sozialgefühl. Michael Young hat das so formuliert: *All babies are creeping socialists and some never grow out of it.*

Jeder Moralist weiß, daß der überlegene Geist sich selbst isoliert; denn indem er sich zeigt, läßt er alle anderen dumm dastehen. Geselligkeit, Kameradschaft und Familienleben scheiden für ihn deshalb als Optionen aus. Am 10. Januar 1869 schreibt Nietzsche an den *amicissummus* Erwin Rohde über die „Singularität der Freundschaft", diesen Götternektar, dies unbegreifliche Wunder, das ihm um so wunderbarer erscheint, je genauer er die Gegenwelt eines Familienglücks beobachten kann. „Gefühl im Hausrock" lautet die tödliche Verachtungsformel.

Dieser große, polemische Begriff der guten Freundschaft setzt nun eine ganze Kaskade abgrenzender Negationen frei. Freundschaft verträgt sich nicht mit Gemeinschaft. Und was das Man noch mehr erbost: Freundschaft steht höher als jene „soziale Gerechtigkeit". Doch vor allem auch im Begriff der Freundschaft selbst wird polemisch differenziert: hier die Freunde, dort die „Freunds-Gespenster"[20], die sich selbst gerne Menschenfreunde und Humanisten nennen. Der Menschenfreund liebt den Nächsten, weil er sich selbst nicht erträgt und deshalb vor sich flieht. Und gerade auch die moderne Suche nach sich ist diese Flucht vor sich – Stichwort Selbstverwirklichung. Also sprach Zarathustra:

„Nicht den Nächsten lehre ich euch, sondern den Freund. ... Ich lehre euch den Freund, in dem die Welt fertig dasteht, eine Schale des Guten, – den schaffenden Freund, der immer eine fertige Welt zu verschenken hat."[21]

Liebe, die nicht differenziert, ist wertlos. Damit blockiert der Nächste des Christen und Humanisten genauso wie der Genosse des Sozialisten die Erfahrung der Freundschaft. Im Gegensatz zur Liebe, die nicht ehrt und keinen Rang anerkennt, setzt Freundschaft Achtung und damit Abstand voraus — und das war ja eine unserer Leitformeln: Pathos der Distanz. Auch und gerade bei größter Nähe Abstand zu halten ist die spezifische Leistung der Freundschaft, die die Kräfte der meisten überfordert. Wieviel leichter sind Identifikation und Haß zu leben. „Kannst du an deinen Freund dicht herantreten, ohne zu ihm überzutreten?"[22]

In jeder Freundschaft lauert die Illoyalität gegenüber der Gesellschaft. Nichts bringt deshalb die Öffentlichkeit mehr in Rage, als wenn einer das Ehrenwort, das er einem Freund gegeben hat, höher stellt als ihr eigenes Aufklärungsinteresse. Man könnte daraus lernen, daß die Frage ‚Wie ist Freundschaft möglich?' nichts zu tun hat mit der Frage ‚Wie ist politische Ordnung möglich?' Freundschaft ist, im Gegensatz zu Liebe, nicht sozial ausdifferenziert, hat also keine eigene Systemreferenz. Weder kann sie die sozial reflexive Interaktion monopolisieren, noch verfügt sie über einen symbiotischen Mechanismus, das heißt, sie verfügt nicht über das Testverfahren Sex. Deshalb hat Freundschaft in der modernen Welt die Schlacht um die Intimität verloren. Unter Modernitätsbedingungen besteht Freundschaft nun darin, dem anderen einzuräumen, daß anderes Vorrang haben kann vor der Freundschaft.

Die moderne Gesellschaft stellt Eros vor die Wertalternative: Solidarität oder Intimität? Und das „Man" nicht anders als das „They" muß sich immer wieder für die eine oder die andere Seite entscheiden. Hier scheint alles möglich — nur nicht die Zurückweisung der Alternative. Oder doch? Hätte ein Herr eine andere Option? Wir haben es in anderem Zusammenhang ja schon angedeutet: „Sternen-Freundschaft" ist der Rejektionswert, der diese Wertalternative zurückweist. Bekanntlich stammt der Begriff — oder sollte man sagen: diese absolute Metapher — aus dem § 279 der *Fröhlichen Wissenschaft*. Das Bild ist faszinierend: Über den seltenen großen, freien Geistern waltet ein Gesetz, das ihrem Tun „eine ungeheure unsichtbare Curve und Sternenbahn" vorzeichnet. Sternenfreundschaft ist der unverzichtbare Glaube, daß sich die Freunde auf derselben Bahn befinden — auch wenn sie sich aus den Augen verloren haben und die „Curve" gar nicht erkennen können. Fernstenliebe und Sternenfreundschaft — das muß einem Herrn genügen. Und ob es ihm vergönnt sein wird, mit seinen Freunden zuweilen „ruhig in Einem Hafen und in Einer Sonne" zu liegen, um „ein Fest miteinander" zu feiern, muß ihm fast gleichgültig sein.

Jacob Taubes hat das Problem der vornehmen Werte in der Frage resümiert: „Wie kann der Herr schwach werden?"[23] Sie folgt Nietzsches Spur, die zum Priester-Typus und der paulinischen Theologie des Ressentiments führt. Der Gott des Paulus erwählt die Verachteten, Unedlen ausdrücklich gegen die Repräsentanten der Vornehmheit. Das ist die Umwertung der antiken Werte durch negative Selektion: Gott erwählt die Schwachen – und macht zuschanden die Starken. Diese Umwertung des Kreuzes durch Paulus ist zu Recht als „the most brilliant semantic coup in all history"[24] bezeichnet worden.

Von nun an verdrängt die christliche Parade der Sünde das antike Schauspiel der Tugend. Paulus trat auf – und damit war „die ganze Arbeit der antiken Welt *umsonst*"[25]. Und später genügte der Auftritt eines anderen Ressentimenttheologen, nämlich Luthers, und schon war die Renaissance nur noch „ein Ereigniss ohne Sinn, ein grosses *Umsonst!*"[26]. So hat Nietzsche jene Frage beantwortet – gewiß mit dem Hintersinn, der Leser möge sich fragen: Sprach auch Nietzsches Zarathustra umsonst?

Einer der Urväter der modernen Demokratie, Thomas Jefferson, glaubte noch, man könne demokratische Wahlen als „a pure selection" der allein regierungsfähigen „natural *aristoi*" verstehen. Das war schon damals eine rührende Naivität. In der modernen Gesellschaft darf es nämlich keinen Herrn mehr geben. Deshalb hat sie die Unterscheidung Herr/gemeiner Mann dedifferenziert. Seither ist jeder Herr Schröder oder Herr Bolz – und die Herren sind abgetan. Im Calvinismus war der modernen Gesellschaft noch einmal ein genialer Kompromiß zwischen Ressentiment und Erfolgsorientierung gelungen, der den Kapitalismus florieren ließ. Doch dann erschien Lenin als der neue Paulus. Das Ressentiment wurde erneut schöpferisch: im Bild vom kapitalistischen Herrn als dem Bösen, gegen den ein Rachefeldzug der sozialen Gerechtigkeit geführt werden mußte.

4. Wie das Ressentiment schöpferisch wurde

Daniel Bell hat in seiner großen Studie über die postindustrielle Gesellschaft die soziologische Rätselfrage gestellt, warum in Demokratien jeder Schritt des Abbaus von Ungleichheit mit einem Anwachsen des Ressentiments einhergeht. „The fascinating sociological puzzle is why in democratic society, as inequality decreases, *ressentiment* increases."[1] Die Antwort muß wohl lauten: Demokratie impliziert normative Gleichheit; und daraus folgt, daß alle ständig mit der Vermessung von Diskrepanzen beschäftigt sind – und so entsteht Ressentiment. Die Verschiedenheiten vermindern sich, aber die Gleichheitserwartungen wachsen: *invidious comparison* hat Thorstein Veblen das schon vor hundert Jahren genannt. Heute bietet das Verhältnis von Ost- und Westdeutschland dafür den besten Anschauungsunterricht.

Der Haß des Ressentiments entsteht, wenn man sich gleich fühlt, aber nicht gleich ist; wenn man angeregt wird, sich mit Leuten zu vergleichen, mit denen man sich nicht vergleichen kann – wenn also „öffentlich anerkannte, formale soziale Gleichberechtigung mit sehr großen Differenzen der faktischen Macht, des faktischen Besitzes und der faktischen Bildung Hand in Hand gehen"[2]. Moderne Kultur ist ja eine Kultur des Vergleichs, und sie ist selbst der Vergleich mit anderen Kulturen. Und hier ermöglichen die Massenmedien eine Art permanentes Benchmarking der Nationen und sozialen Klassen. Sinnvoll und begehrenswert ist das, wonach andere streben.

Im überhitzten Klima dieser *invidious comparisons* wächst das Ressentiment; das heißt, die „Toleranz gegenüber der Ungleichheit"[3] nimmt ab. Es geht mir besser als früher, aber nicht so viel besser wie den anderen – und deshalb geht es mir schlechter. Schon eine Verlangsamung des wirtschaftlichen Wachstums erzeugt typisch Unzufriedenheit. Und Wachstum selbst ist keineswegs der Weg zur allgemeinen Zufriedenheit, denn wenn es allen gleichmäßig besser geht, geht es niemandem besser.

Die Ungleichheit des Wachstums des Lebensstandards – und nicht etwa die Armut – erzeugt Ressentiment. Soziologen sprechen vom Tocqueville-Effekt, um das Phänomen zu benennen, daß die Gleichheitserwartungen um so schneller steigen, je geringer die Disparitäten zwischen den Menschen sind; man leidet weniger, hat aber eine sehr viel höhere Sensibilität. Und je größer die Erwartungen, desto größer der Neid. So wird die moderne Kultur von einem Jammern auf hohem Niveau begleitet; die Klagelieder erklingen aus dem Herzen des Wohlstands.

Wenn Vorteile und Verbesserungen selbstverständlich werden, verlieren sie für den einzelnen an Wert. Diese hedonistische Diskontierung verleiht modernen Demokratien ein Gepräge, das man auf die Formel bringen könnte: Die Jammerrate bleibt konstant, nur die Beschwerdeinhalte ändern sich. Die Grundformeln des Jammerns lauten bekanntlich: Warum gerade ich? Und: Warum nicht auch ich? So wird Unzufriedenheit zum Authentizitätsmerkmal des einzelnen.[4]

Vormoderne Gesellschaften hatten weniger Probleme mit dem Ressentiment, denn Stratifikation (ständische Ordnung oder Kasten) unterbrach den Vergleich von Lebenslagen und Ansprüchen – beugte also dem Ressentiment vor.[5] Dagegen brauchen moderne Gesellschaften ausdrücklich eine Sozialpolitik zur Pazifizierung des Ressentiments. In Max Schelers immer noch maßgebender Schrift über das Ressentiment im Aufbau der Moralen findet sich der interessante Begriff der „Ressentimentkritik". Hier ist Kritik des Ressentiments nicht als *genitivus obiectivus*, sondern als *genitivus subiectivus* gemeint: das Ressentiment kritisiert – und zwar die Welt *in toto*. Das setzt voraus, daß die Gesellschaft als schicksalhafter Zwangszusammenhang (stahlhartes Gehäuse, Verblendungszusammenhang) empfunden wird, an dem jede reformistische Anstrengung als vergeblich abgleitet. Im falschen Leben gibt es keine sinnvollen Verbesserungsvorschläge – und das ermöglicht dem Ressentimentkritiker die objektlose „Kritik alles Bestehenden", die Fundamentalopposition.

Schelers große Einsicht liegt nun darin, zu erkennen, daß die Ressentimentkritik eine Form des Genießens ist; sehr schön spricht er von dem „Lustgefühl, das im puren Schelten und der Negation liegt"[6]. Deshalb reagiert der Kritische Theoretiker allergisch gegen jede konkrete Reform, das piecemeal social engineering demokratischer Politik, das ihm ja die Vorwände für Radikalopposition verknappt. Das reine Genießen der Ressentimentkritik setzt die schlechteste aller möglichen Welten voraus.

Diesen Negativitätszauber hatte Nietzsche schon an Paulus durchschaut. Seiner Analyse der christlichen Umwertung der antiken Werte verdanken wir die Einsicht in die Möglichkeit einer negativen Wertsetzung – der Wertschöpfung aus Ressentiment; das „Nein ist ihre schöpferische That".[7] Sie verwandelt das Vornehme in das Böse und entfaltet mit großem dialektischem Raffinement das Trostreich der imaginären Rache. Diese Rache will richten, sucht sich einen Anlaß – und tritt dann in der Öffentlichkeit als „Verletzlichkeit"[8] und Leidensfähigkeit auf. Ressentiment ist das Dynamit, mit dem die „Verschwörung der Leidenden"[9] die Welt der vornehmen Werte in die Luft sprengt. Die Faszinationskraft dieser Verschwörung scheint ungebrochen.

Die 68er ersetzten die „conspicuous consumption"[10] ihrer Eltern durch „conspicuous compassion"[11]. Sie trugen nicht mehr den Wohlstand vor der Welt, sondern ihr Mitleid mit der Welt zur Schau. Mit anderen Worten: Die Studentenbewegung war die ressentimentkritische Verschwörung derer, die am Leiden der anderen litten. Eine derartige Kultur des universalen Mitleids setzt aber voraus, daß wir keine schrecklichen Erlebnisse mehr haben (Hunger, Krieg); daß es uns also immer besser geht. Und Sensibilisierung heißt nun paradoxerweise, daß man mehr leidet, obwohl man weniger Grund dazu hat. Leiden ist seither ein Wachstumssektor. Seine Logik ist denkbar einfach: Moderne Zivilisationen schützen die Menschen vor grausamen Erfahrungen; daraus folgt, daß die Schwelle der Empathie gesenkt werden kann – und daraus folgt, daß „Sympathie" universal anwendbar wird. Das ermöglicht einerseits Legitimation durch Leiden und andererseits „Machtausübung durch Unglücklichsein"[12].

Heute ist die Kritische Theorie tot – aber die Ressentimentkritik hat überlebt. Sie will richten und versteckt sich geschickt hinter der Rhetorik der Gerechtigkeit. Tribunalisierung hat Odo Marquard diese Strategie der negativen Wertsetzung genannt, und sie entfaltet sich heute zu einer veritablen Politik des Ressentiments, in der Heilsversprechen und Elendspropaganda zwei Seiten derselben Medaille sind. Das gilt für die alten 68er genauso wie für die mittelalterlichen Umweltschützer und Feministinnen, aber auch für die jungen Globalisierungsgegner. Zu den Reflexen dieser Politik gehört die Technikfeindschaft genau so wie der Multikulturalismus als das Verbot der Unterlegenheit, aber auch der Vandalismus als das spezifische Ressentiment der Jugend[13]. Und selbst die Wissenschaften verbeugen sich heute vor der Ressentimentkritik, wo sie als Gender oder Black Studies Schuld induzieren.

Schon Rousseau konnte den Unschuldsbeweis seiner selbst nur

führen, indem er „die Gesellschaft" anklagte. Man kennt das vom Trotz der Kinder: Selbstdarstellung durch Dissens. Es ist dieser Trotzgenuß des Abweichenden, den die Jugendlichen dann in den Subkulturen als den Asylen der Selbstdarstellung suchen. Und für die Klügeren unter ihnen gibt es die Universität mit ihrem psychosozialen Moratorium; sie war und ist der Ort der unschuldigen Beobachtung von außen – gegen Vater und Staat. Dort gedeihen die Urban Bohemians: hochgebildet, aber nicht wohlhabend. Und diese Statusinkonsistenz sublimieren sie in einer Philosophie des Antikapitalismus. Lionel Trilling hat dieses Syndrom adversary culture genannt.

Jugendliche, Studenten und Intellektuelle haben viel Zeit. Und Protest ist eben nur etwas für Leute, die Zeit im Überfluß haben; man denke nur an Lichterketten und Mahnwachen. Mit der Zeit, die man im Überfluß hat, Ressentimentpolitik zu machen ist eine Technik, die man übrigens auch aus vielen Organisationen kennt. Dort gibt es immer wieder Leute, die viel Zeit für ein „Problem" aufwenden können – und gerade damit ein Problem schaffen, mit dem man nur umgehen kann, wenn man viel Zeit dafür aufbringt; man denke nur an Gremien und Kommissionen. Das gilt gerade auch für soziale Bewegungen, die Empörung als Performance organisieren. Der Gewinn für alle, die daran teilnehmen, liegt auf der Hand. Nur im Protest gegen „das System" stellt sich die Gesellschaft noch als Einheit dar. Folglich kann man Zukunftsungewißheit kompensieren durch die „certainty of participation in the movement"[14].

Nirgendwo wird das heute deutlicher als im Protest der Globalisierungsgegner. Er ist die Religion, die zwar keinen Gott, aber einen Teufel kennt: das Empire USA. Der American Way of Life ist das falsche Leben, und das Ganze der Weltwirtschaft ist das Unwahre. In diesem Negativismus sind sie unendlich kreativ – und glücklich. Denn das ist das Geheimnis des Protests: daß wir „mit unserm Schicksal entzweit, dafür aber mit unserer Existenz versöhnt" sind[15]. Vielleicht müßte man noch schärfer sagen: mit der Existenz versöhnt, *weil* mit dem Schicksal entzweit. Das ist das Genießen des Ressentimentkritikers, seine Lust der Negation. Mittlerweile wird sie sogar staatlich alimentiert. Diesen kuriosen Gestaltwandel der Rebellion kann man vor allem an städtischen Bühnen beobachten, wo „Steuergeld für den Demonstrativkonsum an Gesten gegen das ganze, den Rebellen verletzende und ihn zum Ausstellen seiner Wunden zwingende Unwahre ausgegeben wird".[16] Dabei haben die zornigen jungen Regisseure – Schlingensief in Bayreuth! – das spieltheoretische Grundkalkül des Ressentiments zum ästhetischen Programm erhoben: Wie groß darf meine Aggression sein, damit sie keine Vergeltung auslöst?

Der Kapitalismus ist mangels Alternativen zum Weltschicksal geworden – und provoziert deshalb einen gnostischen Protest. Wie in den sechziger Jahren gegen den Vietnam-Krieg, so versammeln sich die Jugendlichen, Studenten und Linksintellektuellen heute wieder zum Protest gegen die Folgelasten der Globalisierung. Bush ist heute ähnlich verhaßt wie damals Johnson oder Nixon. Und Schwarzbücher des Kapitalismus haben wieder Konjunktur, verfaßt von den „freudlosen Buchhaltern der gegenwärtigen Hölle"[17].

Wenn man einen Feind hat, kann man sich gut in der Welt orientieren. Seit die Antithese Kapitalismus – Sozialismus aber mit dem Fall der Mauer in reinem Kapitalismus aufgehoben worden ist, fehlt vielen diese Orientierungshilfe; sie sind, wie Pascal Bruckner sehr schön sagt, „Waisenkinder eines Gegensatzpaares"[18], die einen neuen Feind suchen. Im Antiamerikanismus treffen sich das Ressentiment gegen den weltweit erfolgreichen American Way of Life und der obdachlos gewordene altlinke Antikapitalismus. Der Glaube an den Satan USA eint heute das Ressentiment aller Länder. Und bekanntlich haßt man nichts so sehr wie das, wovon man fasziniert ist.

Der Antikapitalismus der heutigen Globalisierungsgegner fällt intellektuell weit hinter den von Marx und Max Weber definierten Diskussionsstand zurück. Wer sich aber nicht klarmacht, daß der Kapitalismus Reichtum in vorher ungekanntem Ausmaß geschaffen, die Emanzipation der Menschen im Medium des freien Marktes vorangetrieben und eine Geschäftsethik entwickelt hat, die uns gegen die schlechten Unmittelbarkeiten der Begierde und der Gewalt schützt, wird in seiner „Gesellschaftskritik" nie mehr zum Ausdruck bringen als schlecht sublimiertes Ressentiment.

Der antikapitalistische Protest ist die Ethik der *adversary culture*, die quer steht zur modernen Gesellschaft. Weil die funktional ausdifferenzierte Gesellschaft der westlichen Welt den „ganzen Menschen" aus sich ausschließt, kultiviert dieser sein Selbst als Protestidentität in einer antinomischen Kultur, die den Konformismus des Ungehorsams predigt. Dagegen sein verpflichtet, hat Odo Marquard diese Attitüde der „Luxusrebellen"[19] einmal resümiert.

Die Ironie der Geschichte, die List ihrer Vernunft besteht nun aber darin, daß die westlichen Demokratien sich durch Kritik gegen Kritik immunisieren; dialektisch übergreifen sie ihren Widerspruch und verwandeln den antikapitalistischen Protest in Innovationsenergie. Nichts stabilisiert das empfindliche Gleichgewicht von kapitalistischer Wirtschaft, formaler Demokratie und Liberalismus nachhaltiger als die Attacken, die gegen „das System" geritten werden. Insofern kann man in den „Globalisierungsgegnern sehr wohl die Pfadfinder des künftigen Kapitalismus"[20] sehen. Die Rebellion gegen den Kapitalismus wird zum Marketing, das Nein war nur ein Inkognito des Ja, die Empörer entpuppen sich als die neuen Emporkömmlinge.

Die Moderne ist das Zeitalter des Außenseiters. Um „in" zu sein, muß man „far out" sein. Dazu verhilft eine interessante Aufmerksamkeitsstrategie: Man muß versuchen, als unterdrückt und marginalisiert zu erscheinen. Denn sozialdemokratische Politik, die bekanntlich von allen Volksparteien propagiert wird, belohnt Leute, die in Schwierigkeiten geraten, mit kompensatorischen Hilfen. Und heute vollendet sich, was Marvin Olasky *the entitlement revolution* genannt hat, in der Herrschaft der Minderheiten. Wer am Rand steht, auffallend anders ist oder nicht mitkommt, bekommt immer mehr Rechtsansprüche auf staatliche Leistungen. Und ihm stehen immer mehr Berater zur Seite, die einen immer größeren Fürsorgebedarf durch *deficit labeling* erzeugen. Prinzipiell kann man sagen: Je mehr Berater und Therapeuten es gibt, desto mehr wird die Welt „framed by a sense of deficit".[21]

Gutmenschentum als Ressentiment – das ist ein Paradefall der Dialektik der Aufklärung. Wer eigene Vorurteile bekämpfen will, erzeugt neue durch Überkompensation: Man ist zu freundlich und zu hilfsbereit gegenüber den Benachteiligten. Der Gutmensch begünstigt die Benachteiligten, diskriminiert zugunsten der Marginalen – und konsumiert dabei das Hochgefühl der Nichtdiskriminierung. Ein Soziologe hat das so formuliert: „Die gute Gesellschaft, die sich für Minderbemittelte öffnet, schafft sich im Inneren Minderheiten, die sich in ihr weniger gut fühlen, selbst wenn es ihnen besser geht. [...] Dass sie Minderheiten nicht nur schafft, sondern auch Aversionen zwischen ihnen schürt, ist der Preis, den die gute Gesellschaft für ihre Offenheit nach außen zahlt."[22]

Politik nach der *entitlement revolution* macht man, indem man Privatinteresse als öffentliches Interesse verpackt. Mit diesem simplen Trick beuten Interessengruppen das öffentliche Mitleid aus. „The public's pervasive feelings of compassion lead to broad political support for the exercise of government power that is exploited by narrowly organized interest groups."[23] Wenn man die Linken wählt, hat man kostenlos das schöne Gefühl der Großzügigkeit und des

Mitleids. Wahlen sind die Form der Teilnahme am politischen Prozeß, die uns die Befriedigung gibt, sich für oder gegen eine Sache ausdrücken zu dürfen. Der reine Akt des Sich-Ausdrückens befriedigt – und das genügt als Motivation für das notwendige Minimalinteresse an Politik.

Hinzu kommt, daß jeder Wähler weiß, wie irrelevant seine eigene Stimme ist; die Wahrscheinlichkeit, daß er auf dem Weg zur Wahlurne von einem Dachziegel getroffen wird, ist größer als die Wahrscheinlichkeit, daß seine Stimme wahlentscheidend ist. Es kostet den Wähler also fast nichts, für ein teures Regierungsprogramm zur Unterstützung der „Benachteiligten" oder zur Rettung der „Natur" zu stimmen. Und er erhält dafür das gute Gefühl des Mitleids und des Verantwortungsbewußtseins. Es kostet fast nichts, das Mitgefühl mit den Benachteiligten, die Tugend des Pazifismus und das Verantwortungsbewußtsein gegenüber der Natur zu wählen. Indem man wählt, macht man entsprechende Statements – und so entfaltet sich unter Bedingungen der Massenmedien und der Massendemokratie eine Kultur der „generalized generosity"[24], die immer neue Projekte des Mitgefühls generiert.

Wir reagieren bekanntlich nicht nur auf das, was andere uns selbst zumuten, sondern auch auf das, was andere anderen zumuten. Moralische Indigniertheit ist das Gefühl eines stellvertretenden, nachempfundenen Ressentiments: „resentment on behalf of another, where one's own interest and dignity are not involved"[25] – wenn man z.B. Nachrichten im Fernsehen sieht. Man fordert und erwartet dann etwas von anderen für andere. „Es gibt keine Zeitgleichheit zwischen den verschiedenen Menschheiten, die sich den Planeten teilen, ohne alle in derselben Epoche zu leben. Aber alle sind, dank der Technik und der Kommunikation, Zeitgenossen im Haß und im Neid."[26]

Daß Freiheit, Gleichheit und Brüderlichkeit koexistieren können, ist der soziale Mythos der Moderne. Wie wir gesehen haben, animiert das Gleichheitsprinzip zum Vergleich, der dann zum Medium der ressentimentbestimmten Wertsetzung wird. Der Verlust der Unterschiede erzeugt genau die Rivalität, für die dann die Unterschiede verantwortlich gemacht werden. Gerade der moderne Gleichheitsgrundsatz also erzeugt Gewalt. Wenn man Menschen zur Gleichheit zwingt, haben sie nur eine Möglichkeit, anders zu sein: den anderen zu dominieren. Und man darf umgekehrt vermuten, daß nur Ungleichheit und Heterogenität Interaktionen zum gegenseitigen Wohl ermöglichen.

Wohlfahrtsstaatliche Sozialpolitik ist die moderne Form der Herrschaft. Dabei stützt sich der umverteilende Staat natürlich nicht auf die Einsicht der Reichen, sondern auf das Ressentiment der Armen. Der Staat präsentiert sich als „a sort of legalized Robin Hood"[27], der tatkräftig seine Religion der sozialen Gerechtigkeit predigt. Das Nullsummenspiel der Verteilungsgerechtigkeit ist die „social gospel"[28] der modernen Welt, die ihrer wirtschaftlichen Dynamik den Kampf angesagt hat. Denn soziale Gerechtigkeit als Nullsummenspiel der Umverteilung ist inkommensurabel mit dem kapitalistischen Nichtnullsummenspiel des Wachstums.

Wer „soziale Gerechtigkeit" will, ist offenbar nicht zufrieden mit Gerechtigkeit. Er übersieht dabei, daß Gerechtigkeit eigentlich kein Wert, sondern das „Maß der Besinnung gegenüber den exzessiven Ansprüchen aller Werte"[29] ist. Aristoteles verstand Gerechtigkeit als die Äquidistanz zu allen Werten; und wir müßten heute Gerechtigkeit als Gleichheit vor dem Gesetz verstehen – mehr geht nicht.[30]

Doch soziale Gerechtigkeit meint Verteilungsgerechtigkeit über Steuern und Abgaben, deren System absichtlich undurchschaubar gehalten wird. Wer Herrschaft durch die Erfindung neuer sozialer Bedürfnisse anstrebt, kann nämlich kein Interesse an einem einfachen Steuersystem haben. Das Programm der soziale Gerechtigkeit sorgt so für die politische Stabilisierung der Unmündigkeit, die sich selbst als „gesellschaftskritisch" empfinden darf.

Bekanntlich beginnt der Wohlfahrtsstaat schon mit Bismarcks Sozialversicherungsgesetzen, und er hat seither eine Fülle neuer „Sozialfiguren" (Hans Braun) erfunden: den Sozialhilfeempfänger, den Frührentner, den Schwerbehinderten. Sie verkörpern gleichsam die „Daseinsvorsorge" (Ernst Forsthoff) als Inbegriff öffentlich-rechtlicher Leistungen. Im modernen Wohlfahrtsstaat, der teleologisch auf eine Art globaler Sozialarbeit angelegt zu sein scheint, darf zwar jeder seines Unglücks Schmied, aber keiner seines Glückes Schmied sein. Nietzsche war soziologisch völlig unmusikalisch und konnte im Staat nur das kälteste der kalten Ungeheuer sehen. Diese Metapher steht auf dem Kopf. Wir erfahren den Wohlfahrtsstaat heute als „das wärmste der warmen Ungeheuer"[30]. Er betreibt Egalitarismus als Schaufensterpolitik, das heißt, er macht spektakulär sichtbar, daß Gerechtigkeit geschieht. Der Zuschauer sieht dann die hochkonzentrierten Wohltaten und übersieht die breit verteilten Kosten.

Die polemische Spitze der Wohlfahrt richtet sich gegen den Wohlstand. Der wird zur Sünde, wenn er so groß ist, daß er Ressentiment weckt. Der Wohlfahrtsstaat besteuert den Erfolg und subventioniert das Ressentiment. Genauer gesagt: Steuern verteidigen uns gegen das Ressentiment der Ausgeschlossenen (Polizei, Armee) und subventionieren zugleich das Ressentiment der Betreuten (Umverteilung). Das Betriebsgeheimnis des modernen Wohlfahrtsstaats ist also die Paradoxie einer Bevorzugung der Benachteiligten. Luhmann hat in diesem Zusammenhang von einer „Politik der Ungleichheitskompensationsungleichheit"[31] gesprochen. Und die Politik ist hier – wie immer beim Umgang mit Paradoxien – gut beraten, metaphorisch zu werden: „die breiten Schultern müssen mehr tragen".

Jeder Versuch, den Armen zu helfen, subvertiert sich aber gerade durch seinen Erfolg selbst. Die Transfers für Arme erleichtern nämlich den Armen das Leben – und verringern dadurch die Kosten des Armseins und den Anreiz, die Armut zu überwinden. Damit wächst die Abhängigkeit von wohlfahrtsstaatlichen Programmen. Das Problem wird dann mit Formeln wie „Hilfe zur Selbsthilfe" verdeckt. Das macht zwar die Sozialhilfeempfänger nicht lebenstüchtiger, hält aber den Sozialstaat in Gang. Denn der stabilisiert sich, indem er immer mehr Empfänger öffentlicher Leistungen produziert. Die sozialdemokratische Politik der globalen Sozialfürsorge muß dafür Sorge tragen, daß die Armut nicht knapp wird. Das kann man mit intelligenten Definitionen wie jener der Europäischen Kommission von 1981 erreichen, derzufolge jeder arm ist, der weniger als die Hälfte des Durchschnittseinkommens verdient.

Im Wohlfahrtsstaat verschiebt sich das Zentrum der Identitätsbildung von der eigenen Leistung auf die Ansprüche, die man geltend machen kann. Und gerade auch politisch zählt nur der, der Ansprüche anmeldet. Man stellt einfach einen Anspruch, wobei man sich an den Ansprüchen anderer orientiert – und wartet, was passiert. Die Ansprüche finden Resonanz und ermöglichen neue Programme der Fürsorge. So kommt es zu einer positiven Rückkopplung von Ansprüchen und öffentlichen Leistungen, die, wie Arnold Gehlen schon früh gesehen hat, den Leviathan in eine Milchkuh verwandelt.

Die Utopie des Sozialstaats besteht darin, durch die Bereitschaft, Steuern zu zahlen, den Neid, den der Erfolgreiche weckt, in Anerkennung zu verwandeln; denn immerhin läßt der Erfolgreiche die anderen an seinem Erfolg teilhaben – eben in Form von Steuern. Eine prägnante Formulierung findet diese Utopie in einem Aufsatz des ehemaligen Richters des Bundesverfassungsgerichts Paul Kirchhof, der Eigentum als „geprägte Freiheit" definiert. „Freiheit heißt, sich auch im Erfolg seines Handelns von anderen unterscheiden zu dürfen. Wer also erwerbswirtschaftlich besonders erfolgreich war, wer sein Eigentum klug verwaltet, gemehrt und genutzt hat, findet in einer freiheitlichen Ordnung freiheitsverständige Anerkennung. Wer diese freiheitlich hergestellte Verschiedenheit nicht ertragen kann, verweigert sich letztlich dem Freiheitsgedanken."[32] Die Politik des Ressentiments besteht nun aber genau darin, den weniger Erfolgreichen zu sugggerieren, diese Verschiedenheit sei unerträglich. Auf Freiheit verzichtet die Neidgesellschaft dann gerne.

Der Philosoph Odo Marquard hat immer wieder darauf hingewiesen, daß wir den Übergang in eine neue Welt nur ertragen, wenn wir eine „eiserne Ration" aus der alten mit hinübernehmen dürfen. Ganz in diesem Sinne setzen die Spin Doctors der großen Volksparteien auf den Teddybäreffekt der Traditionswerte. „Soziale Gerechtigkeit" – das ist das Emotional Design der sozialdemokratischen Politik.[33] Man ködert anachronistische Gefühle, um die Schmerzen der konsequent vorangetriebenen Modernisierung zu betäuben. Die „Genossen" reden von „Solidarität" – und tragen Brioni. Das ist nicht polemisch, sondern durchaus anerkennend gemeint. Um das große Projekt einer Altbausanierung der Sozialdemokratie angemessen zu würdigen, braucht man einen Zwei-Seiten-Blick. Das Outfit ist nicht die Oberfläche, sondern die Botschaft.

Das Alte als Fassade des Neuen – sehen wir näher zu. Die markanteste Altbaufassade der Sozialdemokratie ist der Sozialneid. Daß, wie man in jeder Talkshow hören kann, 1 % der Bevölkerung über 25 % des Kapitals verfügt, ist *per se* unerträglich. Undenkbar, daß jemand fragen dürfte: Warum ist das eigentlich unerträglich? In Deutschland funktioniert der Neidkomplex so umfassend, daß sich eine große und immerhin regierende Volkspartei immer noch als die Partei der Zukurzgekommenen präsentieren kann, die heute allerdings nicht mehr „die Erniedrigten und Beleidigten", sondern Modernisierungsopfer heißen. Mit Neid[34] und Ressentiment lanciert man unbefragbare Werte, und mit Werten stoppt man die Reflexion.

Jeder Wert will einschüchtern und mundtot machen. Wenn jemand „Solidarität" oder „soziale Gerechtigkeit" sagt, kann man schlecht mit Nein antworten. Nun macht die Geschichte der Bundesrepublik ziemlich deutlich, daß jeder, der Solidarität sagt, eigentlich Steuererhöhung meint. Und soziale Gerechtigkeit heißt im Klartext: Umverteilung von oben nach unten. Entsprechend kann der Finanzminister, dieser bürgerliche Held im Kampf mit dem tausendköpfigen Monster Staatsverschuldung, das Loch in der Staatskasse als größte soziale Ungerechtigkeit, nämlich als Umverteilung von unten nach oben, verkaufen. Konkreter sollte man nicht werden. Der erfahrene Politiker hantiert mit Werten wie mit Fahnen. Man tut so, als ob klar sei, was gerecht ist, und unterstellt jedem, der darüber diskutieren will, er sei dagegen. Die Paradoxien der Gerechtigkeit bleiben im Dunkel. Nur als diffuser kann dieser große Traditionswert die gewünschte Fassadenwirkung haben.

Daß man die Freiheit hat, zu sagen, was man denkt, besagt nicht viel, wenn man nicht denkt, was man nicht sagen darf. In Zeiten der Political Correctness ist moralische Häresie so gefährlich wie theologische Härsie im Mittelalter. Man könnte auch sagen: Der Verstoß gegen Political Correctness ist die postmoderne Sünde. „With the crumbling of organised religion, PC has become a religious substitute in academe." Doch dieses Einpauken des „catechism of gender and race"[35] ist längst nicht mehr nur ein Universitätsphänomen. In allen modernen Lebensbereichen treibt die Political Correctness den Menschen das Unterscheiden aus – und zwar bevorzugt mit der fatalen Unterscheidung: Toleranz – Rassismus. Wenn man z.B. das Verhältnis der Türkei zur Europäischen Union mit dieser Unterscheidung beobachtet, bleibt für alle, die sich gegen einen Beitritt der Türkei aussprechen, nur noch das Label „Rassist". So hat das Gutmenschentum die Menschenrechte zur Ideologie pervertiert.

Die konkrete Politik der korrekten Gutmenschen heißt in Amerika „affirmative action". Im Kern geht es hier um Quotenregelungen, so daß nicht die Leistungen des einzelnen, sondern Gruppenattribute zählen. Benachteiligt zu sein wiegt dann schwerer als die Autorität der Kompetenz. Verdienst und Exzellenz können diesem Gleichstellungsauftrag nur störend dazwischenkommen. Für diesen Widerstreit „merit versus social justice"[36] hat die sozialistische Ethik von Rawls eine geniale dialektische Lösung gefunden: sie betrachtet „the distribution of natural talents as a common asset"[37]. Mit dem Pfund meiner Klugheit wuchert die Gemeinschaft.

Es gibt also einen antimeritokratischen Affekt. Der Egalitarismus wird nicht von einem Sinn für Gerechtigkeit, sondern von Ressentiment angetrieben. Dieser Haß gegen Elite, Verdienst und Kompetenz tarnt sich modern als Forderung nach „Fairness". Aber Selektion schließt Konsens aus, denn man kann nicht werten, ohne jemanden zurückzusetzen. Und es ist präzise die Funktion der ebenfalls modischen Forderung nach „Respekt", zu verdecken, daß nicht jeder lobenswert ist. Das Ressentiment ist also im Kern eine Reaktionsbildung auf das Werten selbst.

Daß nun ausgerechnet die Partei, die uns das grandiose Nivellierungswerk der Gesamthochschulen aufgezwungen hat, neuerdings Elite-Universitäten fordert, zeugt von einem erstaunlichen Lernprozeß. Eigentlich muß man dem Pisa-Schock dafür dankbar sein, daß nun eine Rhetorik der Exzellenz möglich ist, die man vor ein paar Jahren allenfalls einer gewissen Partei der Besserverdienenden zugetraut hätte. Die Forderung nach Elite-Universitäten entspricht präzise dem Geist einer Zeit, in der Deutschland den Superstar sucht und das Volk per Handy kundtut, wen es zu „Unseren Besten" rechnet.

Dieses neu erwachte Interesse an Spitzenleistungen zeigt sich seit einiger Zeit auch in der Konjunktur des Ranking: Zeitschriften veröffentlichen Listen der besten Mediziner, Rechtsanwälte oder Universitäten. Benchmarking, das Sich-Messen an den Besten, kannte man bisher nur in der Wirtschaft. Jetzt greift diese Orientierungs- und Motivationstechnik auch auf andere Lebensbereiche über. Deutschland *in Search of Excellence*, um einen berühmten Buchtitel der Unternehmensberaterbranche zu zitieren. Überall gibt es Leuchtturm-Projekte, Entwürfe zu einem Kanon des wahrhaft Wissenswerten – und bald wird man uns auch wieder Vorbilder, ja Leitbilder präsentieren.

Wenn man sich über die Bedeutung eines Begriffs klarwerden will, ist es sinnvoll, sich zu überlegen, was er verneint. Der Begriff Elite-Universität verneint dreierlei: erstens die Universität als Dienstleistungsunternehmen, das die Studenten als Kunden betrachtet; zweitens das Ressentiment gegen Leistung, das bekanntlich dadurch geweckt wird, daß der Kompetente dem Inkompetenten überlegen ist; und drittens das Tabu über Selektion[38]. Der polemische Index des Begriffs Elite-Universität ist – um es mit dem damals auf die eigene Fraktion abzielenden, unsterblichen Wort des Noch-nicht-Kanzlers Gerhard Schröder zu sagen – gegen das „Kartell der Mittelmäßigkeit" gerichtet.

Die Selbstselektion und der Leistungskult der Meritokratie verträgt sich schlecht mit dem sozialistischen Spitzenwert Gleichheit, der ja nicht die liberale Chancengleichheit, sondern die Ergebnisgleichheit will: Fast alle bekommen eine Eins bzw. *summa cum laude* – jeder Geisteswissenschaftler leidet an der Inflation der Bestnote. Dabei heißt Gleichheit eigentlich nur, daß das Recht blind ist für die Ungleichheit – aber eben nur das Recht! Für Schulen und Universitäten ist diese Blindheit tödlich. Daß Menschen nur qua Personen gleich sind, impliziert eben, daß gleich *behandelt* zu werden nicht heißt, gleich zu *sein*. Gleiche Startbedingungen – das muß genügen. Spätestens mit der Immatrikulation sollte die kompensatorische Erziehung enden.[39]

Lehre ist die Vermittlung des Wissens von den Kompetenten zu den Fähigen. Das impliziert mehrere Selektionsmechanismen. Kompetente Professoren hat eine Universität nur dann, wenn die Berufungen meritokratisch erfolgen, wenn also die Besten die Besten kooptieren (jeder, der einmal an einem Berufungsverfahren teilgenommen hat, weiß, welche „anderen Kräfte" genau dies verhindern). Fähige Studenten hat eine Universität nur dann, wenn sie sie selbst auswählen darf. Und die Vermittlung des Wissens kann nur durch die Information aussagekräftiger Noten gesteuert werden. Diesen Problemkomplex wieder bewußtgemacht zu haben ist das eigentliche Verdienst der neuen Elite-Rhetorik.

An einer Universität, in der der Student Kunde und der Kunde König ist, herrscht formaler Respekt – und das macht jedes Lob problematisch. Man kann nämlich niemanden auszeichnen, ohne andere zurückzusetzen. Und das kann man Kunden ja schlecht zumuten. Deshalb wohl darf man an einigen Universitäten Dissertationen nicht mehr lateinisch bewerten. Am *summa cum laude* irritiert das Lob, das andere zurücksetzt und damit an Selektion erinnert. Aber Elite heißt eben genau dies: strenge Selektion. Das impliziert Askese, Risikobereitschaft und die Negation des Selbstverständlichen. „Die Demokratie da, wo sie hingehört. Wissenschaftliche Schulung aber, wie wir sie nach der Tradition der deutschen Universitäten an diesen betreiben sollen, ist eine *geistesaristokratische* Angelegenheit, das sollten wir uns nicht verhehlen."[40]

Sicher kann man die evolutionäre Selbstselektion einer Meritokratie des Geistes nicht durch eine Elite per Dekret ersetzen. Die Auszeichnung und finanzielle Privilegierung von Elite-Universitäten hätte vor allem einen Effekt: die massenweise Produktion von Zweitrangigkeit. Der Elite-Orden kann nicht durch die Politik, sondern nur durch die unsichtbare Hand der Reputation verliehen werden. Je stärker der Staat in den Wissenschaftsprozeß interveniert, desto technokratischer wird die Universität. Wer Interesse an wissenschaftlichen Spitzenleistungen hat, sollte sich einen Satz Odo Marquards in leichter Abwandlung zu eigen machen: Die Politik bombardiert die deutsche Universität mit Maßnahmen, wie sie zu verändern sei; es käme darauf an, sie zu verschonen – und die Entscheidungen den Professionals zu überlassen.

Die Professionals der Universität sind die Professoren. Ein Professor hat heute aber drei Karriereschauplätze, zwischen denen er wählen muß. Der Starakademiker macht Karriere in der Forschung. Wer sich das nicht zutraut, kann immer noch Karriere in der Lehre machen. Das ist der bei Studenten und Ministerien beliebteste Typ: immer präsent, immer für einen Kaffee zu haben, die Tür zu seinem Büro steht offen; er verzichtet weitgehend auf Forschung und wissenschaftliche Publikationstätigkeit. Genau so wie der Professor, der Karriere in den Gremien macht. Der Gremienprofessor umgeht den wissenschaftlichen Reputationsmechanismus, indem er „Universitätspolitik" macht.[41] Diese drei Typen wird es immer geben, aber die Politik kann entscheiden, welchen sie besonders auszeichnet (auszeichnet!). Elite an der Universität kann nur heißen: Vorrang der Forschung – also gerade nicht Dienstleistungsmentalität, Präsenzpflicht und ökonomische Effizienzkriterien.

5. Warum es intelligent ist, nett zu sein

Je größer eine Gruppe ist, desto rationaler ist es für den einzelnen, das Verhalten der anderen als „natürliche Umwelt" zu behandeln – etwa statistisch. Man geht vernünftigerweise davon aus, daß das eigene Verhalten keinen Einfluß auf das Verhalten anderer hat. Man nimmt eine Zeitung aus dem Kasten oder eine Kerze in der Kirche ohne zu zahlen; man schleicht sich in eine Veranstaltung ein; man springt über die Absperrung der Haupttribüne – und es entsteht kein sichtbarer Schaden. Soziologen diskutieren dieses Problem unter dem Titel Free-Rider. Unser Steuersystem etwa ist so komplex, daß es chaotisch wirkt. Deshalb gibt es keinen Anreiz für Kooperation. Und deshalb ist die natürliche Reaktion unsolidarisches Verhalten, also Steuerhinterziehung – oder doch zumindest die Anwendung der 1000 legalen Tricks.[1]

Man kann es auch so sagen: Je größer eine Gruppe ist, desto geringer sind die Realisationschancen für gemeinsame Interessen, weil der Beitrag des einzelnen kaum wahrnehmbar ist. Und öffentliche Ressourcen werden rasch von allen ausgebeutet, weil jeder der Mäßigung des anderen mißtraut. Das ist die Tragödie der öffentlichen Güter, die gerade die moderne Gesellschaft kennzeichnet. Dem entspricht präzise das soziologische Grundphänomen der „immunity in numbers"[2]: Ich parke in der zweiten Reihe oder gehe bei Rot über die Ampel, wenn genügend andere es tun. Der Schaden, den das egoistische Verhalten des einzelnen anrichtet, ist in den meisten Fällen tatsächlich kaum meßbar; das gilt ja selbst für das Reinigen eines Schiffstanks auf hoher See. „Aber wenn jeder so handeln würde …" Deshalb ruft alle Welt nach Ethik.

Von Groucho Marx stammt die Formel: *The key to success in business is honesty and fair dealing. If you can fake that, you've got it made.* Ist Moral in der Wirtschaft tatsächlich bloßer Schein? Ich werde im folgenden versuchen, eine Business-Ethik zu konturieren, die sich vom Egoismus des bürgerlichen Besitzindividualismus genausoweit entfernt hält wie von den überspannten Forderungen einer universalistischen Moral. Mir geht es dabei um eine quasi mathematische Begründung des moralischen Minimums und damit die

Beantwortung der Frage „Wie überlebt die Freundlichkeit in der Welt?"

Die brauchbarsten Überlegungen zur Modellierung unseres Problems bietet nach wie vor die Spieltheorie. Ihre Simplifikationsgewinne sind zunächst beträchtlich, denn wenn man eine Situation als Spiel betrachtet, weiß man, was zu tun ist. Angemessene Komplexität wird dann dadurch aufgebaut, daß jeder sich zugleich auch als eine Figur im Spiel des anderen konstruiert. „Players are embedded in the game"[3].

Nun gibt es zwei Möglichkeiten, zu spielen (was man im Englischen besser verdeutlichen kann als im Deutschen). Entweder man spielt, um zu spielen, oder man spielt, um Probleme zu lösen: *playing* games versus *solving* games/problems. Spielen um des Spielens willen ist ein lokales Handeln; dagegen verfolgt das problemlösende Spielen globale Ziele. Wer Lust am Spiel hat, muß also anderes im Auge behalten als die Frage nach dem Gewinnen. Man kann es auch so sagen: Wer weiterspielen will, muß an der Gleichheit des Gegners interessiert sein. Bayern München kann selbst nicht wünschen, jedes Jahr Deutscher Meister zu werden. Das Playing Games hat also ein primäres Interesse an organisierter Gleichheit. Das Solving Games wird dagegen beherrscht von der Frage, wer gewinnt. In der Kooperation der gegeneinander Spielenden bewährt sich eine lokale Geschicklichkeit; dagegen zielt die spieltheoretische Rationalität immer schon aufs Endspiel.

Skills, Geschicklichkeiten als lokale Rationalitäten werden eigentlich unabhängig von Ergebnissen und Lösungen bewertet. Und nur mittelmäßige Spieler *folgen* einer Strategie im spieltheoretischen Sinn. Gute Spieler lassen sich nicht von ihren eigenen Strategien versklaven. Deshalb sehen sie auch nicht weit voraus, sondern begrenzen ihre Visionen. Diesen Unterschied gilt es im Auge zu behalten, wenn wir uns im folgenden auf die Spiele des Problemlösens konzentrieren.

Es gibt ein von Merril Flood vor gut fünfzig Jahren erfundenes Spiel, das uns fragt, ob sich zwischen der Herrenmoral der Zyniker und der Sklavenmoral der Gutmenschen eine Kooperationsmoral der Egoisten entwickeln kann, ohne daß dabei auf irgendwelche „universalistischen" Prinzipien zurückgegriffen werden müßte. Zwei Gangster werden wegen einer gemeinsam verübten Straftat in getrennten Zellen festgehalten und vom Gefängnisdirektor mit dem Vorschlag konfrontiert, den jeweils anderen gegen Strafminderung zu verraten. Wenn beide dichthalten, können sie nur wegen eines geringeren Vergehens bestraft werden und bekommen jeweils drei Jahre Haft. Wenn einer den anderen verrät, bekommt der Geständige ein Jahr und der andere zehn Jahre. Wenn sich beide gegenseitig verraten, bekommen sie sechs Jahre Haft. Nach einigem Überlegen wird sich jeder der beiden entscheiden, den anderen zu verraten, denn das bringt ihm in jedem Fall das bestmögliche Ergebnis: Hält Alter dicht, so bekommt Ego selbst nur ein Jahr Gefängnis. Gesteht Alter auch, so bleibt Ego immerhin die Höchststrafe erspart[4].

Aus der Perspektive des einzelnen ist es also rational, das Gefangenendilemma aggressiv zu spielen. Denn wie auch immer sich der andere verhält: Verrat bringt das beste Ergebnis für den einzelnen. Doch das theoretisch Zwingende ist nicht unbedingt auch klug. Die individuelle Rationalität führt ja für beide Spieler zu einem schlechten Ergebnis. Zugespitzt lautet das Dilemma: Jeder ist besser dran, wenn er egoistisch ist, aber beide sind besser dran, wenn sie kooperativ sind.

Wer meint, dieses Szenario sei einem Mathematikerhirn entsprungen und hätte mit dem wirklichen Leben nichts zu tun, muß nur einmal wieder in die Oper gehen – und zwar in Puccinis Tosca. Die Story ist rasch erzählt. Der korrupte Polizeichef Scarpia verurteilt Toscas Liebhaber Cavaradossi zum Tode. Nun bietet Scarpia Tosca einen Deal an: Sex gegen Leben – wenn sich Tosca ihm hingibt, dann weist er das Erschießungskommando an, nur Platzpatronen zu laden. Logisch eröffnen sich vier Möglichkeiten: 1. Scarpia bekommt Tosca, und Cavaradossi bleibt am Leben. 2. Scarpia bekommt Tosca, aber Cavaradossi wird doch erschossen. 3. Cavaradossi wird verschont, aber Tosca gewährt keinen Sex. 4. Beide betrügen sich gegenseitig. Es kommt nicht zum Sex, und Cavaradossi wird erschossen. Diese letzte Möglichkeit ist bekanntlich die der Story von Puccini.

Gegen die Invisible Hand Adam Smiths, die bewirkt, daß der Egoismus eines jeden zum allgemeinen Guten führt, demonstriert das Prisoner's Dilemma, wie die Rationalität des Egoismus zum allgemeinen Schlechten führt. Im Gefangenendilemma geht es also immer darum, daß die rationale Wahl des einzelnen nicht zur optimalen Entscheidung führt. Es brennt im Kino, und alle rennen zum Ausgang. Die dadurch entstehende Panik ist unmittelbare Folge individuell rationalen Handelns. Natürlich würden alle Kinobesucher besser fahren, wenn sie alle dem Kooperationsgebot „Verhalten Sie sich ruhig!" folgen würden. Aber jeder einzelne handelt völlig rational, wenn er um sein Leben rennt.

Das Gefangenendilemma zeigt diesen Widerspruch zwischen individueller und kollektiver Rationalität bzw. zwischen spieltheoretischer Rationalität und erfolgreichem Verhalten in Reinform.[5] Wir haben es hier mit Problemen zu tun, für die es keine technische Lösung gibt. Sie entstehen immer dann, wenn der andere auf meine Wahl antwortet; und was auch immer nun geschieht – es wäre auch anders möglich. Auf diese einzige Notwendigkeit der modernen Welt, nämlich Kontingenz, kann man sich nur schlecht einstellen.

Um mit einer Rationalität jenseits des menschlichen Verstehens operieren zu können, braucht man „Denkprothesen"[6]. Im Falle unseres Gefangenendilemmas könnte man etwa an eine Art Mehrwertigkeitstraining in Computersimulationen denken. Was verändert sich, wenn die Spieler häufiger aufeinandertreffen? Werden sie sich aufgrund ihrer schlechten Erfahrungen mit individueller Rationalität anders entscheiden und kooperativ verhalten? Genau das hat Robert Axelrod in seinen berühmt gewordenen Computerturnieren untersucht. Was geschieht, wenn man das Dilemma iteriert und verschiedene Strategien gegeneinander antreten läßt? Mit derartigen Fragestellungen ersetzt eine neue, generative Sozialwissenschaft die Erklärung sozialer Phänomene durch ihre Computersimulation (bottom up). Statt Can you explain it? fragt man jetzt Can you grow it?

Das wichtigste Ergebnis dieser Computerturniere lautet: Der Erfolg eines Programms hängt von seiner Umwelt ab. Es gibt also keine umweltunabhängigen Spielregeln für Sieger. Was jeweils die beste Strategie ist, hängt vom Verhalten des Gegenspielers ab. Mit anderen Worten: Wenn man die Zukunft in Betracht ziehen muß, gibt es keine „beste" Strategie. Es kann deshalb nicht darum gehen, ein Programm zu optimieren, sondern nur darum, es robust zu gestalten.

Was Robustheit heißt, läßt sich nun sehr genau durch fünf Eigenschaften definieren, die denn auch den Kernbestand der gesuchten Kooperationsmoral ausmachen. Das robuste Programm ist

* *nett*, das heißt kooperationsbereit; die einfachste Definition von „nett" lautet, nie mit einer Aggression zu beginnen;
* *provozierbar*, es läßt sich also nicht ausbeuten; es ist bereit, wenn nötig zurückzuschlagen;
* *versöhnlich*, und das heißt im Kern: vergeßlich – es genügt die Erinnerung an den letzten Spielzug. Versöhnlichkeit ist die Wahrscheinlichkeit der Kooperation unmittelbar nach dem Verrat; das robuste Programm ist also auch nach einer Aggression noch kooperationsbereit[7];

* *nicht eifersüchtig* – das Geheimnis des Erfolgs liegt darin, den anderen nicht um seinen Erfolg zu beneiden;
* *transparent*; während man in Nullsummenspielen die Strategie verheimlichen muß, muß man sie in Nichtnullsummenspielen veröffentlichen.[8]

Das Gefangenendilemma ist die konsequente Binarisierung des Sozialen. Kooperativ oder aggressiv sein – das ist hier die Frage.[9] Der Gutmensch spielt die Jesus-Strategie der bedingungslosen Kooperation: Schlägt man Dir auf die eine Wange, dann halte auch noch die andere hin. Das ist zwar nett, aber diesem Programm fehlt die Provozierbarkeit. Der Zyniker spielt bedingungslos aggressiv. Das ist weder nett noch versöhnlich und entspricht der Minimax-Strategie, die ein Gleichgewicht des Mißtrauens schafft. Das Bestmögliche besteht hier lediglich in der Vermeidung des Schlechtesten. Und daraus folgt überraschenderweise, daß die beste Reputation, nämlich ein harter Hund zu sein, schwer zu erreichen ist, weil sie in die Logik des Zurückschlagens verstrickt – also wenig einbringt.

Dem zu Kooperativen droht also Ausbeutung, dem zu Aggressiven droht Eskalation.[10] In der goldenen Mitte liegt das robuste Programm, das kooperativ beginnt, aber dann den jeweiligen Zug des anderen wiederholt – alttestamentarisch formuliert: Auge um Auge. Diese Reziprozität erspart Freundschaft und Voraussicht. Die Koordination einer Kooperation setzt also keinen Gemeinschaftssinn voraus; die Kooperierenden müssen sich weder kennen noch miteinander reden. So kommen wir zu dem verblüffenden Zwischenergebnis, daß Kooperation ohne „Vernunft", ohne Kommunikation, ohne Vertrauen und ohne Altruismus möglich ist. Und man kann umgekehrt sagen: Kooperation erzeugt Moral.

Kein Mißverständnis, bitte: Wir schließen hier die Möglichkeit, daß jemand altruistisch handelt, nicht aus. Vielmehr geben wir dem Altruismus einen neuen, nämlich evolutionstheoretisch bestimmten Stellenwert. Formelhaft „darwinistisch" gesagt: Altruismus kann es nur geben, wenn er die Fitness steigert. Und genau das verbirgt sich hinter der modernen Tugend der Lernbereitschaft; mit Herbert Simons Worten: „docility, hence altruism"[11]. Es handelt sich dabei um den schwachen Altruismus des aufgeklärten Selbstinteresses, der für die temperierte Welt des modernen Kapitalismus so charakteristisch ist. „The great enforcer of morality in commerce is the continuing relationship, the belief that one will have to do business again with this customer."[12] Die Fairness der Business-Ethik verdankt sich also der Antizipation zukünftiger Transaktionen. Dafür gibt es einen brutalen Beweis *ex negativo*: Hohes Alter, Krankheit oder Karriere-Ende sind ein starker Anreiz für Verrat – die Wahrscheinlichkeit künftiger Interaktion ist nämlich gering.

Daß unser moderner Alltag so unspektakulär verläuft und daß es in der Politik heute weder Visionen noch große Reformen gibt, bekommt vor dem Hintergrund des gerade Gesagten einen guten Sinn. Denn Kooperation wird durch Dekomposition der Interaktionen gefördert: Der Fortschritt zerfällt in viele kleine Schritte! Diese Kleinteiligkeit unserer Projekte ist deshalb sinnvoll, weil damit die Kosten des Verrats geringer werden. Ich komme dem anderen einen kleinen Schritt entgegen und gebe ihm die Chance zu kooperieren. Wenn er aggressiv reagiert, habe ich nur wenig verloren. Die Kleinteiligkeit des „muddling through" (Ch. Lindblom) steigert also die Reziprozität und Kooperationsbereitschaft. Und damit ist auch die Antwort auf die Frage klar, wie man in einmaligen Situationen Vertrauen schaffen kann: durch Inkrementalisierung.

Daß Menschen miteinander kooperieren, weil sie Vertrauen ineinander haben, ist für unser Thema mithin völlig uninteressant. Uns interessiert umgekehrt, wie Kooperationsangebote Vertrauen schaffen und Vertrauen dann die Transaktionskosten reduziert. In dieser Perspektive einer Evolution der Kooperation können wir das Minimum der Moral, die wir für das moderne Leben brauchen, zwar nicht ethisch, aber ökonomisch, ja geradezu mathematisch begründen. Das hat den Vorteil, daß wir uns nicht zu den Glaubensartikeln eines Werteuniversalismus und der ihm zugeordneten Politik des globalen Konsenses bekennen müssen. Uns genügt die Erfahrung lokaler, multilateraler Kooperationen, daß es intelligent ist, nett zu sein. Allerdings lassen Axelrods Computerturniere auch keinen Zweifel daran, daß der nette Einzelne in einer Welt von Fieslingen keine Chance hat. Die Netten müssen schon als Gruppe auftreten, und es ist eine strikt mathematische Frage, wie groß die Sekte der Netten sein muß, um der Invasion der Freundlichkeit zum Erfolg zu verhelfen.

Wer dagegen Erfolg hat, indem er die Dummheit der anderen ausnutzt, zerstört damit die Umwelt, in der er Erfolg haben kann. Mit anderen Worten: Wer nicht nett ist, hat kurzfristig Erfolg, zerstört aber langfristig die Bedingungen seines Erfolgs. Räuberische Strategien zerstören also ihre eigenen Erfolgsbedingungen. Und genau umgekehrt ist das Programm der robusten Nettigkeit eines, das gewinnt, ohne andere zu besiegen. Es begreift den Erfolg des anderen als Bedingung des eigenen. Erfolg habe ich demnach nicht durch Schwächung des anderen, sondern durch Stärkung der gegenseitigen Interessen. Erfolg hat, wer mit Erfolgreichen interagiert.

Damit sind wir in einer Nicht-Nullsummen-Welt. Und hier muß man nicht besser sein als der andere, um erfolgreich zu sein. Für Fußball- und Pokerspieler ist das schwer zu begreifen.[13] Prinzipiell gilt, daß gute Nullsummen-Spieler schlechte Win-Win-Spieler sind. Denn gerade das Gewinnenwollen blockiert die Maximierung des eigenen Gewinns. Wir lernen schon als Kinder das Spielen in Nullsummenspielen, die nur eine Belohnung kennen: das Gewinnen als solches, das impliziert, daß der andere verliert. Es gehört ausdrücklich zur Fairness der Nullsummenspiele, daß jeder Spieler gewinnen will. Es ist also wichtiger, den Gegner zu schlagen, als die eigene Punktezahl zu steigern – die drei geschossenen Tore sind wertlos, wenn der Gegner vier schießt. Es geht hier nicht darum, die *absolute* eigene Punktezahl zu steigern, sondern die *relative*. Thorstein Veblen hat in diesem Zusammenhang von *invidious comparision* gesprochen. Neiderfüllt vergleichen wir uns mit anderen – und genau das blockiert die Win-Win-Perspektive. Für den Nullsummenspieler ist „mehr" wichtiger als „viel". Der Wettbewerbsimpuls fördert diese aggressive Strategie, die jederzeit eine Eskalation riskiert.

Ein unbeliebiges Beispiel. Im „Rosenkrieg" der Scheidungen spielen Ehegatten ein Endspiel im Nullsummenstil. Die Leiden und Verluste, die das mit sich bringt, ließen sich vermeiden, wenn man die Ehe von vornherein als *local game* betrachten würde, in dem es nicht ums Gewinnen, sondern um die Aufrechterhaltung der wechselseitigen Anteilnahme geht. Das schließt Streit nicht aus, im Gegenteil! Das ständig streitende Ehepaar inszeniert exemplarisch das Familienleben als kooperativen Konflikt und dokumentiert die einigende Kraft des „conflict interest"[14].

Jeder Streit beweist Kooperation – z.B. der politische Streit um das beste Bildungssystem. Deshalb ist Streit kein Krisenzeichen, sondern ein Symptom dafür, daß eine Gruppe heterogene Präferenzen hat, die für unterschiedliche Situationen Anpassungsvorteile haben können. Insofern funktioniert der Streit für soziale Kollektive ähnlich wie die Ambivalenz der Gefühle für den einzelnen. Derart den Antagonismus als Kooperation zu denken ist der erste Schritt zum Verständnis der gesuchten emergenten Moral, die keine Gebote braucht, sondern aus sich selbst verstärkenden wechselseitigen Verhaltensmustern erwächst.[15]

Diese Denkfigur besetzt die neuere Managementliteratur mit dem Neologismus Coopetition. Er bestätigt durch Inversion, was Richard Alexander auf die einfache Formel brachte: *human beings cooperate to compete*. Das verträgt sich sehr gut mit der Logik des Marktes, der ja soziale Koordination durch wechselseitige Anpassung erreicht. Der moderne Markt ist nämlich ein Netz von Transaktionen – und damit dem Internet ähnlicher als dem mittelalterlichen Marktplatz: „every participant in the market system links cooperatively with millions of others while competing with relatively few".[16] Deshalb reden heute alle von strategischer Allianz, symbiotischer Konkurrenz, gegenseitiger Koadaption, aber auch Koevolution von Unternehmen und Kunden.

Seit Ferdinand Tönnies die Soziologie mit der Grundunterscheidung Gemeinschaft/Gesellschaft neu orientierte, situieren wir alle unsere sozialen Erfahrungen zwischen zwei Polen: hier die Freundschaft, dort die formale Organisation; hier die Stallwärme des Intimen, dort die bürgerliche Kälte der funktional ausdifferenzierten Gesellschaft. Dieses Schema ist zwar sehr grob – und sich von Tönnies' Unterscheidung zu distanzieren ist ein Grundgestus jedes aufgeklärten Soziologen –, aber für unsere Fragestellung doch gut brauchbar, wenn wir (mit Begriffen von Mark Granovetter) noch eine Binnendifferenzierung anbringen: Intimität – strong ties (Freunde) – weak ties (Bekannte) – Anonymität. Die Intelligenz der Nettigkeit bewährt sich weder in der Intimität der Gemeinschaft noch in der Anonymität der Gesellschaft, sondern in der Selbstorganisation von Netzwerken. Die ideale Betriebstemperatur sozialer Systeme liegt verblüffend nahe am Kältepol.

Während die Nationalstaaten zunehmend an Einfluß verlieren, formiert sich heute ein „neues Mittelalter" der Netzwerke und multiplen Autoritäten. Ein neues Mittelalter der Netzwerke wohlgemerkt, nicht der Märkte. Von der „Anarchie" des Marktes unterscheidet sich das Netzwerk durch gemeinsame Werte, und von der formalen Hierarchie unterscheidet sich das Netzwerk durch seinen informellen Charakter. Netzwerke lösen Probleme, die der einzelne noch nicht einmal formulieren kann. Man nennt das auch Social Computation. Mit anderen Worten: In Netzwerken zeigen Menschen Eigenschaften, die sie nicht mit Wölfen, sondern mit Insekten vergleichbar machen; hier zeigen sich die Überlebensvorteile extremer Interdependenz. Wenn uns also die biologische Evolution den Vergleich des Menschen mit einem Wolf nahelegt, dann modelliert uns die soziale Evolution den Menschen als Insekt.

Damit Netzwerke funktionieren, muß ausreichend großes soziales Kapital vorhanden sein. Und hier ist es nun wichtig, mit Putnam zwischen *bonding* und *bridging social capital*[17], bzw. mit Mark Granovetter zwischen *strong* und *weak ties* zu unterscheiden. Die starken Bindungen sind exklusiv. Sie knüpfen dichte Netzwerke ethnischer Enklaven; Verwandte und intime Freunde finden sich in derselben soziologischen Nische. Das stärkt die Ich-Identität und die In-Group-Loyalität, also den Zusammenhalt der eigenen Gruppe. Starke Bindungen fördern die Cliquenbildung und verkapseln ins Vertraute. Hier herrscht „thick trust" (Bernard Williams): blindes Vertrauen. Dagegen sind die schwachen Bindungen inklusiv. Sie verknüpfen entfernte Bekannte und bilden Informationsnetzwerke. Die Diffusion von Informationen wird nämlich nicht durch „strong ties", sondern gerade durch „weak ties" gesteigert. Schwache Bindungen machen neue Informationen zugänglich und verbinden verschiedene Gruppen. Das ethische Zauberwort unserer Zeit, Commitment, meint genau diese überbrückende Kraft sozialen Kapitals.

Handfeste Aktualität und eine neue, überraschende Dynamik gewinnt diese soziologische Begriffsakrobatik durch die neue Kommunikationswirklichkeit des Internet. In seinen virtuellen Gemeinschaften wirken *bridging* und *bonding* nämlich gleichzeitig: „Internet chat groups may bridge across geography, gender, age, and religion, while being tightly homogeneous in education and ideology."[18] Das Spektrum dieser virtuellen Gemeinschaften umfaßt die Welten des Konsums (communities of choice), der Produktion (communities of practice) und der Sorge (communities of interest). Für alle ist ein positives Feedback zwischen Ähnlichkeit und Interaktion charakteristisch. Damit wächst aber das Ausmaß der Exklusion eben so wie das der Inklusion. Das ist die Schattenseite der schönen neuen Kommunikationswelt des Internet: „Local convergence can lead to global polarization."[19] Gerade die neuen Medien ermöglichen Selbstselektion der Interaktionen – und damit verstärkte Interaktion mit „Ähnlichen"; das führt zu lokaler Konvergenz bei gleichzeitiger globaler Polarisierung. To be linked or not to be linked.

„Unplugged" hieß die Ars Electronica 2002 in Linz. Hinter diesem lapidaren Titel verbirgt sich das Schicksal der Ausgeschlossenen. Für sie gibt es – von uns! – weder eine Politik noch eine Ethik; allenfalls den Respekt, der sich darin ausdrückt, auf sentimentale One-World-Appelle zu verzichten. Die Ausgeschlossenen können uns nur überraschen. Die Eingeschlossenen, in Kommunikationsnetzwerken Verstrickten dagegen genießen die neue Kooperationsmoral. Wie gesagt: Diese neue Welt der Netzwerke ist recht kühl temperiert, von der Stallwärme der Gemeinschaft noch weiter entfernt als von der bürgerlichen Kälte der anonymen Gesellschaft. Bekannte können hier wichtiger sein als Freunde. Und es ist offenbar intelligenter, nett zu sein, als dem anderen zu mißtrauen – oder ihn zu lieben.

6. Politik zwischen Celebrity Design und Muddling Through

Im Zeitalter der Globalisierung zeigt die Politik dem Bürger zwei Gesichter. Da ist zum einen das graue, konturlose Gesicht der Ministerialräte, Technokraten und Sachbearbeiter, die, gut abgeschirmt von der Öffentlichkeit, Tag für Tag Entscheidungen am Fließband produzieren. Und da ist zum anderen das prägnante, allen vertraute Gesicht der politischen Stars, die wie Hohepriester die Rituale der Mediendemokratie zelebrieren. Den Politikern stellt sich also die Doppelaufgabe, in den Gremien zu entscheiden und vor der Kamera zu werben. Zumeist geht man arbeitsteilig vor: Die einen tun die Arbeit, die anderen sorgen für das „impression management"[1].

Die Politik hat ihre Führungsrolle bei der Weiterentwicklung der Gesellschaft längst verloren. Das darf sie aber nicht zugeben, und deshalb produziert sie von sich eine spektakuläre Zweitfassung. Es ist seither zur Selbstverständlichkeit geworden, daß wir in einer Mediendemokratie leben. Doch was soll der Begriff eigentlich besagen? Mediendemokratie heißt, daß sich die politische Öffentlichkeit an den Darstellungsprinzipien der Massenmedien ausrichtet. Politisch wirklich ist nur das, was fotografierbar und erzählbar ist. Für *human interest* ist aber erst dann gesorgt, wenn alle Probleme personalisiert sind. Schließlich muß man für Aufmerksamkeit und Fortsetzbarkeit sorgen, indem man der Story Konfliktform gibt. Das sind die formalen Bedingungen dafür, daß Politik als gute Unterhaltung verkauft werden kann.

Nüchtern betrachtet ist Politik die Müllkippe, auf der die anderen sozialen Systeme die Folgelasten ihres Operierens abladen. Deshalb können wir eine fortschreitende Politisierung des Lebens beobachten, die wiederum zu einer Trivialisierung und zugleich Überforderung der Politik führt. Hinzu kommt die spezifische Selbstüberforderung der Politiker. Der Begriff des Politischen ist für Politiker nämlich ein politischer Begriff, das heißt, er hat einen polemischen Sinn. Die Entscheidung, ob etwas politisch oder unpolitisch ist, ist dann immer eine politische Entscheidung. Und im Scheinwerferlicht der Öffentlichkeit wird es sehr schwierig, einzusehen und durchzuhalten, daß gerade in der Begrenzung die Steigerungsbedingung für moderne Politik liegt.

Politiker werden zerrissen zwischen den Anforderungen der Korrektheit (sachlich), des Konsens (sozial) und der Koordination (zeitlich). Alle Entscheidungen liegen ja auf einer Teufelskreislinie zwischen „sachlich richtig", „rechtzeitig" und „unstrittig". Die Philosophie des Oberseminars ist sachlich richtig und unstrittig, aber nicht rechtzeitig. Der Mut des Unternehmers ist sachlich richtig und rechtzeitig, aber nicht unstrittig. Und der Populismus des Politikers ist unstrittig und rechtzeitig, aber sachlich nicht richtig. Pragmatische Politik entscheidet deshalb blind, beobachtet dann die Effekte der Entscheidung, korrigiert die Nebenwirkungen, beobachtet die Effekte der Korrektur – und korrigiert erneut. Bei diesem „muddling through"[2] ist man also auf die orientierende Information der Fehlschläge angewiesen. Wenn man sich das vor Augen führt, kann man sich die Verzweiflung über Steuer- oder Gesundheitsreformen ersparen.

Mit Talcott Parsons heißt Politik *to get things done*. Um zu handeln, muß man Daten begrenzen, nicht zu viel über künftige Konsequenzen wissen wollen und Alternativen ignorieren. Nur so kann Politik als kollektiv bindendes Entscheiden prozedieren – übrigens durchaus im Wortsinne von *decidere*: Entscheiden heißt, von der Quelle abtrennen. Dabei läßt sich Carl Schmitts Schlüsselfrage „Wer entscheidet?" ganz einfach beantworten: diejenigen, deren Job es ist, Entscheidungen zu fällen; „because none of us is a god some of us must decide"[3].

Politische Entscheidungen müssen unter Bedingungen der Ungewißheit in turbulenten Umwelten getroffen werden. Politik fällt solche Entscheidungen am Fließband, stellt dadurch die Ungewißheit auf Dauer – und hält damit die Zukunft offen. „In the absence of any nonarbitrary basis for commitment, the uninterrupted flow of decisions has the peculiar function of limiting its own relevance for action."[4] Mit anderen Worten, Entscheidungen halten die Zukunft offen, indem sie Beschränkungen durch frühere Entscheidungen aufheben. Und so fort.

Dabei entlastet sich die Politik durch kurze Zeithorizonte. Je knapper die Zeit, desto leichter die schwierige Entscheidung – denn damit ist ja klar, daß man sowieso nicht angemessen entscheiden kann. Weil sie die Zukunft nicht kennen kann, prozediert reale Politik kleinteilig, eben als „muddling through". Moderne Politik ist immer lokal, kontingent, kurzsichtig und rhetorisch. Dieses graue

Operieren der realen Politik hat viele Namen: „disjointed incrementalism" (Ch. Lindblom), „inspired adhoccery" (Ch. Taylor) – oder mit Toynbee *one bloody thing after the other*. Die Probleme einer modernen Gesellschaft sind nämlich unlösbar – man kann sie nur von außen nach innen verschieben. Parteien, die überhaupt noch Bodenhaftung haben, können gar nicht anders als divergierende Anforderungen von außen in interne Konflikte zu transformieren. Es geht dabei vor allem um die Folgelasten der Modernisierung und des Wohlfahrtsstaates. Und hier gilt: Wie auch immer du dich entscheidest – du wirst es bereuen.

Es gibt keine Lösung, sondern nur einen Wettbewerb der Problemlösungen. Das beste Beispiel ist die Steuerreform. Ein unaufgeregter Beobachter der Debatte könnte sehen, daß die immer wieder vorgeschlagenen Vereinfachungen die Sache nicht einfacher machen, sondern lediglich die Schwierigkeiten verlagern. Gerade Wissenschaftler, die einen Rat geben wollen – und wir kommen auf das Problem des Consulting noch ausführlich zurück! –, können schwer akzeptieren, daß die genuin politische Problemlösung Analyse durch Handeln ersetzt. Um ein Problem zu lösen, muß man es nämlich nicht verstehen – es genügt ein Ergebnis. Politik löst die Probleme durch Interaktion, nicht durch Analyse; Problemlösung ist hier also kein kognitiver Prozeß. An die Stelle wissenschaftlicher Analytizität tritt im politischen System die Kontrolle durch Interaktion: to trade with the system.

Probleme „gibt" es nicht; sie werden benannt und gerahmt. „We do not discover a problem ,out there'; we make a choice about how we want to formulate a problem."[5] Das Politische steckt ja gerade in der Definition der Situation: Wie ist die Lage? Was ist das Problem? Man könnte sagen, daß in modernen Gesellschaften, also unter Bedingungen der Unsicherheit und Komplexität, das Problem darin besteht, das Problem zu finden. Am Anfang ist die Konfusion, dann kommt das politische Framing – und damit haben wir ein Problem. Die „Lösung" eines Problems steckt also eigentlich in seiner Definition. Und Probleme, die man nicht sieht, gibt es nicht.

Es gibt also keine Probleme, sondern nur Chaos. Und in chaotischen Situationen geht es darum, das richtige Problem zu finden. Irgend ein Unbehagen wird zum Anlaß für Talk, und im Wettbewerb der Therapievorschläge vollzieht sich das problem setting. Die Politiker benutzen das Problem nun als „attention-allocation device" (G. F. Smith); das heißt, man konstruiert Probleme und schickt sie dann in einen Aufmerksamkeitswettbewerb. Da unsere Gesellschaft

Handlungen offenbar nur noch als Antworten akzeptiert, müssen Politiker ihr Handeln durch Probleme rechtfertigen. Mit anderen Worten, Probleme sind Entschuldigungen für Handlungen. Und so hat jeder seine pet problems (W. H. Starbuck).

Aber eben gerade weil die Probleme unlösbar sind und man die Zukunft nicht kennen kann, sind die Zuschauer von Politik fasziniert. Der Politiker verkörpert nämlich die unbekannte Zukunft – in den Talkshows. Sie bieten das Schauspiel der politischen Menschen, deren Handeln uns alle betrifft und zu Betroffenen macht[6]. Noch bevor die Bürger zwischen Schröder und Merkel entscheiden, haben sie sich immer schon für Sabine Christiansen und gegen Jürgen Habermas entschieden. Damit übernehmen aber die politischen Designer die Macht. Man mag das als Amerikanismus beklagen, aber im Grunde ist das Schauspiel der politischen Tiere in den Talkshows nur die folgerichtige Zuspitzung eines permanenten Wahlkampfs. Nichts ist der aufgeklärten Soziologenwelt einer diskutierenden Öffentlichkeit ferner. Helmut Kohl war vielleicht der letzte, der sich erfolgreich in den Medien gegen die Medien profilieren konnte.

Seit Lenin und Hitler wurde Ideologie durch Propaganda ersetzt. Und heute wird Propaganda durch ein Branding der Politik ersetzt. Genau das meinen Politiker und Parteien nämlich, wenn sie davon sprechen, es gehe darum, Themen zu besetzen. Der permanente Wahlkampf ist Werbung, deren Rhetorik uns den Zeitaufwand politischer Information erspart. Und jeder Bürger weiß, daß es sich nicht lohnt, viel Zeit in politische Information zu investieren – denn man hat ja nur eine Stimme. Das Branding der Politik senkt die Transaktionskosten der Wähler, nämlich die hohen Kosten der Informationsbeschaffung.

Doch bei Lichte betrachtet, wollen die Leute keine Informationen, sondern Werturteile. Und dem entsprechen die Parteien als Anbieter politischer Produkte. Das Angebot einer politischen Partei besteht nämlich aus einem Set von Meinungen. Man könnte sagen: Parteien sind Unternehmen, die „Regulierung" anbieten. Längst existieren sie als Markennamen. Und auch für den einzelnen Politiker ist politische Reputation gleichbedeutend mit Markenidentität.

Die Regierung kann der öffentlichen Meinung nicht folgen, ihr aber auch nicht entkommen. Deshalb müssen die herrschenden Parteien dafür sorgen, daß die öffentliche Meinung der Regierung folgt. Das ist möglich, weil es auf der Ebene der einzelnen Meinungen einen wachsenden Orientierungsbedarf gibt, den man sich allerdings nur ungern eingesteht. Es fällt schwer, zu akzeptieren, daß man unfähig ist, eine eigene Meinung zu haben. Und deshalb ist man anfällig für Propaganda – die Meinung als Ready-Made.[7] So wie ich auf dem Markt verführt werden will, so will ich im politischen Leben propagandiert werden. Der Bourgeois in mir will Verführung, der Citoyen in mir will Propaganda. Wohlgemerkt ändert Propaganda nicht meine Meinung, sondern verstärkt sie; sie sorgt nicht für Orthodoxie, sondern für Orthopraxis. Und damit befriedigt die Propaganda der Parteien das religiöse Bedürfnis der säkularisierten Gesellschaft, leistet also funktionsgenau, was früher der Glaube der Religion und später das Wissen der Aufklärung bewirken wollten: von den Menschen die Furcht zu nehmen.

Bei diesem Geschäft ermöglicht die Vielzahl der Parteien eine politische Arbeitsteilung. Die Themen der öffentlichen Meinung werden ja erst politisch, wenn man sie spaltet und zur Wahl stellt. Genau darin besteht die Funktion der Parteienkonkurrenz und der Flügelkämpfe in den Parteien. Was schließlich als politisches Ergebnis präsentiert wird, resultiert demnach nicht aus Konsens, sondern als Emergenzprodukt des politischen Wettbewerbs. Wo Philosophen vergeblich nach rationalem Konsens suchen, behelfen sich die Politiker mit einem pragmatischen *agreement on policy*. Und das kann auch den regierenden Parteien nur recht sein, denn der Zwang zum Kompromiß bzw. zu Koalitionen ermöglicht es dem Politiker, von Leistungsversprechen abzuweichen.

Da die Bürger keine Metakompetenz haben, um die Kompetenz der konkurrierenden Politiker zu beurteilen, bleibt ihnen nur das ästhetische Urteil. Erst in den letzten Jahren haben sich die politischen Parteien darauf eingestellt und konzentrieren ihre Anstrengungen nicht mehr auf Programme, sondern auf das politische Design. Diese konsequente Medieninszenierung von Politik hat eine besonders schwerwiegende Folge: Die Wähler wollen nicht den besseren Kanzler, sondern den besseren Kanzlerdarsteller. Die Zuschauer der Talkshows und TV-Duelle erwarten offenbar gar keine Programmatik, sondern nur Performance. Deshalb werden Medienberater, Marketingexperten und Spin Doctors immer wichtiger. Sie behandeln den Politiker wie das Produkt einer Firma, die den Kunden mit einer Kultmarke faszinieren will.

Doch auch das ist kein Grund zur kulturkritischen Klage. Es geht den Zuschauern nämlich zu Recht nur um die Performance der Kandidaten, weil die Programme der Parteien entweder undeutlich oder ununterscheidbar sind. Und das hat durchaus seine Logik. Sozialpsychologen wissen, daß klare Ziele hinderlich sind beim Sichern von Identität. Vielversprechend sind dagegen Identitäten, die aus Kontrollbemühungen angesichts des Chaos resultieren – man erinnere sich nur an Gerhard Schröder und die Flutkatastrophe. Unglück und Katastrophen bieten nämlich die Gelegenheit, Politik als Emotional Design zu präsentieren, wo es scheinbar nur noch um Menschen geht, nicht um Systeme. Bürokraten, diese Sündenböcke jeder populistischen Politik, können sich dann als Menschen verkaufen und „unbürokratische Hilfe" versprechen.

In der Mediendemokratie werden politische Probleme nicht durchdacht, sondern gefühlt. Das erreicht man am einfachsten durch die Moralisierung eines Problems. Sie ermöglicht auch denen, die von der Sache nichts verstehen, an der Diskussion teilzunehmen. Moralisierung ist also eine Serviceleistung für Inkompetente. Sie haben es dann mit Menschen und Geschichten, statt nur mit Ideen und Werten zu tun. Die Spin Doctors, die seit Kennedys legendärem Duell mit Nixon das Management der Aufmerksamkeit übernommen haben, wissen das. Sie sind die Wärter im Zoo der politischen Tiere. Stolz zeigen sie den Besuchern die Prachtexemplare; nur das *zoon politikon* suchen Alteuropäer vergebens.

Mit den Talkshows und TV-Duellen der heißen Wahlkampfphase erreicht die Ästhetisierung der Politik einen Extremwert. Hier machen sich Unterhaltungsmedien und politische Werbeagenturen die sozialpsychologische Erkenntnis zunutze, daß das, *was* jemand sagt, fast keinen Einfluß auf seine Wirkung hat. Es kommt nur auf das Wie, also auf das *impression management* an. So entfaltet sich eine Politik ohne Botschaft. Der Wettbewerb der Spitzenpolitiker bietet uns eine angenehm konsumierbare Parodie des Agon und des sokratischen Dialogs, also der gemeinsamen Suche nach dem allgemeinen Besten. Daß es dabei nicht zum Argument und zur Diskussion kommt, wird durch Ritualisierung sichergestellt. Es steht vorher schon fest, wer wann „drankommt" und auf welche Fragen antwortet.

Das Spitzenprodukt des Mediendarwinismus und damit der Reduktion von politischer Komplexität ist das Fernsehduell zwischen Amtsinhaber und Herausforderer. Nixon gegen Kennedy – das war die Urszene der TV-Duelle.[8] Der psychoanalytische Begriff der Urszene ist hierbei keineswegs zu hoch gegriffen, denn es handelt sich um ein Trauma der politischen Vernunft, das nur deshalb nicht gleich als solches empfunden wurde, weil der den meisten Beobachtern sympathischere Kandidat das Rennen machte. Der Sieg Kennedys markiert den Übergang von der parlamentarischen zur Mediendemokratie. Und es liegt für jeden, der noch einen emphatischen, das heißt klassischen Begriff von Politik hat, eine tiefe Kränkung in der seither unleugbaren Tatsache, daß Politik auf dem Markt der Gefühle verkauft wird – und daß dort *sex appeal* mehr zählt als Sachkompetenz.

Das Parlament ist für solche Inszenierungen denkbar ungeeignet – wer sieht schon *Phoenix*? Das politische Design braucht Formate, die weniger störanfällig sind: Hof-Interviews, das Ritual der Elefantenrunde, Talkshows. Wer hier auftritt, ist ein Star. Wie Schauspieler und Sportler sind auch die Politiker der Talkshows und Fernsehdiskussionen „celebrity brands"[9]. Spätestens seit Jürgen Möllemann kennt jeder den Imperativ: Mach dich selbst zur Marke! Es hat deshalb einen guten Sinn, daß das Meinungsforschungsinstitut *Emnid* nicht nur die Beliebtheit, sondern auch den Bekanntheitsgrad von Politikern veröffentlicht.

Berühmt sind Politiker, von denen bekannt ist, daß sie sehr bekannt sind. Heilige Monster hat Jean Cocteau die *celebrities* einmal genannt. Wie die griechischen Götter sind auch diese Berühmtheiten nicht anders als wir, aber reicher, beweglicher, mobiler. Und das Fernsehen, der *Spiegel* oder die *Bunte* lassen uns am politischen Genießen teilhaben. Alles dreht sich nun nur noch darum, ob die heiligen Monster der Spitzenpolitik „gut rüberkommen" (Wie war ich, Doris?), oder sich eine Blöße geben (Rudolf „bin Baden" Scharping). Beides macht Spaß. Menschen interessieren sich eben für Menschen, das heißt für Geschichten – nicht für das politische System und seine Entscheidungssequenzen. Deshalb gestalten die Mediendesigner (auch als Generalsekretäre bekannt) politische Kommunikation heute als Einheit von Nachricht, Werbung und Unterhaltung. Den Bürgern ist das durchaus recht. Im Politainment genießen sie die Intimität mit den Mächtigen und gönnen sich die Illusion der Zukunftsschau.

Je unübersichtlicher und komplexer die Welt wird, desto wichtiger werden Vereinfachungen. Unter modernen Medienbedingungen muß die Politik alle Probleme personalisieren. Die Stars der politischen Bühne ersparen uns dann Investitionen in Kompetenz und Urteilskraft. Hinzu kommen aber auch sachliche Gründe. Genau in dem Maße, in dem wir Komplexität durch Vertrauen reduzieren, muß die Politik personalisiert werden. Deutlicher gesagt: Die Personalisierung der Politik ist der Ausweg aus der Inkompetenz; das Urteil über Personen ersetzt das Urteil über Sachfragen. Möglich wird das durch die Perspektivendifferenz von Handeln und Zuschauen:

„Actors attribute to situations what observers attribute to actors."[10] Das eigene Verhalten rechnet man ganz selbstverständlich den Umständen zu. Die Handlungen anderer dagegen rechnet man den Akteuren zu.

Indem die Mediendemokratie alle Probleme personalisiert, ermöglicht sie dem Publikum die freie Verteilung von Gefühlen und Sympathiewerten. Dabei ist es immer wieder faszinierend zu sehen, wie diese Sympathiewerte völlig losgelöst von Parteipolitik und Programmatik verteilt werden. Gegen die Macht der Unterscheidung Sympathie/Antipathie kommt man mit „Sachfragen" der Politik nicht an. Und als die CDU 2002 vorgab, eben diese „Sachfragen" in den Vordergrund des Wahlkampfes rücken zu wollen, handelte es sich natürlich nur um die Werberhetorik derer, die berechtigte Zweifel am Mediencharisma ihres Kandidaten hatten.

Wenn man einmal vom politischen Design absieht, dann muß man zugeben, daß unsere formale Demokratie und die Politik der Mitte keine starken Gefühle des Bürgers ermöglichen. Ihm bleibt ja eigentlich nur der Gang zur Wahlurne – alle vier Jahre. Diese emotionale Unterforderung des Bürgers fordert Kompensationen, zum einen durch affektiv aufgeladene Ein-Punkt-Parteien, zum anderen durch das Spektakel im Fernsehen. Das hat längst dazu geführt, daß sich Politik ihre Legitimation durch Popularität verschafft. Diesen fundamentalen Sachverhalt verschleiern Politiker gerne dadurch, daß sie „Populismus" als Schimpfwort benutzen.

Schon zu Zeiten der Weimarer Republik hatte Carl Schmitt das demokratische Grundproblem erkannt: Repräsentation. Aber es scheint unlösbar. Statt auf Repräsentation setzt die moderne Massendemokratie längst schon auf Legitimation durch Popularität. Und gerade deshalb reagieren Politiker so gereizt auf das Label „Populismus". Es rührt an das finstere Geheimnis der Massendemokratie: die opportunistische Wertorientierung der Politik.

Doch jeder erfolgreiche Politiker ist heute natürlich Populist. Es geht ihm um das, was amerikanische Marketingexperten *mind share* nennen: den Kampf um Aufmerksamkeit in den Köpfen der Wähler. Und weil die Wähler vor allem auch Konsumenten sind, muß sich die Politik hier gegen Wirtschaft und Entertainment behaupten. Das tut sie, indem sie „soziale Probleme" konstruiert, für die sie dann „Lösungen" (zumeist: Reformen) feilbietet. Das Warenangebot der Parteien besteht also in Meinungen zu diesen selbstdefinierten Problemen. Regis Debray hat deshalb vom *etat séducteur* gesprochen. In der Zeit der Aufklärung war der Staat Erzieher; heute ist der Staat Verführer: Designer der Gefühle, Hauptkunde der Marktforschung und Warenanbieter auf dem Markt der öffentlichen Meinung.

Im permanenten Wahlkampf bilden Politik, Medien und Demoskopie eine Endlosschleife. Talkshows und TV-Duelle sind Unterhaltungssendungen, in denen die Medien und die Politik sich gegenseitig inszenieren – umrahmt von Demoskopen und Experten, die in anschließenden Sendungen über die Sendung sicherstellen, was eigentlich zu hören und zu sehen war. Daraus kann man nicht nur lernen, daß Politik ein Teil der Unterhaltungsindustrie geworden ist, sondern auch daß der Kern der Demokratie die Demoskopie ist. In dieser Form herrscht das Volk über seine politischen Führer. Demoskopie hilft den Leuten, ihre Wahl zu treffen, denn dazu müssen sie wissen, wie die anderen wählen; und sie hilft den Politikern, sich im Wahlkampf zu profilieren, denn dazu müssen sie wissen, was die Leute hören möchten.

Die Bedeutsamkeit der Demoskopie für die Demokratie erklärt sich zum einen sozialpsychologisch aus der Befriedigung, befragt zu werden, zum anderen aus der Selbstreferenz der Meinungsumfragen: „what everybody is responding to is the polling itself."[11] Meinungsumfragen produzieren Bedeutsamkeit für Themen, und der Befragte schließt vom Faktum der Befragung auf die Bedeutsamkeit des Themas. Die Wähler werden schließlich zu Zuschauern ihres eigenen vorausgesagten Verhaltens. Hinzu kommt der *credibility loop*: Die Umfrage erzeugt veränderte Erwartungen – damit verändert sich die Unterstützung der Parteien – so ergibt sich eine veränderte Wählermeinung – folglich verändern sich die Wahlergebnisse – das wiederum verändert die Glaubwürdigkeit der Umfragen – und deshalb verändern sich die Erwartungen.

Die Macht der Quote und der Demoskopie ist für den Bürger der Massendemokratie eine Art Ausgleich dafür, daß er nur alle vier Jahre wählen darf. Man ersetzt politische Beteiligung durch rhetorische; jeder kann mitreden. Und auf dieses Gerede – nicht etwa auf die „Wirklichkeit" – muß der Populist sensibel reagieren. Jeder politische Führer folgt seiner Gefolgschaft. Was daraus für die Spitzenkandidaten der sogenannten Volksparteien folgt, ist klar: Wer Kanzler werden will, muß dem Volk folgen – das heißt der Demoskopie. Deshalb ist die erfolgreichste Haltung die Mehrdeutigkeit. Nur als Wellenreiter der Trends kann man Spitzenkandidat sein. Mit anderen Worten, der Spitzenkandidat muß ein hohes Maß an programmatischer Unbestimmtheit haben, damit möglichst viele Erwartungen auf ihn projiziert werden können. Die notwendige Spannkraft und Reaktionsfähigkeit erreicht er durch Ambivalenz.[12]

Alan Bloom hat das Fernsehen einmal als „consensus monster"[13] bezeichnet. Das bedeutet aber nicht, daß das Fernsehen Meinungen durchsetzen würde, sondern Schemata der Wahrnehmung und „wichtige" Themen. Die Intelligenz, die darin liegt, sich der Suggestion, alle politischen Fragen ließen sich auf die Alternative der Spitzenkandidaten des Wahlkampfes reduzieren, zu verweigern, wird allein von den Nichtwählern verkörpert. Desinteresse ist die einzige Waffe des Publikums gegen die Politik. Und die Rationalität steht durchaus auf der Seite der Uninteressierten. Da der Wert jeder Stimme bei Wahlen in Massendemokratien gegen Null geht, ist nämlich nicht das Nichtwählen erklärungsbedürftig, sondern das Wählen. Es ist wahrscheinlicher, daß man auf dem Weg zur Wahlurne verunglückt, als daß die eigene Stimme wahlentscheidend ist.

Ähnlich wie über die Nichtwähler müßte man wohl auch über die sogenannten Politikverdrossenen umdenken. Politikverdrossenheit ist eigentlich Systemvertrauen plus Indifferenz; und sie verträgt sich sehr gut mit lokaler Partizipationsbereitschaft. Wie die Nichtwähler sind die Politikverdrossenen reflektierte Beobachter. Sie sehen, daß die Politiker andere Politiker beobachten, aber nicht die Wähler – genauso wie die Firmen andere Firmen beobachten, aber nicht die Kunden, und Sender andere Sender, aber nicht die Rezipienten. Insofern ist Politikverdrossenheit ein Effekt der Beobachtung zweiter Ordnung.

Meistens wählen die meisten aber trotzdem – und leisten damit einen Beitrag zum Fortleben der Politik. Denn Wählen bedeutet vor allem: Express yourself! Wie jede politische Partizipation ist das Wählen eine Investition in Identität. Und ganz nebenbei bringt man damit ein paar heilige Monster in höchste Ämter und Würden. Die Hauptaufgabe der Politik besteht ja darin, Aufgaben zu erfinden, mit denen man Politiker beschäftigen kann.[14] Hier gilt dann Parkinsons Gesetz, daß jede Arbeit die Zeit füllt, die man dafür hat. Man denke etwa an die Entwicklungshilfeministerin; auch sie hat wieder Arbeit für vier Jahre gefunden. Und man darf erwarten, daß auch sie noch ein paar Probleme findet, die eine weitere Legislaturperiode ausfüllen. Vielleicht erreicht sie damit dann bei den Bekanntheitswerten die Grenze der Meßbarkeit – und wird eine Marke.

In modernen, hochkomplexen Gesellschaften löst kein denkbarer Wahlausgang ein politisches Problem. Der Sieg einer Partei hat für den Wähler deshalb vor allem Expressionswert – ähnlich wie der

Sieg seiner Fußballmannschaft. Je weniger aber Wahlen etwas entscheiden können, desto wichtiger wird Talk. Die Talkshow ersetzt das räsonnierende Publikum; man läßt diskutieren. Talk ist das Medium, in dem politisches Vertrauen dort aufgebaut wird, wo mehr Information nur zu mehr Konfusion führen würde. Und nur durch Talk gelingt die Koordination komplexer Systeme in einer Gesellschaft, die ihre Stabilität gerade durch Wandel sichert. Mit anderen Worten: Sozialen Wandel erreicht man, indem man darüber redet: „political language *is* political reality".[15] Und gleichzeitig macht Talk immun gegen alles, was nicht auf der Agenda steht.

Moderne Politik ist also Wortpolitik. Man kann die Lage zumeist nicht ändern, wohl aber ihre Wahrnehmung; auch diese große Lektion verdanken wir der *political correctness*. Politischer Talk ist das emotionale Management dessen, was man faktisch nicht managen kann. In aller wünschenswerten Deutlichkeit haben Politik und Medien die Talkshow und das TV-Duell als Rituale inszeniert. Die strengen Regeln des *turn taking* und die zeremonielle Zeitökonomie sind nicht lästiges Beiwerk, sondern die Sache selbst. In diesem Rahmen fungieren Themen und Probleme lediglich Anlaß für die Performance der Widersacher. Arbeitslosigkeit, Konjunkturschwäche, Bildungskatastrophe – darüber kann man nur reden.

Wer hier erfolgreich auftreten will, muß die Imperative der Massenmedien befolgen, also auf Argumente und Kontexte verzichten. Das läuft auf eine Rhetorik der Statements hinaus, die für Spitzenpolitiker charakteristisch ist. Politiker sind die Leute, die antworten müssen, auch wenn es keine Antworten gibt, und die antworten wollen, auch wenn es gar keine Fragen gibt. Zum *impression management* des Politikers gehört deshalb eine Form von Journalismus, die man Soft-Interview nennen könnte: Wer hat die Fragen zu meinen Antworten? Daraus folgt aber auch, daß die Akteure der Mediendemokratie abzählbar sind. Zwei Dutzend Spitzenpolitiker und eine Handvoll Gefälligkeitswissenschaftler genügen im wesentlichen, um nach dem Kommunikationsgesetz von Varietät und Redundanz das Karussell der Talkshows in Gang zu halten.

Mit Repräsentation hat das wie gesagt schon längst nichts mehr zu tun. Das Parlament ist nicht mehr das entscheidende Publikum für die Selbstdarstellung des Spitzenpolitikers. Walter Benjamin hatte das schon in den dreißiger Jahren erkannt: Moderne Politik stellt sich vor der Kamera dar, nicht im Parlament. Mit anderen Worten, das Fernsehen hat das Parlament ersetzt. Und damit tritt an die Stelle der politischen Repräsentation die medienästhetische Präsentation. Das Fernsehpublikum wird nicht mehr einfach nur „angesprochen", sondern von den Medienmanagern vor den Schirmen „versammelt".

Benjamins Fazit lautete damals: „Das ergibt eine neue Auslese, eine Auslese vor der Apparatur, aus der der Star und der Diktator als Sieger hervorgehen."[16] Natürlich ist der Politiker, der als Sieger aus diesem mediendarwinistischen Wettbewerb hervorgeht, heute kein Diktator mehr. Es genügt, die Feedback-Schleife der Dominanz zu durchlaufen: Wer dominiert, kann den Eindruck erwecken, kraftvoll zu handeln.Wer den Eindruck erweckt, kraftvoll zu handeln, fokussiert die Aufmerksamkeit. Wer die Aufmerksamkeit fokussiert, sichert damit seine Dominanz.

Der Star der modernen Medienwirklichkeit ist also kein Diktator, sondern ein Moderator. Die Zeit der Zuchtmeister ist vorbei; der Moderator kann und will kein Machtwort mehr sprechen. Statt dessen reden wir miteinander – Gewerkschafter und Unternehmer, Traditionalisten und Modernisierer, Spin Doctors und Habermasianer. Diese Aufhebung der Politik in der Rhetorik des runden Tisches und der „Bündnisse für ...", diese konsequente Transformation von Richtlinienkompetenz in Medienkompetenz kann nur denjenigen irritieren, der von Politikern immer noch Visionen, klare Positionen und eingreifendes Handeln erwartet.

Mediendemokratie heißt eben auch Mediendarwinismus. Alles läuft auf den Star und die Mitte hinaus. Als Mann der Mitte zeigt sich der Star marktgerecht. Man hat Stoiber im Bundestagswahlkampf 2002 vorgehalten, er habe nach der Kür zum Kandidaten sofort „Kreide gefressen". Aber Kreide fressen heißt nichts anderes als zur Mitte gehen. Einfachste Mathematik genügt, um zu verstehen, daß die Aufgabe der Stimmenmaximierung beide Wettbewerber dazu zwingt, auf der Rechts-Links-Achse jeweils in die Mitte zu gehen. Die Mitte ist das Unbestimmte, in dem sich alle treffen können. Sie ist das Medium, in das man immer wieder neue Formen und alte Werte eindrücken kann – wie mit Förmchen im Sandkasten. Doch die Mitte ist langweilig; deshalb muß man sie künstlich polarisieren. Mit anderen Worten: Die *politischen* Differenzen minimieren sich beim Kampf um die Mitte; deshalb müssen die *rhetorischen* Differenzen maximiert werden.

Ein Duell der Spitzenkandidaten hat den Vorteil, daß man alle Energie in den Angriff auf den Gegner legen kann. Man bildet also die eigene Identität durch die Konstruktion des Widersachers. Dabei können die sachlichen Differenzen minimal bleiben. Die Politik des Gegners ist schlecht – aber fast nichts kann man ändern. Das gibt der Regierung einen entscheidenden strategischen Vorteil, denn im Kampf um die Mitte zwingt sie die Opposition zur Imitation. An der jüngeren Vergangenheit unseres politischen Systems läßt sich das schön demonstrieren: Imitation durch Opposition – Schröder als Kohl II. Und dann entsprechend Opposition durch Imitation – Stoiber als Schröder II. Um so wichtiger wird es deshalb für den Herausforderer, den Narzißmus der kleinsten Differenz zu kultivieren. Nur wenn das gelingt, nimmt das Publikum die Politik wahr und ernst. Es ist also gerade die Inszenierung des Streits, die den Kitt produziert, der die Gesellschaft zusammenhält. Aber es bleibt bei der Inszenierung; nichts ist unwahrscheinlicher als eine andere Politik.[17]

Die Unwahrscheinlichkeit einer „anderen Politik" wird in Deutschland gerne unter dem Titel „Reformstau" diskutiert. Und je geringer die Reformfähigkeit einer Organisation, desto größer die Anfälligkeit für Skandalisierung. Der Skandal ist gewissermaßen der Platzhalter der Reform. Das führt in der modernen Gesellschaft dazu, daß die Frage „Wozu Reformen?" gar nicht mehr gestellt werden kann. Reformismus ist prinzipiell gut begründet, weil alle Institutionen Anpassungsleistungen längst vergangener Zeiten repräsentieren. Harrison White spricht in diesem Zusammenhang von „social annealing"[18], also einem sozialen Ausglühen. Reformismus erhitzt das „Material" der Gesellschaft – in der Hoffnung auf neue Zusammensetzungen.

Jede Reform ist ein Feldversuch der experimentierenden Gesellschaft. Erinnern wir uns an ein konkretes Projekt. Gerster sollte die Bundesanstalt für Arbeit reformieren, wußte aber nicht: wie. Nun ist es eigentlich ein Zeichen von Intelligenz, zu wissen, daß man nicht weiß, was man nicht weiß. Es ist aber kein Zeichen von Führungsstärke. Deshalb muß der Chef das eigene Nichtwissen in „Geheimniszustand" (Novalis) versetzen – und da ist es verlockend, sich den fehlenden Sachverstand von Experten zu kaufen.

Wer einen Berater verpflichtet, wird meist von der irrigen Vorstellung getrieben, man könne Sachverstand von außen in die eigene Organisation importieren. Der Wunsch ist so verständlich wie verbreitet, aber hoffnungslos naiv. In fast allen Fällen könnte man von einem Kollegen oder Mitarbeiter einen besseren Rat bekommen als von einem Berater. Dem Berater fehlt nämlich das kontextspezifische Wissen der jeweiligen Organisation. Er kann deshalb nur vergleichen: Wie machen es erfolgreiche andere? Und er kann mit neuen Organisationsideen und Zauberformeln spekulieren. Bei Lichte betrachtet, können Berater eigentlich nur erzählen, was andere erfolgreiche Leute heute machen, und das Ganze mit Management-Talk würzen. Der amerikanische Kommentar zu unserem Thema lautet: *Consultants talk funny and make money.*

Das soll aber nicht heißen, daß man sich das Geld, das man für Beraterverträge ausgibt, auch sparen könnte. Die Consultants leisten durchaus Bedeutsames – aber nicht das, was sich die meisten ihrer Klienten erhoffen. Vor allem helfen die Berater beim Vergessen. Berater helfen vergessen, warum frühere Reformen gescheitert sind. Das ist für Politiker, die unsere Gesellschaft verbessern wollen, überlebenswichtig. Denn der Glaube an die Reformfähigkeit einer Organisation nährt sich vom Vergessen früherer Reformanstrengungen. Und der Mut zur Reform braucht die Kraft des Vergessens. Vergessen werden müssen nämlich die Ungewißheit der Zukunft und das Scheitern früherer Reformen.[19] Deshalb sollte man auch regelmäßig die Berater wechseln.

Jeder Reformimpuls ist ein Verbesserungsvorschlag, der die Vergangenheit als schlecht konstruieren muß. So funktioniert heute etwa „Pisa" als Negativ-Mythos, der wunderbare neue Ideen von der Ganztagsschule bis zur Elite-Universität ermöglicht. Wenn die Gesamthochschulen, selbst ein Reformprodukt *par excellence*, wieder in Universitäten rückverwandelt werden, dann bleibt offen, ob sie gescheitert sind (CDU), oder so erfolgreich waren, daß sie nicht mehr nötig sind (SPD). Bei einer Reform zwischen Erfolg und Fehlschlag zu unterscheiden ist nämlich Sache der Interpretation. Deshalb sprechen Politiker immer häufiger davon, es sei ihnen nur noch nicht gelungen, ihre guten Entscheidungen richtig zu kommunizieren. Sie suchen dann wieder die Hilfe von Beratern, diesmal: Kommunikationsexperten.

Doch das ist kein deutscher Tick – überall in der westlichen Welt läuft es so. Die demokratische Gewaltenteilung moderner Gesellschaften kennt neben den Schulbuchinstanzen Exekutive, Legislative und Jurisdiktion noch zwei weitere Gewalten: die Massenmedien und die von Otto Schily so genannte Consultative. Die Consultative – das ist die Gewalt der Kommissionen, Beiräte und Berater. Man läßt sich beraten, weil man nicht weiter weiß oder weil man eine unangenehme Botschaft mit einem anderen Absender versehen will. Und so bieten die Consultants im wesentlichen auch zwei Leistungen an: sie machen Vorschläge, wie man Kosten spart, indem man Personal abbaut, und entwerfen Image-Kampagnen, in denen die beratene notleidende Organisation als „Marke" profiliert wird.

Daß das Beratungsgeschäft bei Regierungen und Verwaltungen boomt, scheint damit zusammenzuhängen, daß die Wirtschaft immer sparsamer mit diesen Dienstleistungen umgeht. Fast könnte man den Eindruck gewinnen, die Politik schaffe ABM-Stellen für arbeitslose Werber und Berater. Aber viel wichtiger sind die strukturellen Gründe. Es gibt nämlich keine Organisationstheorie komplexer Systeme – und dieses Vakuum füllen die Consultants mit ihren Formeln. Berater trivialisieren eine Organisation als krank – und schreiben dann ein Rezept aus; oder als kaputt – und empfehlen dann eine Reparatur. Mit anderen Worten: Berater verschreiben Probleme, die lösbar sind.

Das ist aber ganz und gar unrealistisch. Politik hat es mit dynamischen Systemen in einer turbulenten Umwelt zu tun; und hier kann man nur durch lose Koppelung Stabilität erreichen. Berater können deshalb mit ihrem Wissen keine Möglichkeiten des Durchgriffs eröffnen, sondern nur orientieren. Sinnvolle Beratung zielt auf Betriebsblindheit, das heißt, sie stellt das, was alle akzeptieren, als auch anders möglich dar. Aber gerade deshalb ist die Beratung von Politik so schwierig – denn dort gibt es wenig Interesse an Alternativen. Mit der Komplexität der Gesellschaft wächst auch die Sehnsucht nach einfachen Lösungen. Statt Patentrezepte zu verkaufen, müßte aber der Berater die Organisation, die er berät, voll in den Gestaltungsprozeß einbeziehen. Im politischen Prozeß, der Entscheidungen am Fließband produziert, ist das aber unmöglich.

Wir haben es also mit einer Paradoxie zu tun: Das Letzte, was Politiker an der Macht brauchen können, ist gute Beratung, denn die würde sie irritieren und zeigen, daß es überall dort, wo die Regierung behauptet, es gäbe zu ihrer Politik keine Alternative, eben doch auch anders ginge. Wenn man sich aber Kommissionen wie den Ethik-Rat anschaut, erkennt man rasch, daß die Politiker von den Beratern eigentlich nur eine nachträgliche Rationalisierung schon gefallener Entscheidungen erwarten. Es gibt darüber hinaus auch eine Art Kassandra-Consulting, das es den Politikern ermöglicht, in die Rolle des Retters zu schlüpfen – hier geht es um die negative Gefälligkeit des Beraters, der Probleme herbeischafft.

Die Liebe des Wissenschaftlers zur Politik wird also immer unglücklich bleiben. Denn die Macht verabscheut Unwissenheit und ist deshalb wissenschaftsfeindlich. Wissenschaft dagegen vermehrt mit dem Wissen zugleich die Unwissenheit. Sie kann die Risiken der

Politik immer nur abschätzen. Politik aber muß die Risiken akzeptieren – oder nicht. Sie kann den Bürgern keine Trade-offs anbieten, sondern muß einwertig operieren. Das verbirgt sich hinter dem Lieblingsakronym aller Regierenden: TINA (There Is No Alternative). Es gibt keine Alternative zu unserer Politik – mit dieser Rhetorik der Unvermeidlichkeit und der entsprechenden Ethik des *commitment* signalisiert man den Bürgern: es ist immer schon entschieden. So wird jedes Kontingenzbewußtsein wirksam ausgeschlossen. Commitment schaltet Alternativen aus und fixiert das Handeln. Es kommuniziert: ich habe keine andere Wahl – der andere trägt die Verantwortung. Deshalb ist ein Commitment funktional äquivalent mit einer Drohung.

So entfernt sich die moderne Politik mit ihrer Rhetorik der Alternativelosigkeit immer mehr von ihrem klassischen Begriff. Und es gehört zu den Ironien der Weltgeschichte, daß gerade die „Alternativen" keine Alternativen akzeptieren. Verstehen kann aber nur, wer Alternativen sieht. Genau das ist die Aufgabenstellung des Wissenschaftlers. Was er – mit Adam Preworski – als demokratische Tugend fordern müßte, ist nicht mehrheitsfähig: die Ungewißheit zu lieben.

7. Wie Medien die Gesellschaft zusammenhalten

Es ist unter Medienwissenschaftlern unstrittig, daß man die Kulturgeschichte sinnvoll durch einen Gestalt-switch zunächst von Oralität zu Literalität und heute zu Digitalität strukturieren kann. Oral war die Kultur der *tribal village*, literal war die Welt der Stadt; und die Weltgesellschaft, die von ihrem ersten Medientheoretiker *global village* genannt wurde, zeigt wieder Züge einer neuen Oralität. Mit dem Begriff Gestalt-switch soll dabei die Inkommensurabilität dieser Phasen betont werden. Das scheint allerdings nur für die jeweils aneinandergrenzenden kulturtechnischen Weltalter zu gelten: Oralität ist inkommensurabel mit Literalität – und diese mit Digitalität. Doch die neue Medienwelt zeigt eben wieder Eigenarten, die wir dem oralen Zeitalter zugeschrieben haben. Schon Fernsehen, Radio und Telefon haben uns einer oralen Kommunikationskultur angenähert. „Information or prescription […] is in the oral tradition preserved only as it is transmuted into an event."[1] Das gilt offensichtlich auch für die massenmediale Aufbereitung von Information. Und die Parataxis der Ereignisse (and next …) dominiert in den Nachrichten aus aller Welt nicht anders als bei Homer.

Nun kann man Fernsehen, Radio und Telefon nicht sinnvoll unter Digitalität subsumieren. Und nicht nur aus technischen Gründen gilt es, die klassischen Massenmedien von den neuen interaktiven Medien zu unterscheiden. So erreichen Massenmedien Stabilität durch Schemata; interaktive Medien dagegen gewinnen Stabilität durch Feedback. Massenmedien ermöglichen Weltkommunikation durch Broadcasting; das Internet ermöglicht Weltkommunikation durch die Vernetzung von Nischenwelten.

Durch ihr Agenda Setting und Gossip helfen Massenmedien der modernen Gesellschaft, Themen für Partner zu finden. Und umgekehrt findet das Internet Partner für Themen. Wir haben es also nicht mit einem Konkurrenz- sondern mit einem Komplementärverhältnis zwischen Fernsehen/Radio und World Wide Web zu tun. „The web needs broadcast to focus attention, and broadcast needs the web to find communities."[2] Deshalb sind alle kannibalistischen

Szenarien unserer Medienlandschaft unangemessen; die Matrix droht uns genausowenig wie der Untergang der Bildung.

Alle Medien bieten das, was Donald Horton und Richard Wohl *para-social interaction* genannt haben – das gilt auch für die Soap im Fernsehen und nicht nur für den Chat-Room im Internet. Doch die neuen digitalen Medien ermöglichen in einem bisher ungekannten Maße Selbstselektion der Interaktionen. Daß man selbst wählen kann, mit wem man interagiert oder kommunikativ handelt, ist natürlich ein unverächtliches Stück konkreter Freiheit. Aber sie hat ihren Preis: Selbstselektion der Interaktionen verstärkt die Interaktion mit „Ähnlichen", also *likemindedness* – man tendiert dazu, sich nur noch mit Leuten zu beschäftigen, die ähnlich denken und fühlen. Das führt einerseits zu lokaler Konvergenz, andererseits aber auch zu globaler Polarisierung, also zum *cultural gap*.[3]

Die parasoziale Interaktion im Internet kann also niemals so konstitutiv für die moderne Gesellschaft werden, wie es die durch körperliche Anwesenheit geprägte Interaktion für die archaischen Gesellschaften war – und die Schrift für die Hochkultur. Hier müssen wir – aller Rede von der Netzwerkgesellschaft zum Trotz – einen Schritt zurück machen: Zur Weltgesellschaft gehören die Massenmedien. Sie synchronisieren die Eigenzeit mit der Weltzeit. So macht uns das Fernsehen zu Zuschauern der Prime-Time-Aktivisten, z.B. der Terroristen, die unsere Zukunft als Drohung verkörpern. Hier wird für jeden sichtbar, daß die Zukunft immer mehr die gemeinsame aller Menschen ist – und genau das meint der Begriff Weltgesellschaft.

Das Fernsehen zeigt dem Soziologen deutlicher als alle anderen Medien, daß Menschen unbeobachtet beobachten wollen, wie andere beobachten. Indem die Medien diesen Wunsch erfüllen, dienen sie der Sozialisation – von Erwachsenen! Massenmedien bieten jedem Identitässucher Kriterien für die Selbstbewertung und zeigen jedem Geschmacksunsicheren die Standards des Weltgeschmacks. Wenn man diese Befunde etwas höher abstrahiert, kann man sagen: Die Massenmedien ersetzen die Mythen als Welthorizont. Die Welt ist alles, was der Fall ist – und das erfährt man aus den Medien. „We are told about the world before we see it."[4] Deshalb sollte man eigentlich nicht sagen „Das hab' ich im Fernsehen gesehen", sondern: Das habe ich durch das Fernsehen gesehen.

Was wir derart zu sehen bekommen, ist die Welt als Skandal und Katastrophe. Und wir sind auch als Unbetroffene betroffen – nicht nur, weil eine universalistische Moral uns für alles verantwortlich macht, was auf dem Erdball geschieht, sondern auch deshalb, weil uns die fernen Bilder des heutigen Schreckens auf die gemeinsame Zukunft aller Menschen in der Weltgesellschaft stoßen. Was gestern bei Enron geschah, wäre morgen auch in Deutschlands Chefetagen möglich; der Terror in der russischen Schule könnte sich morgen im Wedding wiederholen. So bildet sich weltweit eine Ökumene der Fernsehzuschauer.

Massenmedien sind auf Katastrophen abonniert; und derart bestimmen sie „den Wirklichkeitsbezug der jungen Generation, die jeden Angriff auf den Planeten als Angriff auf sich selbst erlebt, womit sie an eine geniale Intuition von Fourier anknüpft, der Universum und Mensch als einen einzigen Körper mit einer einzigen Haut beschrieb, der von denselben Regungen der Lust und des Schmerzes durchzuckt wird".[5] Ökologische Katastrophen sind besonders medientauglich, denn die ganze Welt, alle sind betroffen, Folgelasten technischer Innovationen fallen ständig an, und die Massenmedien können in solchen Fällen fest mit einer politischen Dauerkontroverse rechnen, weil es keinen master plan gibt.

Die Massenmedien erzeugen also nicht Umweltbewußtsein qua Komplexitätsbewußtsein, sondern verstellen es durch das Bild der Katastrophe als Negativ des Kosmos. Mit anderen Worten: Die Welt der Massenmedien ist nicht komplex, sondern schlecht. Deshalb können sie die Zuschauer nur indirekt orientieren. Der Negativismus der Weltnachrichten konfirmiert, was wir alle alles nicht wollen. In der modernen Gesellschaft lassen sich gemeinsame Werte offenbar nur noch in einem Negativbericht anschreiben. Doch das scheint den Zuschauern zu genügen. Massenmedien zeigen, was man nicht ist. Auch diesen Dienst am Kunden kann das Fernsehen besser als andere Medien verdeutlichen. Wer fernsieht, ist durch den Bildschirm doppelt abgeschirmt: gegen die bedrohliche Welt und gegen die soziale Umwelt.

Wenn das zutrifft, spricht nicht sehr viel dafür, daß die Menschen Massenmedien nutzen, um sich über die Welt zu „informieren". Zum einen neigt die Welt selbst zur Desinformation – Stichwort Entropie. Neuigkeiten destabilisieren, stellen unsere Aufgeregtheit und Unsicherheit auf Dauer und zwingen uns eine Tagesschau auf, die nur noch „consistent in inconsistency"[6] ist. Zum andern können Zuschauer beim Fernsehen typisch nicht zwischen Information und Mitteilung unterscheiden. Statt Informationen zu verarbeiten, nimmt man Neuigkeiten hin; und je größer die Informationsflut, desto unvermeidlicher die gedankenlose Willfährigkeit.

Massenmedien wirken also vor allem deshalb, weil niemand Zeit hat, die Nachrichten zu überprüfen. Statt Informationen zur Weiterverarbeitung vorzulegen, funktionieren sie als reinforcement schedules im Sinne Skinners. Indem sie uns mit einem „set of beliefs and desires"[7] versorgen, absorbieren die Massenmedien Unsicherheit und produzieren dadurch (!) Fakten, Fakten, Fakten.[8] So entsteht für den Zuschauer eine Welt der vereinfachten Kausalzurechnungen. Handlungen und Akteure werden bevorzugt – ob grüne Außenpolitiker, Greenpeace-Aktivisten oder Alan Greenspan. Massenmedien stellen die Ungewißheit der Zukunft als Riskanz von Entscheidungen dar. Dabei geraten die Experten als die offiziellen Verwalter der Unsicherheit gegenüber den Medienvertretern zunehmend in die Defensive. „Je dramatischer die Darstellungen sind, desto mehr steigt die Glaubwürdigkeit der Journalisten auf Kosten von Experten."[9] Man denke nur an BSE oder Gen-Food.

Wie Nachrichten wirken, bekommt man besser in den Blick, wenn man sich nicht mehr am Paradigma der Informationsverarbeitung sondern an dem der Dienstleistung orientiert. Guter Service heißt nämlich im Kern: man fühlt sich gut bedient. Und ganz entsprechend ist eine Nachrichtensendung dann gut, wenn sich die Zuschauer gut informiert fühlen. Wie überall in der Wirtschaft des 21. Jahrhunderts heißt es auch hier: Der Kunde ist das Produkt. Und das Produkt einer guten Nachrichtensendung ist eben der Zuschauer, der sich gut informiert fühlt.

Wenn man derart Information konsequent als Ware begreift, wird die Relevanz einer Nachricht (für wen?) irrelevant. Es geht in den Nachrichten also nicht um ein Erklären und Verstehen der Welt. Eher könnte man umgekehrt sagen, daß die Welt zum Kontext für die Nachrichten wird: „the context of no context"[10]. Faszinierend ist gerade das „event without history"[11] – und dann das ganz andere, nächste. Man soll es gar nicht verstehen. „Aufklärung" ist die Lebenslüge der Journalisten.

Die telegenen Ereignisse ohne Geschichte „ereignen sich" auf vier wohlunterschiedenen Ebenen. Es gibt, erstens, die genuinen Ereignisse wie das Erdbeben in der Türkei – es hat sich unabhängig von den Medien ereignet. Es gibt, zweitens, mediatisierte Ereignisse wie die Bundestagsdebatte, die wohl auch ohne Medien stattgefunden hätte, aber nun aufgrund der Präsenz der Massenmedien nach deren Regeln abläuft. Da gibt es, drittens, inszenierte Ereignisse wie die Greenpeace-Aktion, die nur für die Medien stattfindet. Und schließlich kann, viertens, die mediale Darstellung selbst zum Ereignis werden, über das dann berichtet wird; Niklas Luhmann spricht in diesem Sinne von Meinungsereignissen.

Obwohl derartige Meinungsereignisse zunehmen, sollte man daraus nicht schlußfolgern, daß die Massenmedien ihre Themen selbst erfinden; aber sie setzen Themen durch und bestimmen ihre Karriere. Sie destabilisieren durch Neuigkeiten und restabilisieren durch Rituale der Darstellung. Wie jedes Ritual stabilisiert eine Nachrichtensendung nicht-auflösbare Spannungen und wirkt so als soziales Band. Führt das nun zu einer Einigkeit, die freie Geister für ein Symptom von Gehirnwäsche halten müßten? Wer die Massenmedien als Agenten der Demokratisierung oder als Wächter der Demokratie präsentieren möchte, müßte zeigen können, daß sie uns eine wechselseitige Steigerung von Konsens *und* Dissens bieten. Im Blick auf Medienereignisse wie die Formierung der weltöffentlichen Meinung in Sachen Irak-Krieg dürfte das schwerfallen. Wer über die amerikanische Politik anders denkt als die überwältigende Mehrheit, von der die Demoskopen in den Medien berichten, zu denken scheint, wird das Fernsehen eher als „consensus monster"[12] erfahren.

Aber vielleicht irrt man sich ja im Urteil über die Meinungen der Vielen. Seit den Untersuchungen von Latané und Darley diskutiert man diese Möglichkeit unter dem Titel *pluralistic ignorance*. Wenn sich aber die Mehrheit über die Mehrheit täuscht, muß dem eine Angstdynamik zugrunde liegen, die so alt ist wie die Demokratie: „the fear of ostracism"[13]. Elisabeth Noelle-Neumann hat ihr Lebenswerk diesem Syndrom gewidmet, und daß ihr präziser Begriff der Schweigespirale nicht zum Grundbegriff der Medienwissenschaften avanciert ist, scheint ihre Theorie zu bestätigen: Die Theorie der Schweigespirale wurde selbst ein Opfer der Schweigespirale.

Die Ausgangsüberlegungen sind wohl unstritig. Man glaubt, was andere glauben, weil sie es glauben. Und wer zu einem Thema bisher eine andere Meinung hatte, kann sie ohne Gesichtsverlust ändern, wenn und solange er anonym bleibt, also schweigt. Aus Angst vor Isolation – *the fear of ostracism* – beobachtet man ständig die öffentliche Meinung. Und öffentlich heißt eben genau die Meinung, die man ohne Isolationsangst aussprechen kann. Man beobachtet also ständig, wie die anderen die Welt beobachten, und dadurch wird in jedem von uns ein quasi-statistischer Sinn trainiert, mit dem man Beobachtungen zweiter Ordnung anstellen kann: die Meinung der anderen, das Heideggersche Man (sagt ...). Doch was Man sagt, ist in Demokratien zumeist der Diskurs artikulierter Minderheiten.

Deshalb kann man vermuten – und die theoretischen Schlüsselbegriffe dieser Vermutung heißen eben *pluralistic ignorance* und Schweigespirale –, daß die öffentliche Meinung nicht der Majorität, sondern der Orthodoxie (Political Correctness) zum Ausdruck verhilft.

Das läßt sich nur vor dem Hintergrund der Koevolution von moderner Demokratie und Massenmedien begreifen. Vormodern konnten sich die Menschen fraglos am *agraphos nomos*, am Gesetz Gottes oder doch wenigstens an dem des Staates orientieren. Diese Traditionswerte zerbrechen an der modernen Kontingenz und werden durch öffentliche Meinung ersetzt. Zugleich ermattet die Orientierungskraft des diskriminierenden und seligierenden Geschmacks; auch er wird in der Massendemokratie durch die öffentliche Meinung ersetzt.

Öffentliche Meinung ist also nicht das, was die Leute meinen, sondern das, was die Leute meinen, was die Leute meinen. „We devote our intelligence to anticipating what average opinion expects the average opinion to be."[14] Sie funktioniert gleichsam als der *generalized other* der sozialen Systeme. Wenn man noch stärker abstrahiert, kann man die öffentliche Meinung als ein Medium definieren, das durch lose Koppelung von Bewußtseinen entsteht. Die Massenmedien prägen dann Formen in dieses Medium ein, nämlich Themen. Das Dafür- oder Dagegensein ist jedem freigestellt – nicht aber die Anerkennung des Themas als Thema. Mit anderen Worten: Die öffentliche Meinung ist ein Kommunikationssystem, das von der Unterstellung lebt, daß man nicht zugeben kann, von bestimmten Themen keine Ahnung zu haben.

Die Massenmedien bilden das Funktionssystem, das die öffentliche Meinung bildet. Daß es sich zum System schließt, setzt eine starke und so in kaum einer anderen Berufsgruppe anzutreffende „Koorientierung im Journalismus"[15] voraus, die auch erklärt, warum jene „Medienereignisse" abundieren. Systembildung und Agenda Setting sind für die gesellschaftliche Funktion der Massenmedien sehr viel wichtiger als blanke Meinungsmache. Daß Massenmedien die öffentliche Meinung manipulieren, ist eher selbst ein Schema der öffentlichen Meinung. Was sie dem Medium der lose gekoppelten Zuschauerbewußtseine einprägen, sind weniger Meinungen als *scripts*. Um Themen am Leben zu halten, brauchen sie ja den Konflikt der Meinungen. Und so arbeiten die öffentlichen Gegner in den Talkshows und Wahlkampfsendungen gemeinsam daran, die Meinungen zu polarisieren. Doch wie jeder erfahrene Zuschauer weiß: „Fights and debates are mainly for display."[16] Schröder und

Merkel, Peters und Hundt – wenn die Kameras abgeschaltet sind, klopft man sich auf die Schultern.

Wer als Individuum auf der politischen Bühne agieren will, wer allein mit der Qualität seiner Waren wirtschaftlichen Erfolg oder mit seinen wissenschaftlichen Arbeiten „public understanding" sucht, wird Schiffbruch erleiden. Denn die Öffentlichkeit der modernen Gesellschaft akzeptiert nur suggestiv generalisierte Informationen – also das Image statt des Individuums, die Werbung statt der Warenqualität und den Abstract statt der Wissenschaft. Nur diese radikale Reduktion von Komplexität ermöglicht es den Massenmedien, buchstäblich aufs Ganze zu gehen. Sie konstruieren „den Menschen", indem sie die Individuen souverän ignorieren.[17] Und sie bieten „das Ganze" der Welt, indem sie uns durch Neuigkeiten destabilisieren, um uns dann durch Moral zu restabilisieren.

In den Nachrichten erscheint die Welt als *von Irritationen bedroht*. Die Informationen erregen, und die so freigesetzten Emotionen funktionieren als Unterbrechungsmechanismus. Man denkt nicht mehr an die hohe Arbeitslosigkeitsrate, wenn die Oderdeiche zu brechen drohen. Die Emotionalisierung der Gesellschaft durch erregende Informationen ermöglicht rasche Drehungen des Wertekarussells. Weil wir aber längst auf permanente Irritation eingestellt sind, können wir nicht mehr staunen. Rekorde und Skandale, Katastrophen und Terror bringen uns nicht zum Nachdenken, sondern sie trainieren unsere Angstbereitschaft. Deshalb könnte man sagen: Massenmedien produzieren eine permanente Alarmbereitschaft der Gesellschaft.[18]

Zugleich aber zeigen die Massenmedien unsere Welt als *von Moral stabilisiert*. Wie in der Antike die Poesie ist heute das Fernsehen nämlich nicht nur Informationsquelle, sondern auch moralisches Training. Neuigkeiten beunruhigen, Moral beruhigt. Und nicht nur im Unterhaltungsprogramm bietet das Fernsehen den „sociopleasure of morality"[19]. Gerechtigkeit geschieht. In der fiktiven Realität des Krimis wird der Verbrecher seiner gerechten Strafe zugeführt. In der realen Realität der Öffentlichkeit wird der korrupte Politiker oder Wirtschaftsführer an den „Medienpranger" (Kepplinger) gestellt. Die Medien inszenieren den Skandal als demokratischen Schauprozeß, den die Zuschauer lustvoll konsumieren.

Werte machen begründungsunbedürftig und unterstellen Konsens; darauf kann keine Gesellschaft verzichten. Heute werden sie aber nicht mehr verkündet – und wer das in Sonntagsreden oder Unternehmensleitbildern doch tut, wirkt rasch peinlich –, sondern indirekt im Skandalkonsum konfirmiert. Nur so, *via negativa*, besorgen die Massenmedien die soziale Koordination moralischer Perspektiven. Und zur Weltkommunikation paßt natürlich nur eine universalistische Moral, die es jedem Zuschauer erlaubt, sich für konkrete Opfer aus aller Welt zu engagieren. Überall, wo die Empörung über das Leiden der Welt oder der Protest die Reflexion ersetzt, sind die Massenmedien zur Stelle, und wir können die Sichtbarkeit der Gesellschaft im Ornament der sozialen Bewegungen genießen.

8. Der Kult des Authentischen im Zeitalter der Fälschung

Auf der anderen Seite der wahren Wirklichkeit haben sich zwei Begriffsreihen ausgeprägt, die offenbar sehr viel bestimmter sind als die der Wahrheit und der Wirklichkeit, nämlich: Mimesis, Imitation, Nachahmung, Fiktion, „factual fictions" für die Kunst – und: Erscheinung, Als-ob, notwendige Illusion, transzendentaler Schein, (Selbst-)Täuschung, Lüge, Betrug für Wissenschaft und Philosophie. Fälschung markiert offenbar den Spitzenwert der möglichen Entfernung vom wahrhaft Wirklichen.

Fälschen heißt ja, bewußt Unechtes für echt ausgeben. Doch wem wird damit eigentlich geschadet? Ein gefälschtes Kunstwerk schadet natürlich dem Sammler bzw. Museumsdirektor, der es gekauft hat – und indirekt auch dem Kunsthistoriker, den es auf eine falsche Fährte lockt. Doch wenn man annimmt, daß die Fälschung technisch so perfekt ist, daß auch nach eingehender Untersuchung nicht über echt oder gefälscht entschieden werden kann – ist sie dann nicht ästhetisch genauso befriedigend wie das Original?

Nelson Goodman hat diese Frage unter dem Titel „The Perfect Fake" diskutiert. Seine Antwort ist zwar einleuchtend, aber bleibt doch auch unbefriedigend: Es gibt Informationen über für das bloße Hinsehen eigentlich unsichtbare Aspekte eines Bildes, die es uns erleichtern, zwischen Original und Fälschung zu unterscheiden; „the aesthetic properties of a picture include not only those found by looking at it but also those that determine how it is to be looked at."[1] Es gelingt Goodman aber nicht, deutlich zu machen, inwieweit die Unterscheidung von Original und Fälschung ästhetisch bedeutsam ist, zumal er ausdrücklich darauf hinweist, daß im Begriff des Originals keineswegs eine Überlegenheit gegenüber der Fälschung mitgesetzt ist.

Es geht also nicht um die ästhetische Qualität, sondern um die durch die Herstellungsgeschichte geprägte Echtheit. „A forgery of a work of art is an object falsely purporting to have the history of production requisite for the (or an) original of the work."[2] Um zu erklären, warum das für den ästhetischen Genuß eines Bildes von

Bedeutsamkeit ist, müßte Goodman eigentlich auf Benjamins Aura-Begriff zurückgreifen. Doch der Begriff Aura bekommt Kontur nur dann, wenn man ihn von seinen Gegenbegriffen her denkt; das führt aber nicht zur Opposition Original/Fälschung, sondern zu der von Einmaligkeit und technischer Reproduzierbarkeit. Ich komme gleich darauf zurück.

Ganz anders stellt sich das Problem der Fälschung in den Wissenschaften. Sie suchen wahres Wissen und haben es deshalb mit Irrtümern zu tun. Denken als regulierter Irrtum ist modern der Königsweg zur Wahrheit. Die Wissenschaft korrigiert das Wissen und operiert dabei mit den Code-Werten wahr und falsch. Das Falsche begegnet ihr aber in zwei verschiedenen Formen: als Ergebnis eines Irrtums und als Produkt einer Fälschung. Auf den Irrtum reagiert die Wissenschaft mit Korrekturen. Auf die Fälschung reagiert sie mit der Frage: Wer? Diese notwendige Frage entspricht aber überhaupt nicht dem Stil der Wissenschaften, der anonymes Wissen zeitigt. Das gefälschte Wissen aber braucht einen Namen. Das liegt natürlich daran, daß die Fälschung das Vertrauensfundament der Wissenschaften erschüttert.

Daß gerade der Wissenschaftsbetrieb in extremem Maße vertrauensabhängig ist, mag zunächst überraschen; denn man müßte ja eigentlich nicht vertrauen, wo man weiß. Doch das Wissen, mit dem man arbeitet, muß typisch mit Informationen weiterarbeiten, die andere erarbeitet haben. Und man verläßt sich darauf, daß die anderen korrekt gearbeitet haben. Die Authentizität eines Wissens wird gerade nicht über Tradition und Herstellungsgeschichte, sondern – man möchte sagen: im Gegenteil – über die Gleichzeitigkeit der Forschenden konstruiert. Wissenschaftsgeist ist die Bereitschaft, historisches Wissen zu verwerfen. Die Tradition stellt für die Wissenschaften also gerade keine Stabilitätsbasis dar. An die Stelle dessen tritt das Vertrauen in die Ehrlichkeit der zeitgenössischen Wissenschaftler.

Die Fälschung bedroht also nicht unsere Wissenschaften, denn diese setzen ja voraus, daß wir es stets mit Korrekturbedürftigkeit zu tun haben – das Gefälschte ist so falsch wie das Irrige. Statt dessen bedroht die Fälschung unser Vertrauen in die Wissenschaftler (in die anderen Wissenschaftler!). Wer etwas Mut hat, kann sich damit auch einen akademischen Scherz machen und in seiner Habilitationsschrift aus einem frei erfundenen Text zitieren. Und es ist dann spannend, zu beobachten, ob und wann sich das Netz der kritischen Kollegenkontrolle über dieser scherzhaften Fälschung zuzieht. Bei einer historischen Arbeit wird man vermuten dürfen: überhaupt nicht!

Haben wir es hier mit einem ewigen Problem von Kunst und Wissenschaft zu tun, oder gibt es strukturelle Gründe für die Aktualität des Themas Fälschung? Man könnte auch fragen: Gibt es Entwicklungen unserer modernen Gesellschaft, die einer Kultur der Fälschung den Boden bereiten? Ich beschränke mich zunächst auf fünf Punkte.

1. Die Kultur des Vergleichs. Was auch immer wir tun – es wird zu einem Dokument der Kultur, sobald wir es mit dem Handeln anderer Kulturen vergleichen. Und im Kern ist Kultur nichts anderes als dieses Vergleichen, das uns deutlich macht: es geht auch anders, wenn auch nicht beliebig anders. Die Kulturperspektive auf unser Leben infiziert es mit Kontingenzbewußtsein, und wer das nicht als Freiheitsgewinn verbuchen kann, erlebt es als Verlust der Authentizität. Es ist unmodern, sich als gesinnungsechten Christen zu präsentieren, wenn man genausogut auch Moslem sein könnte.

2. Das Kunstwerk im Zeitalter seiner technischen Reproduzierbarkeit. Auch das kann man als Verlust der Echtheit erfahren, aber auch als Befreiung von der Aura des Hier und Jetzt – Walter Benjamins großes Thema. Entscheidend ist hierbei, daß Reproduzierbarkeit nicht ein äußerliches Schicksal ist, das der Kunst widerfährt, sondern daß sie die innersten Produktionsbedingungen von Kunst selbst verändert. Mit Originalem, Einmaligem und Echtem kann man nun gar nichts mehr anfangen.

3. Die Digitalisierung als Schlüsseltechnik für das Zeitalter der Fälschung. Ein neues digitales Alphabet gilt heute für Bilder, Worte und Klänge gleichermaßen. Die Pixelkonfigurationen der errechneten Bilder kennen, außer den technischen Standards, prinzipiell keine Grenze der Gestaltwerdung und Bildmanipulation. Das Vermögen der Mimesis erlischt in den Rechnungen hochauflösender digitaler Rastergraphiken, deren einziges Element der Punkt ist. An dieser logischen Grenze von Unterscheidbarkeit überhaupt, dem Pixel, bilden sich heute die errechneten Bilder. Sie präsentieren virtuelle Realitäten. Man kann hier nicht mehr von Abbildung sprechen, weil jedes Pixel auf dem Bildschirm einzeln berechnet und manipulierbar wird. Als die Fernsehbilder vom Mond kamen, mußten die Daten erst verarbeitet werden, um Sichtbarkeit zu erreichen.[3] Weil elektronische Bildverarbeitung aber per se Manipulation ist, wird es unter Computerbedingungen kaum mehr technische Möglichkeiten der Authentifikation von Photographien geben – bleibt nur, wie schon

Ted Nelson mutmaßte, das Vertrauen in den, der das Photo geschossen hat. Es gibt prinzipiell in der Welt elektronischer Dokumente eben kein Äquivalent zum Wasserzeichen, keine Marke der Echtheit.

4. Die Konjunktur des Konstruktivismus. Diese Radikalisierung des Kantianismus macht aus der spezifisch modernen Not des Referenzverlusts allen Wissens eine Tugend. Vicos verum et factum convertuntur spitzt sich zu zum ens et fictum convertuntur[4]. Vielleicht kann man im Blick auf unser Thema sagen: Das Problem der Täuschung hat den Kantianismus provoziert; das Problem der Fälschung provoziert den Konstruktivismus.

5. Die Konjunktur der Verschwörungstheorien. Sie entlasten von der Unverständlichkeit des Weltlaufs durch Zuschreibung auf Schuldige, Drahtzieher im Hintergrund. Das reicht von dem sanften Wahn, die Amerikaner hätten den Mond nie betreten und das Ereignis in einem Filmstudio inszeniert, bis zu dem perniziösen Wahn, die amerikanische Regierung selbst habe den Terroranschlag auf die Twin-Towers angeordnet.[5] Je komplexer die Welt, desto anfälliger für Paranoia.

Odo Marquard hat sehr schön gezeigt, wie die Neuzeit die Übel dieser Welt dialektisch entübelt hat. Nicht nur das moralisch, sondern auch das ästhetisch und erkenntnistheoretisch Böse wird in produktive Zusammenhänge eingebracht. Kann man nun auch so weit gehen, von einer Theodizee der Fälschung zu sprechen? Tatsächlich präsentiert sich die moderne Kunst als Schule der Positivierung des gnoseologischen Übels. Man könnte geradezu sagen, daß sie mit der Rejektion der Unterscheidung wahr/falsch erst modern wird. Kunst soll nun nicht mehr wahr, naturgetreu oder verisimilis sein, sondern original und neu. Damit wird die moderne Kunst zugleich auch marktgerecht, denn das Original sichert die Knappheit der Kunst. Nun kann man die Vielen, die andere kopieren, also die followers of fashion, von den Wenigen unterscheiden, die – man weiß nicht wie – das Neue erzeugen; also die Original-Genies als die einzigen, die nicht kopieren.

Diese Unterscheidung zwischen Modesklaven und Original-Genies verdeckt aber einen ganz einfachen Sachverhalt, nämlich: Es ist gerade die Kopie, die das Original erzeugt. Sobald dies bewußt wird, verliert „Das Original" seine Position als zentraler ästhetischer Kultwert und schrumpft zur Werbeformel. Deshalb orientiert sich Kunst im Zeitalter technischer Reproduzierbarkeit an einem neuen Rejektionswert – sie weist die Unterscheidung Original/Kopie zurück.

Der Kult des Authentischen im Zeitalter der Fälschung

Vor dem Zeitalter der technischen Reproduzierbarkeit waren nur ganz einfache Unterscheidungen möglich, z.B. Nachahmung der Schöpfung versus Originalität des *disegno*. Wenn paradoxerweise die Nachahmung der Natur Dinge hervorbringt, die es nicht gibt, haben wir es mit einem Genie zu tun. Dieses Genie darf man zwar nachmachen, um zu lernen; wer es aber nachahmt, ist ein Fälscher. Das ändert sich mit dem Eintritt des Kunstwerks ins Zeitalter seiner technischen Reproduzierbarkeit. Nun wird das Originalgenie zur komischen Figur, und alle ästhetischen Prämien werden nun umgekehrt auf die „Überwindung des Einmaligen"[6] gesetzt.

Ein aktuelles Beispiel liegt auf der Hand. Techno ist eigentlich keine Musik, sondern CAD-Sound: computer aided sound design. Techno-Musiker können meistens keine Noten lesen, aber mit dem Sampler umgehen. Um es auf eine einfache Formel zu bringen: Techno ist die Emanzipation der Musik vom Musiker. Richard James bemerkt trocken: „Ein Track ist beendet, wenn die Maschinen abgeschaltet werden." Techno ist Sampling und Recycling. Der Sampler ist ein Computer, der Musik in einen frei variierbaren Datenstrom verwandelt. So entsteht autorenlose No-Copyright-Musik. Jetzt gehören die Töne – John Cage behält recht – tatsächlich nicht mehr den Menschen. Techno zeigt, wie unter neuen Medienbedingungen das Werk zum Stückwerk zerfällt und im Netzwerk aufgehoben wird – das Kunstwerk als Stückwerk im Netzwerk. Es genügt, ein paar Minuten Popmusik zu hören, um zu verstehen, was Walter Benjamin mit dem „Zeitalter des montierbaren Kunstwerks"[7] gemeint hat.

Mit der Rejektion der Unterscheidung Original/Kopie ermöglicht die Kunst also eine Theodizee der Täuschung – und bestätigt gerade als moderne den Verdacht, den Platon, der eben jene Unterscheidung erfunden hat, gegen die antike Kunst vorbrachte: Kunst ist als solche Fälschung der Wirklichkeit, die Dichter lügen. Der Künstler schafft es, im Gegensatz zum Handwerker und Techniker, noch nicht einmal, die Wesensformen in Artefakten zu kopieren, sondern er bietet nur ein Schattenspiel der Phantome, wie wir es aus Platons Höhlengleichnis kennen. „The essence of Plato's point, the raison d'étre of his attack, is that in the poetic performance as practised hitherto in Greece there was no ‚original'."[8] Im 10. Buch des Staates ist Mimesis nichts anderes mehr als Fälschung der Wirklichkeit. Kunst kann erinnern und wiederholen, aber nicht durcharbeiten. Sie verstrickt uns in Geschichten, statt uns analytisch auf Distanz zu bringen. So kommt man zwar zum Vielen und Bunten, aber niemals zu dem Einen und den Formen.

Platon steht für das Projekt der Philosophie ein, den Zauber des Narrativen zu brechen. Doch das ist nicht der Philosophie, sondern der Evolution der Kommunikationsmedien gelungen. In seinem schönen Buch *Factual Fictions* hat Lennard Davis gezeigt, daß Fakten und Fiktionen noch im 17. Jahrhundert keinen signifikanten Unterschied gemacht haben. Erst mit dem Erscheinen von Novellen, die beanspruchen, Wahres zu berichten, entsteht eine zweideutige und deshalb evolutionär folgenreiche Form: „a factual fiction which denied its fictionality"[9] – und nun muß der Leser rätseln: ist es wahr oder falsch. Der Akzent liegt aber auch anders, nämlich auf der Neuigkeit des Berichteten. Aus diesem undifferenzierten Neuigkeitsdiskurs differenzieren sich dann zwei Formen aus: der Journalismus und der Roman. Das Narrative spaltet sich also in *fact* (Journalismus) und *fiction* (Roman). Die neue Einheit des Unterschiedenen ist dann die Ideologie.

Was hätte Platon zu meinungsbildenden Journalisten gesagt? Ihre Geschichte beginnt mit dem Pseudojournalismus Daniel Defoes, erreicht ihren Zenit in den *White lies*, die aufgeklärte Journalisten zur Steuerung der öffentlichen Meinung einsetzen, und sie endet heute mit den *Embedded journalists*, die zwischen Kriegspropaganda und öffentlicher Selbstanklage oszillieren.

Und so wie es für uns keine Alternative dazu gibt, den Massenmedien zu vertrauen, so setzen diese ihr Vertrauen in „Quellen", z.B. gewöhnlich gut unterrichtete Kreise. Das verführt zu Fälschungen, und sei es auch nur zur Fälschung von Statistiken, von denen Zyniker ja immer schon vermutet haben, daß sie überhaupt nur in gefälschtem Zustand existieren. In der Welt der Nachrichten ist die Fälschung eine höchst profitable Ware.[10]

Es liegt auf der Hand, daß hier ständig manipuliert wird. Aber unser Vertrauen in die Massenmedien ist trotzdem alternativelos. Es macht nämlich lebenspraktisch keinen Sinn, dem reißenden Strom der Neuigkeiten mit einem Manipulationsverdacht entgegenzutreten. Unter Modernitätsbedingungen fehlt einfach die Zeit, den Bericht über die Wirklichkeit mit dieser selbst – was immer das sein mag – zu vergleichen. Man muß kein Konstruktivist sein, um das einzusehen. Deshalb behelfen wir uns anders: „credibility replaces reality as the decisive test of truth-telling"[11].

Eric Havelock hat einmal gesagt: „The ways of war bring to the surface the essential mechanisms of a culture complex."[12] Moderne Waffen sind Kommunikationswunder. Intelligente Bomben steuern sich selbst ins Ziel und liefern zugleich Videobilder des Vollzugs

Rechner starten Abwehrraketen, die dann einen vollautomatischen Elektronik-Kampf führen. Maschinen kommunizieren mit Maschinen. Nichts schwächt deshalb eine Streitkraft nachhaltiger als die Zerstörung ihrer Fernmelde-Einrichtungen.

Es geht nicht mehr vorrangig darum, den Feind aufzuspüren und zu töten, sondern ihn durch elektronische Täuschungsmanöver zu frustrieren. Ganz konsequent haben dann die meisten Staaten nach dem Zweiten Weltkrieg ihre Rüstungsausgaben im Bereich der klassischen Waffensysteme zugunsten einer systematischen Logistik der Wahrnehmung reduziert; man investierte in Überwachungsanlagen, Beobachtungsstationen und computergestützte *war games*. Es geht nun einmal darum, Wahrnehmungsfelder zu erobern und das Gesetz ihrer Metamorphose zu fassen. Zum anderen wird die Welt zur Bühne einer Inszenierung der militärischen Kräfte. Denn je stärker die Waffensysteme vom Simulationsprinzip bestimmt sind, desto nötiger wird es, mit Theaterwaffen die Präsenz der Streit-Kraft zu manifestieren. Amerikanische Polemologen nennen das *perception management*.

Es ist fraglich, ob man in diesem Zusammenhang überhaupt noch von realen Daten sprechen kann. Kriegsspiele operieren mit Daten, die sich zumeist nur den unvalidierten Outputs anderer Modelle verdanken. Damit aber werden die Datenprozesse in Krisenfällen selbst zum zentralen Gegenstand polemologischer Analysen; so simulieren politische Wissenschaftler die Bahnungen, in denen Entscheidungsträger der Geschichte inmitten internationaler Krisen Informationen prozessierten. Denn in polemologischer Perspektive bestehen Kriege nicht primär aus Stahlgewittern, Feuer und Bewegung, sondern aus Datenprozessen.

Seit die Perfektion der Militärtechnik eins ist mit ihrer Medialisierung, wird es immer schwerer, zwischen Krieg und Kriegsspiel, Ereignis und Inszenierung, Ernstfall und Simulation zu unterscheiden. Bei den technologischen Spitzenprodukten der Militär- und Raumfahrtindustrie läßt sich der Aufwand für die Inszenierung von dem für den Ernstfall kaum mehr unterscheiden. Bei der nuklearen Waffentechnologie wird vollends die Zurschaustellung zum einzig erträglichen Realitätsgrad ihrer Wirkung. Zunehmend ersetzt die Täuschung die Abschreckung im Kriegsspiel. Von den Panzerattrappen der Alliierten an der Küste Ostenglands bis zu denen Saddam Husseins im Golfkrieg – eine militärische Filmgeschichte visueller Desinformation. Simulation und Dissimulation: Waffen, als ob es sie nicht gäbe, und das Als ob von Waffen, die es gar nicht gibt.

Die Logistik der Wahrnehmung umfaßt auch die Manipulation der Datenprozesse als Waffe. Früher gab es noch militärische Simulationen im Sandkasten und mit Zinnsoldaten: ikonische Darstellungen der wirklichen Welt. Unter Computerbedingungen gibt es keinen Unterschied mehr zwischen der technischen Implementierung eines Spielbefehls und der eines realen Kommandos; von den Schrecken des Kampfes sind sie beide gleich weit entfernt. Polemologische Simulation muß dem Tod nicht mehr ins Angesicht schauen, denn die Bilder auf den Displays verschleiern die letale Wirklichkeit der Schlacht, die sie aufzeichnen und steuern.

Der Krieg ist der ideale Gegenstand der Massenmedien: es gibt ständig Neuigkeiten, und alle sind betroffen. Nicht zufällig landen die eigenen Truppen zur Hauptsendezeit. Man ist live dabei und doch in Sicherheit. Aber die spannende Frage nach den Wechselwirkungen von Krieg und Medienberichterstattung sollte nicht gleich wieder „kritisch", das heißt mit heißem Herzen, in die Sackgasse des Manipulationsverdachts hineingesteuert werden. Viel zu unterschiedlich sind die Effekte der Weltnachrichten, als daß man sie aufs Schema der „Legitimation" reduzieren könnte. Man weiß heute, daß die Fernsehbilder von den Napalmopfern aus Vietnam den Amerikanern die Möglichkeit genommen haben, den Krieg zu Ende zu führen. Aber diese Lektion wurde gelernt. Und man weiß heute, wie geschickt dieselbe Militärmaschine dann im ersten Golfkrieg Videobilder als Beweismittel für die Möglichkeit eines scheinbar unblutigen High-Tech-Krieges präsentiert hat.

Im letzten Irak-Krieg wurde die Schraube der Desinformation dann noch eine Windung weiter gedreht – Stichwort: *embedded journalists*. Das hatte die Folge, daß die kritischen Berichterstatter nur noch berichteten, daß kritische Berichterstattung unmöglich sei. Und deshalb hat man mehr denn je die Wirklichkeit des Krieges mit den Bildern der Opfer identifizieren wollen. Der kritische Journalismus war gewissermaßen auf dem Niveau Adornos angekommen: Leiderfahrung als Wahrheitsbedingung. Doch das war gleich doppelt naiv. Man hatte zum einen nicht begriffen, daß ein Info-War eine unabhängige Berichterstattung ausschließt, weil ja jede Information eine Waffe ist. Und man hatte zum anderen nicht begriffen, daß die stets verfügbaren Bilder vom Leiden der Zivilbevölkerung selbst Elemente des Informationskrieges sind. *Nolens volens* werden Journalisten zum Kombattanten im Info-Krieg.

Gerade deshalb blüht heute die Rhetorik der Authentizität, und Medienleute formulieren in den Medien eine Radikalkritik der Medien. Hier kann man beobachten: Genau so wie die Kopie das Original erzeugt, so erzeugt die Medienwirklichkeit erst die Erwartung einer authentischen Realität. Authentizität ist ein Kult der Naivität. Deshalb gehört komplementär zur High-Tech-Popkultur der Kult der Straße. Es ist kein Zufall, daß im Zeitalter der Virtual Reality die eigentliche Wirklichkeit, Echtheit und Wahrheit auf der Straße gesucht werden: *street credibility*. Doch die Straße lockt heute nicht nur als Ort des wirklich Wirklichen, sondern auch des unverfälscht Sozialen. Das gilt für die Gesten des Protests, aber auch für die fröhliche Gegenwelt: Rave. *We are family* hieß ein Slogan der Technogeneration – die Menschheit als Familie.

Die einfachste Form authentischer Kommunikation lautet für die Raver „Ich will Spaß" und für die Protestler „Ich habe Angst". Spaßgesellschaft und Protestgesellschaft befinden sich also auf demselben Niveau; sie genießen die garantierte Authentizität der Gefühle – niemand kann sie bestreiten. Authentizität ist das Phantom eines Gefühls, das nicht Resultat von „emotion work"[13] wäre, also das Phantom eines unbearbeiteten Gefühls.

Der polemische Sinn des Begriffs wird aber erst deutlich, wenn man sich auf seinen Gegenbegriff besinnt. Theodor Adorno definierte das Authentische als etwas, das nicht anders sein kann, als es ist. Daß das, was ist, auch anders möglich wäre, ist aber genau die Erfahrung von modernem Leben, die der philosophische Begriff der Kontingenz markiert. Mit anderen Worten: Authentizität ist der Begriff für den spezifisch antimodernen Affekt. Soziologen könnten sicher zeigen, daß er gleichzeitig mit der Geldwirtschaft und ihren Abstraktionen entstanden ist.

Das Authentische ist die blaue Blume der Romantik, die das normalisiert hat, was man heute im Jargon der Neokybernetik Beobachtung zweiter Ordnung nennt. Die Krise der Echtheit und der Kult des Authentischen sind also Komplementärphänomene. Daß Echtheit der Kultwert der Kunstwelt und Authentizität sein Nachfolgebegriff ist, hat ja schon Walter Benjamin sehr schön gezeigt. Unsere Frage nach der Fälschung führt uns zur Konsequenz, daß heute der eigentliche Betrug im Versprechen der Echtheit liegt. Längst gibt es eine profitable Popkultur der Authentizität (z.B. Spitzensport), längst hat man Asyle für die Stunde der wahren Empfindung eingerichtet.

Doch wenn Authentizität die Maske der Heteronomie ist, wo läge dann die Chance für Autonomie unter Modernitätsbedingungen? Nur für wenige praktikabel ist die Lösung der stoischen Ethik:

ich spiele die mir zugedachte Rolle. Das geht schon deshalb nicht, weil die moderne Gesellschaft zwar Rollen bereithält, sie aber nicht mehr zuteilt. Das ist natürlich auch der Grund dafür, daß wir der antiken Weisung „Erkenne dich selbst" nicht mehr folgen können. Die Moderne hat sie paßgenau durch eine Zumutung ersetzt: „Sei du selbst". Diese Zumutung läßt sich aber nur mit Hilfe einer Technik der „Selbstentlastung [...] durch halbwillentlich falsches Bewusstsein"[14] ertragen. Einfacher gesagt: Man spielt die Rolle, man selbst zu sein.

Nicht nur erkenntnistheoretisch, sondern auch sozialpsychologisch sind wir heute offenbar bereit, die große Lektion der Gegenaufklärung zu lernen: Es geht nicht ohne Fälschung. Wilhelm Busch wußte, daß die, die Sorgen haben, auch Likör haben. Freud wußte, daß es nicht ohne Hilfskonstruktionen geht. Und Odo Marquard spricht von der unumgänglichen „Umfälschung ins Lebensdienliche"[15]. Man denke nur an den CV, das Curriculum Vitae, das man bei jeder Bewerbung so zurechtfälscht, daß es perfekt auf die ausgeschriebene Stelle paßt. Und wenn man die Stelle dann hat, versucht man der zu werden, als der man sich beworben hat. Betrug, Maskenspiel, *factual fiction*? Als Günther Wallraff, der schon viele Gesichter hatte, in einer Talk-Show zum Thema IM nach der Glaubwürdigkeit der Aussage eines Fälschers im Namen der Wahrheit gefragt wurde, antwortete er: „Ich bin authentisch."

9. Gute Unterhaltung

Muße ist aristokratisch, Unterhaltung ist massendemokratisch. Diese Unterscheidung hat die moderne Kultur in sich selbst hineinkopiert, indem sie die sogenannte ernste von der bloß unterhaltenden Kultur unterscheidet. Flagrant ist der Unterschied, wenn man auf die Steigerungsbedingungen blickt. Die E-Kultur setzt auf die Verfeinerung der Aufmerksamkeit, die U-Kultur auf die Steigerung der Reize. Dennoch sind beide funktional äquivalent – und das legitimiert den Anspruch der Massenmedien, einem „Kulturauftrag" zu entsprechen. Der Kulturauftrag zumal des Fernsehens ist derselbe wie der des antiken Poeten, nämlich „recorder and preserver"[1] zu sein. Was für die Griechen das Epos war, ist für uns die Fernsehunterhaltung: soziale Enzyklopädie und moralisches Training. Statt der Moral haben wir die Medien.

Das Fernsehen muß also zum einen als moralische Anstalt begriffen werden. Zum anderen ist es das Medium dessen, was Lionel Tiger „sociopleasure"[2] genannt hat; gemeint ist die Lust der Gesellschaft an sich selbst. Diese bedient das Fernsehen durch eine konsequente Unterhaltungsformatierung aller Ereignisse. Alles was geschieht, ordnet sich um die Attraktoren der Sentimentalität und der Sensation. Die Themen des unterhaltsamen Konsums sind deshalb kontextblind und solipsistisch. Es geht hier nicht um kognitive Aufklärung, sondern um kostenlose Gefühle. Gute Unterhaltung ist ein Gefühl; ich fühle mich gut unterhalten, so wie ich mich gut bedient fühle.

Wer mit Genuß fernsieht, ist der produktiven Gesellschaft ein Dorn im Auge, denn er hat die puritanische Angst vor der Zeitvergeudung abgestreift. Fernsehen dispensiert vom Handeln und erlöst von der Zeit. Man spürt das vor allem bei den Unterhaltungssendungen: Einschalten, um abzuschalten – man muß keine Anschlußkommunikation leisten. Obwohl immer wieder bedenkenswerte Vorbehalte gegen eine Ableitung der Unterhaltung aus dem Spiel angemeldet worden sind, bleibt es doch erstaunlich, wie schlüssig das alte Schema von Roger Caillois die Welt des Entertainment ordnet. Sie besteht aus den Elementen

- *Agon*, den wir vor allem im Wettkampfsport ausgeprägt finden; dort geht es um Triumph, Rivalität und persönliche Leistung;
- *Alea*, paradigmatisch beim Roulette, wo Schicksal, Willkür des Zufalls, Chance und Spekulation herrschen;
- *Mimicry*, die den zeremoniell geregelten Eintritt ins Spiel vollzieht; das ist die Welt der Masken und Rollen;
- *Ilinx*, wo Rausch und Trance das Feld beherrschen; wo man den Kontrollverlust im Vertigo genießt (Tanz, Sensation, „thrill").

Aus diesen Elementen mischt sich die breite Palette guter Unterhaltung:
- Sport, Spiel, Spannung
- Musik, Sex, Drogen
- Infotainment, Talk, Gossip
- Shopping, Themen-Parks, Action

Unterhaltung setzt man gemeinhin mit Zerstreuung, Vergnügen, Divertissement und Ablenkung gleich. Daß Entertainment und Ennui, Unterhaltung und Langeweile zwei Seiten derselben Medaille sind, weiß die Kulturkritik seit Pascal – heute oft in der positiven Wendung, zur Ökonomie der Aufmerksamkeit gehöre die Kunst der Zerstreuung. Das hier zugrundeliegende Argument ist einfach: Langeweile ist der Wunsch nach einem Begehren, und Zerstreuung ist eine Form der Langeweile. Insofern entspricht gute Unterhaltung präzise der Verzweiflung der Langeweile. Wer sich zerstreut, flieht vor sich selbst. „If memories are pain, fiction is anesthesia."[3]

Wenn wir die Welt der Unterhaltung mit der Unterscheidung langweilig/kurzweilig beobachten, zeigt sich ein verblüffender Zusammenhang. Wer befriedigt, also zufrieden ist, langweilt sich – und in der Langeweile nimmt er die Zeit wahr. Diese Zeit wird als ungenutzte aufdringlich und muß vertrieben werden. Eben diesen Zeitvertrieb in der Freizeit leistet die Unterhaltung, die gerade deshalb nicht als Zeitverschwendung empfunden wird. Der kulturkritische Beobachter dagegen – man denke an Schopenhauer oder Kierkegaard – kann in der Zerstreuung selbst nur eine Form der Langeweile sehen; genauer gesagt: er sieht in der guten Unterhaltung die genaue Entsprechung zur Verzweiflung der Langeweile. Wir amüsieren uns zu Tode, um uns nicht zu Tode zu langweilen.

Es gibt offenbar keine Schnittmenge der Welt des Kulturkritikers und der des Unterhaltungskonsumenten. Wenn wir aber die kulturkritische durch eine psychologische Perspektive ersetzen, ergibt sich folgendes Bild: Sein ist Erregtsein, Lebendigkeit ist Reizbarkeit. Deshalb gilt schon rein neurologisch, daß der Feind des Gehirns die

Langeweile ist. Genau in diesem Sinne hat Pareto von le besoin de faire quelque chose gesprochen. Um ordentlich funktionieren zu können, braucht das Nervensystem permanente, aber wohldosierte Stimulation aus der Umwelt; es operiert zwischen den Grenzwerten von Langeweile und Hysterie.

Gute Unterhaltung liegt nun als „Erregungshomöostase"[4] in der goldenen Mitte zwischen Stress (zu viel Stimulation) und Langeweile (zu wenig Stimulation). In der rundum versicherten Welt der Moderne suchen wir deshalb nach Gefahr, denn diese versetzt uns in Aufregung – und das bereitet Lust. Doch die Gefahr darf nicht wirklich gefährlich werden, sie muß im Als-ob verbleiben. Was wir eigentlich suchen, sind also „safe dangers"[5], gefahrlose Gefahren. Und die gibt es vor allem im Film.

Das Begehren nach neuen Erfahrungen, das Aufregung, Abenteuer und Sensation fordert, wird von Kulturanthropologen aus dem *hunting pattern*, unserer archaischen Erbschaft des Jägerdaseins, abgeleitet. Doch heute ist dieses *hunting pattern* natürlich eingebettet in eine Kultur des risikolosen Risikos, eine ständige Wiederkehr der Rückversicherung. Im Film wird „der Schock als Konsumgut"[6] genießbar; er bietet das ersehnte Neue in der Form der Sensation, das heißt als Gefahr, die man nicht ernst nehmen muß: „shock stimuli, but performed by the ‚safe' protector."[7]

Was für den vormodernen Menschen Fortuna war, ist für den modernen Menschen die Spannung: selbsterzeugte Ungewißheit. Spannung liegt als kontrollierter Kontrollverlust zwischen der Vertrautheit des Banalen und der Unvertrautheit des Komplexen. Ein spannender Film trainiert uns also im Umgang mit Ungewißheit.[8] Fernsehen übt ein, wie man aktive durch passive Kontrolle ersetzen kann: Man kann nichts tun, aber man kann voraussehen, was geschieht.

Unterhaltung hat neben der Spannung noch einen weiteren Attraktor, das Geschwätz. Klatsch und Talk sind die menschlichen Formen sozialer Fellpflege. Sie trennen innen und außen: „the community regulates the behavior of its members largely by talking about them."[9] Klatsch ist also die Form der Konversation, in der es um Standards und Werte geht. Er funktioniert als *shame control* und signalisiert gleichzeitig eine freiwillige Wertbindung an die Gemeinschaft. „No gossip, no companionship."[10] Vor allem mit Clichés kann man risikolos an der sozialen Konstruktion der Realität teilnehmen und Commitment signalisieren. Platitüden sind die Rituale der Sprache; sie leisten das gleiche wie das Händeschütteln.

Massenmedien weiten nun diesen Klatsch-Mechanismus auf Fremde aus. Das heißt, Berühmtheiten und Politiker werden von den Zuschauern als wichtige Gruppenmitglieder behandelt. Ob ich das Tun und Treiben von Dieter Bohlen und Gerhard Schröder nun in der ARD oder in den People Magazines verfolge – stets arbeite ich am „updating" meiner „social map"[11]. Insofern entspricht die Unterhaltungsformatierung aller Ereignisse im Fernsehen nicht nur unseren tiefsten Wünschen, sondern auch einer sozialen Notwendigkeit. Konsum von Klatsch ist das Genießen der Unterwürfigen – und zugleich die Form, in der sie soziale Intelligenz ausbilden.

Im sogenannten Infotainment, das gleichsam zur Information verführen will, greift diese Logik auch auf die Welt der Nachrichten und Berichte über. Denn die eigentliche Botschaft von Nachrichten ist Allgegenwart, eine Art abstrakter Weltzeitgenossenschaft. Tag für Tag wird der Welthorizont für uns abgetastet und alles Auffällige in bewegten Bildern gezeigt. Gerade auch an der Kultsendung der deutschen Aufklärung, der „Tagesschau", kann man erkennen, daß Fernsehen ein Ritual ist. Die Zuschauer, die sich zu informieren glauben, genießen den Komfort des Rituals[12]. Wir sagten ja bereits: Man schaltet ein, um abzuschalten. Das Fernsehen neutralisiert die Umwelt, um dann eine Eigenwelt zu konstruieren. Zum Nullmedium (sensu Enzensberger) gehört Action (sensu Goffman). Doch was ist damit gewonnen? Riten ermöglichen die Anpassung an emotionale Problemlagen. Und indem Filme imaginäre Beziehungen vor Augen führen, helfen sie uns „to manage emotionally what cannot be managed in fact."[13]

Ereignisse und Persönlichkeiten sind Eigenwerte des Fernsehens, die das Chaos der Welt wie seltsame Attraktoren ordnen. Das erklärt, warum das Fernsehen so beliebt ist, obwohl alle über das schlechte, niveaulose Programmangebot klagen. Unterm Licht der Kathodenstrahlröhre herrscht das Gesetz der *secret consumption*. Hier kann ich mir ein Bild von der Welt machen; hier gibt es noch Unmittelbarkeit und Dramatik. Hier bin ich Mensch, hier darf ich sein. Und genau das wird uns ja von den sozialen Systemen, in denen wir funktionieren, vorenthalten. Jeder spürt schon lange, was Soziologen wie Niklas Luhmann heute explizit formulieren: daß der Mensch ein Umweltproblem der Gesellschaft ist. Und gerade deshalb kommen wir nicht von den Medien los. Zumal das Fernsehen lockt, noch in den dümmsten Sendungen, unwiderstehlich mit dem geheimen Konsum des Humanum.

Seit es Privatfernsehen gibt, sehen wir nicht mehr dieselben Sendungen. Doch gleichgültig, welchen Sender wir einschalten – überall erwartet uns Gerhard Schröder. Nicht daß er uns etwas zu sagen hätte. Fernsehen ist der schlichte Körperkult der Prominenz. Und die gemeinsame Beziehung auf Prominente hält die Gesellschaft zusammen. Wer etwa seinen Sonntagabend der ARD opfert, erlebt alles, was unsere moderne Welt im Innersten zusammenhält. Zunächst den „Tatort" als unwiderstehliche Propaganda der Political Correctness, der, wie alle Fernsehserien, den „sociopleasure of morality"[14] bietet: Man kann zusehen, wie Gerechtigkeit geschieht. Und dann „Sabine Christiansen" – Talk als Kult unserer Staatsreligion. Früher hat man das richtige Verhalten in der Polis gelernt; heute genügt es, den Fernseher einzuschalten. Das hat Allan Bloom wohl gemeint, als er das Fernsehen als „consensus monster"[15] bezeichnete.

Doch in Talkshows werden nicht nur Prominente ausgestellt; sie befriedigen auch die Ausdrucksbedürfnisse moderner Subjektivität. Schon Helmut Schelsky sprach von der Bewahrung der Subjektivität im Freiheitsraum bloßer Äußerung. Wichtiger als die Information ist die Beteiligung an Kommunikation: Reden wir miteinander! Das bestätigt Kants Theorie der kommunikativen Lust genauso eindrucksvoll wie Schleiermachers Begriff der „Wettergespräche" und Konrad Lorenz' Konzept der „Putzgespräche". Talk heißt eben Klatsch und Tratsch.

Schimpansen kraulen sich, wir schwätzen miteinander. Beides hat denselben sozialen Sinn: den Gruppenzusammenhalt zu sichern. Im Medium von Klatsch und Tratsch beobachten wir die soziale Komplexität unserer Welt und trainieren so unsere soziale Geschicklichkeit. Wer hat was mit wem? Statt also, wie es die Vertreter der Gutenberg-Galaxis ganz selbstverständlich unterstellen, die Massen zu verblöden, funktioniert Fernsehen als Schule der sozialen Intelligenz. Was soll ich glauben? Was kann ich hoffen? Was darf ich begehren? Die Antworten darauf gibt die gute Unterhaltung in den Massenmedien, die uns mit einem „set of beliefs and desires"[16] versorgen. Wir können also sagen: Das Fernsehen nimmt sich des „Menschen" an, den die Gesellschaft aus sich ausgeschlossen hat. Und gerade weil die sozialen Systeme vom „Menschen" allenfalls blockiert werden können, wird er als Fernsehpräparat zur evidenten Wirklichkeit. Das ist der praktische Humanismus des Fernsehens. Es leistet konkrete Lebenshilfe bei der Flucht aus der Komplexität.

Die moderne Gesellschaft kann mit dem Menschen nichts anfangen – und noch weniger mit der klassischen Familie. Deshalb findet man überall Angebote, die eine Art Outsourcing des Familiären bieten. Und nirgendwo gelingt das überzeugender als in „the readymade imaginative family of the soap opera".[17] Doch die gute Unterhaltung beläßt es hier nicht bei Formaten wie Lindenstraße und GZSZ. Bei S. Kracauer kann man lesen, daß der Film die ganze Welt als virtuelles Zuhause zeige. Das trifft gerade auf die vielgeschmähten Hollywood-Filme zu; und das liegt daran, daß dort in aller Naivität die Mythen, Sagen und Legenden von 2500 Jahren abendländischer Kulturgeschichte daraufhin abgetastet werden, ob sie brauchbare Stories abgeben.

Hollywood ist ein Selektionsmechanismus zur Optimierung von Mythen. Der Bestand ikonischer Konstanz von Mythen bildet sich in Prozessen evolutionärer Selektion heraus. Hollywood arbeitet an den Mythen, die den Horizont unserer Kultur umstellen. Und wir lernen daraus: Der ideale Inhalt von Medien sind Mythen; der Medienverbund inszeniert den Mythenverbund. Er wird von den Jugendlichen nach Modellen der Selbstinszenierung abgesucht. Man könnte geradezu von einer Menschwerdung des Menschen im Kino sprechen.

Menschwerdung des Menschen – das ist nicht zu hoch gegriffen. „It was not man who made the myths, but the myths, or the archetypical substance they reveal, which made man."[18] Wie früher die Mythen so machen uns heute die Massenmedien mit der Unterscheidung vertraut/unvertraut vertraut. Dabei funktioniert die für jedes gute Unterhaltungsangebot konstitutive Überraschung als Wiedereinführung der Unterscheidung vertraut/unvertraut ins Vertraute. Wie früher der Mythos, so ist heute z.B. die spannende Story des Krimis eine Geschichte, die das „Paradox des vertrauten Unvertrauten" entfaltet[19]. Doch ob Krimi, Quiz oder Talkshow – Unterhaltungsfernsehen ist die neue Mythologie. Gnädig erspart es uns – wie alles Erlebnis – Anschlußkommunikation.

Wenn Mythen erzählt werden, geht es nicht um Information, sondern um Partizipation – aber stets so, daß der Held stellvertretend für mich leidet und triumphiert. Das Supererogatorische wird gerühmt, ist aber nicht verpflichtend. Und Bewunderung ist die Währung, in der wir die Helden bezahlen, die uns entlasten. Diese Entlastungsleistung zeigt sich deutlich in den fundamentalen Reaktionen auf spannende Unterhaltung:
– ich bin nicht allein mit meinem Unglück;
– das muß ich mir nicht zumuten;
– damit muß ich nicht rechnen.

Personifikation ist die Schlüsseltechnik, die die Massenmedien vom Mythos übernehmen. Heute müssen sich die Helden aber nicht mehr bewähren, sondern ihren Heroismus nur noch in den Medien posieren. Ist Ballauf vom Kölner „Tatort" ein Held? Ja, er ist ein moderner Held, denn er sieht aus wie ein moderner Held. „A hero is one who looks like a hero."[20] Wer im Alltag keinen findet – und das beklagen ja immer wieder die Heroinen der Popmusik –, muß nur ins Kino gehen. In den Firmarchiven lagern die Mythen und Helden als „Achtungskonserven"[21], das heißt als Garanten unserer Moralität.

In der Welt der Unterhaltung hat der Held gleich zwei prägnante Antipoden, nämlich den Trottel und den Verbrecher. Der Trottel ist der Versager, der *unter der Norm* bleibt und den wir deshalb verspotten. Der Verbrecher ist der Gesellschaftsfeind, der *gegen die Norm* agiert und den wird deshalb bestraft sehen wollen. Der Held handelt supererogatorisch, bietet also Leistungen *über der Norm*, und deshalb verehren wir ihn. Diese mythischen Idealtypen genügen, um die Welt zu ordnen.

Der Mythos ist ein begriffsloses Denken und deshalb in der Strukturierung unserer sozialen Realität viel wirkungsvoller als die gutgemeinten Projekte der Aufklärung: die Inszenierbarkeit und Erzählbarkeit des Mythos – statt der Werte und Normen, Theorien und Gesetze. Der Mythos ist eine Kontingenzbewältigung, die nicht erklärt, sondern in Geschichten verstrickt. Und für die Zuschauer, die heute gut unterhalten werden wollen, gilt nichts anderes als damals für die Stammesversammlung am Lagerfeuer. „The mythologically instructed community provides its members with a library of scripts upon which the individual may judge the play of his multiple identities."[22] Hier geht es nicht um Kausalität aus Freiheit, sondern um Handlung als *enactment* eines *scripts*. Zu deutsch: die Handlung schafft den Handelnden. Der Schritt vom Mythos zum Hollywoodfilm ist hier ganz klein. Aus Mythos wird *plot*, aus Praxis wird *action*.

Markenwerbung und Hollywood produzieren die modernen Mythen, die den Horizont unserer Kultur umstellen. Vorm Fernseher und im Kino haben wir gelernt, was uns keine Schule und kein Elternhaus beibringen konnte: So also geht man mit Frauen um; so funktioniert die Welt; das ist Glück! Hollywood und Madison Avenue, das war und ist die Welt der Stars, die Geburt der großen Gefühle von Ruhm und Ehre – und natürlich der demokratische Mythos des Erfolgs. Was man von Film und Fernsehen derart lernen kann, nennen Anthropologen „behavioral literacy"[23]. Fernsehen schult die soziale Intelligenz, indem es zur Beobachtung der sozialen Komplexität einlädt. So wird gerade die vielgeschmähte Unterhaltung zum Medium des Lernens. Zum einen fasziniert sie durch das Interessante. Zum anderen setzt sie die Zuschauer ständig neuen *Thrills* aus, an denen sie die Verläßlichkeit der eigenen *Skills* testen können.

Würden sich Geistesgeschichtler für gute Unterhaltung interessieren, dann könnten sie eine Linie ziehen vom Tod Gottes über den Verlust der heiligen Meistererzählung zur Explosion des Erzählens im 19. Jahrhundert und schließlich zu Hollywood als der Wiederkehr des Mythos unter neuen Medienbedingungen. Der Mythos ist ja ein sprachliches Äquivalent für den verpflichtenden sozialen Ritus. Mythen informieren also nicht, sondern sie solidarisieren. Es geht hier vor allem um das Drama rhythmischen Handelns und emotionale Identifikation. Aus dieser Perspektive erscheint dann jede Handlung als *enactment* eines *scripts* – das heißt, die Handlung schafft den Handelnden. Und jeder weiß von der Erzählung des eigenen Lebenslaufs wie Geschichten Personen zusammenhalten[24].

Wenn Massenmedien Unterhaltung bieten, dann operieren sie nicht mit exakten Informationen, sondern mit Plausibilität und Resonanz. Wer Sinn stiften will, braucht eine gute Geschichte[25]. Sie bietet emotionale Schemata zur Entlastung von der Datenflut. Gefühle focussieren nämlich Aufmerksamkeit. Und das führt dazu, daß man sich mehr für Schröders Adoptivkind als für die Arbeitslosenstatistik interessiert. Die Welt der Probleme ist nicht die Welt der Gefühle. Ich glaube nicht an Gespenster, aber ich habe Angst vor Gespenstern. Ich glaube nicht an Glücksbringer, aber ich hänge trotzdem ein Hufeisen auf: „emotions form a sort of parallel epistemic world"[26]. Und so wird soziales Wissen nicht als Information gespeichert, sondern in Stories.

Im Medium der lose gekoppelten Daten sind Geschichten rigide Kopplungen. Sie beschreiben Bindungen in Netzwerken, verknüpfen Bindungen zu Netzwerken und halten Personen zusammen.[27] Sie sind also gerichtet, aber nicht zielgerichtet. Hayden White hat dafür den sehr schönen Ausdruck „emplotment"[28] geprägt. Filme geben Formulierungshilfe bei der Konstruktion von Geschichten, mit denen sich dann Individuen identifizieren können. Die Ingenieure der Phantasie, die uns Zuschauer mit gut konfektionierten Stories versorgen, bieten vor allem Liebesgeschichten, denn diese schaffen – ähnlich wie auch Gerichtsverfahren und die totale Institution Krankenhaus – eine eigene Welt. Die Liebe schließt ja Geschichte als Weltzeit aus, um sie dann als Eigenzeit zu rekonstruieren; das macht sie für Film und Fernsehen so geeignet.

Wenn wir Gefühle als Kommunikation, also nicht als biologische Entladung, sondern als kulturellen Ausdruck betrachten, dann gehören sie nicht den Individuen, sondern zu ihren Beziehungen. Gefühle entstehen im Reich des Zwischen, und ihr Ausdruck setzt Form voraus. Und weil die geformten Gefühle von der Reaktion der anderen abhängen, geht die Beziehung der Individualität voraus. Gefühle sind Ereignisse in ritualisierten Beziehungsmustern. „These patterns of relationship can be viewed as *emotional scenarios* – informally scripted patterns of interchange."[29]

Wir lernen Gefühle in den paradigmatischen Szenarien (de Sousa) der Kindheit, die dann durch Geschichten verstärkt werden. „Passions, like discriminating taste, grows on its use. You more likely act yourself into feeling than feel yourself into action."[30] Gefühle kann man also üben; das Verhalten wirkt auf das Gefühlsleben zurück. Das heißt aber auch, daß wir unsere Gefühle schauspielern – und umgekehrt von großen Schauspielern große Gefühle lernen können. Zu Recht hat Andy Warhol deshalb diejenigen, die eine große Intensität der Gefühle vermissen, ins Kino geschickt[31]. Doch ob in den paradigmatischen Szenarien der Kindheit oder den Melodramen Hollywoods – wir kultivieren unsere Gefühle in einem „framework of lived narratives"[32]. Gefühle entfalten sich dramenartig, das heißt, es gibt kein Gefühl ohne Situation – das ist der ewige Vorteil des Geschichtenerzählers gegenüber dem Psychologen.

In den meisten unterhaltsamen Filmen geht es um das, was Soziologen als symbiotische Mechanismen bezeichnen: Sex, Gewalt, Ritual. Die Inszenierung des Mordes und die Pornographie sind in einer restlos säkularisierten Welt Beschwörungen des verlorenen Heiligen. Oder um es mit einer Formel des Philosophen Michel Foucault zu sagen: Sex & Crime sind Formen einer gegenstandslosen Entheiligung. Sex ist der reine Akt, Crime ist die reine Tat. Sie sind für eine massendemokratische Gesellschaft unwiderstehlich, weil sie Gleichheit herstellen. Und sie sind für eben diese Gesellschaft unschädlich, weil alles nur im Film geschieht. Der Porno ist phantasierter Sex, der Krimi ist phantasierter Mord. Nichts fasziniert die Phantasie des Fernsehzuschauers deshalb mehr als der psychopatische Serienmörder: Sex & Crime.

Widmen wir uns zunächst dem Sex. Er ist heute wieder „environmental"[33], allgegenwärtig. Und man bekommt rasch den Eindruck: Sex ist mechanisch schaltbar – nämlich durch Bilder. Pornographie ist Erregung – das ist trivial. Nicht trivial ist aber die Bedingung dieser Erregung, nämlich Anonymität, namenlose Körperlichkeit. Der Zuschauer beobachtet die Szene, als ob er dem faszinierenden Treiben fremder Tiere beiwohnte. Es handelt sich also nicht um ein mechanisches Funktionieren der „sex machine", wie entsetzte Kulturkritiker immer wieder mutmaßen, sondern um sexuellen Behaviorismus. Die stereotypen Großaufnahmen machen dabei deutlich, daß es der Pornographie um die monströse Sichtbarkeit des Körpers und des Geschlechts geht. Pornographie ist besessen vom Realen – und das teilt sie mit den Massenmedien. Man denke nur etwa an das sogenannte Reality TV. Aus dieser Obsession entsteht aber nur eine Flut von kalten Zeichen und Bildern. Wenn also der Anthropologe Arnold Gehlen einmal von „Pornokratie" spricht, ist sehr viel mehr gemeint als nur die Herrschaft des Schmuddel-Sex.

Sex wird langweilig, wenn es nicht gelingt, die sexuelle Variabilität und die Komplexität der Liebesbeziehung durch ein erotisches Training zu steigern. Die entsprechenden Ratgeber über Stellungen und Techniken sind Dauerbestseller; aber man denke z.B. auch an die gewaltige Komplexitätssteigerung, die eine Liebesbeziehung durch Eifersucht erreicht. Und wem das zu anstrengend ist, dem bleibt statt des Handelns immerhin noch das Zuschauen. Mit der Kunst der Liebe steht es nämlich wie mit dem Hochleistungssport: man muß es nicht selbst machen, sondern kann Experten dabei zuschauen. Und dem Funktionieren der Gesellschaft ist diese Substitution von Handeln durch Zuschauen durchaus zuträglich, denn Voyeurismus ermöglicht die Verbindung von sexueller Neugier und Paarbeziehung.

Was einmal Schaulust hieß – „he tou aisthéseon agápesis"[34] –, zerfällt für den Fernsehzuschauer in Pornographie und „violencewatching"[35]. Mörder sein ist für die Gesellschaft keine akzeptable Option; sie erlaubt es aber, wie schon Platon wußte, daß wir träumen, ein Mörder zu sein; und seit es Filme gibt, können wir wachträumen, ein Mörder zu sein. Daß dies reizvoll ist, ist überhaupt nur zu verstehen, wenn man sich klarmacht, daß gesellschaftliches Leben, wie wir es kennen, ein Tabu über Destruktivität voraussetzt.[36] Mit anderen Worten: Unsere Kultur lehrt uns nicht, mit dem Bösen umzugehen. Seit Freud kann man wissen, welche Folgen das hat: Die verdrängte Zerstörungslust kehrt in entstellter Form wieder – häßlich, schrill, geschmacklos. Das wachsende Interesse am Monströsen, an der Untat, zeigt, daß sich die Menschen heute in ein Verhältnis zum verfemten Teil ihrer Welt setzen wollen.

Schon vor hundert Jahren hat der Soziologe Thorstein Veblen daran erinnert, daß das Ehrenvolle ursprünglich das Furchtbare war und daß Würde allein dem Übermächtigen zugestanden worden war. Es handelt sich also ursprünglich um ein Lob der erfolgreichen Aggression. Gewaltanwendung wurde in archaischen Gesellschaften verherrlicht. Statt darüber nur zu erschrecken, sollten wir daraus lernen: Aggression ist kein Ausnahmezustand, sondern der Normalfall unseres gesellschaftlichen Lebens. Das gilt für Politik, Beruf und Sexualität gleichermaßen. Darüber hat der Kulturprozeß ein Gespinst von Konventionen ausgebreitet, das heute zu zerreißen beginnt.

Die freigesetzte Aggressionslust muß wenigstens ersatzweise befriedigt werden – und eben das leisten die Massenmedien. Man kann durch einen Schirm geschützt Katastrophen betrachten. Technische Medien schützen ja vor der Direktheit der Sinneswahrnehmung. Hinter diesem Schirm geborgen, wird uns der Schrecken zur Lust. Seriöse Fernsehsendungen liefern uns Gewaltberichte frei Haus – natürlich unter dem Vorwand der Abscheu vor Gewalt. Damit wird aber nicht ein Informationsbedürfnis befriedigt, sondern ein Katastrophenwunsch erfüllt. Und der Bildschirm ist die Wand, an die wir das Unglück der anderen malen.

Die Frage, warum wir uns am Unglück der anderen ergötzen, ist alt. Schon Lukrez bemerkte, es sei süß, des anderen mächtige Not vom Lande zu schauen, weil man eben im Augenblick des Zuschauens vor diesen Leiden und Gefahren sicher ist. Die Götter der alten Welt sind offenbar als Zuschauer des sinnlosen Leidens erfunden worden. Sie haben Spaß an der Grausamkeit des Zufalls, der den Menschen mitspielt. An die Stelle der antiken Götter sind heute die Zeitungsleser und Fernsehzuschauer getreten. Wir betrachten die Katastrophen der Welt, als ob wir die unbetroffenen Götter der Antike wären.

Abstrakte Kriminalität, Polizeiwidrigkeit um ihrer selbst willen, ist ein Ideen-Ersatz, das Andere der Norm. Gerade wenn einer Gesellschaft die Ideen ausgehen, wird die Figur des Verbrechers besonders interessant – er weckt den Sinn für Normen. Flagrant wird das am Mord, ohne den kein Krimi auskommt. Der Mord ist der reine Tabubruch. Er gewinnt dadurch eine unwiderstehliche Faszinationskraft, weil gerade unsere rationale, wissenschaftliche Zivilisation kein Prinzip angeben kann, das das Gebot „Du sollst nicht töten" stützen würde. Es wiegt schwer, wenn sogar untadelige kritische Geister wie Max Horkheimer und Theodor Adorno von der „Unmöglichkeit sprechen, aus der Vernunft ein grundsätzliches Argument gegen den Mord vorzubringen"[37].

Wenn aber religiöse und ethische Standards nicht mehr zu greifen sind, ästhetisiert sich das Problem sehr schnell. Und heute macht jeder Krimi die Probe auf Thomas de Quinceys Formel „Mord als schöne Kunst betrachtet". Das Böse und das Schöne verschränken sich im Augenblick zur Aura der Vernichtung. Nietzsche meinte ja schon vor hundert Jahren, die Welt sei nicht mehr theologisch, sondern nur noch ästhetisch zu rechtfertigen. Die Krimis nehmen Nietzsche heute beim Wort und überprüfen seine Weisheit am Ernstfall des absoluten Tabubruchs. Die Darstellung des Mordes ist der Härtetest jener ästhetischen Rechtfertigung der Welt.

Sex & Crime also – und die Sportschau. Heribert Faßbender zum Trotz harmoniert das sehr gut. Wie der Sex ist der Sport ein Schauplatz der aktiven Körper und der verklärten Jugendlichkeit. Jugend erscheint dabei als unerschöpfliche Ressource und Körperlichkeit als neu entdeckter Kontinent des Sinns. Schließlich wird Gesundheit hinzuassoziiert, sei es als Fitness oder, abgerüstet, als Wellness. Nicht nur der Erfolg der Zeitschrift *fit for fun*, sondern auch der Titel selbst spricht Bände. Mit dem Hinweis auf Gesundheit kann man das Moment des agonalen Ehrgeizes am besten verstecken; übrigens war das schon immer die puritanische Entschuldigung des Sports.

Das Heil liegt im sportlichen Körper. Sport kompensiert die Virtualisierung und Immaterialisierung unserer Lebenswelt durch eine Eigenkomplexität der reinen Körperlichkeit. Noch deutlicher: Im Sport wird der Körper zum Schauplatz des Sinns – gerade weil er in unserer Wirtschaft und Technik keine Rolle mehr spielt. Je virtueller und immaterieller unsere Lebenswelt wird, desto wichtiger ist die Funktion des Sports. Wie die Popmusik ist der Sport ein Glaube ohne Worte, eine Art sprachunbedürftiger Weltverständigung. Sport als Religion – die Neubegründer der Olympischen Spiele haben das ausdrücklich so formuliert.

Es macht ja die Faszination vor allem der Ballspiele aus, daß die Koordination der Körper rein durch Wahrnehmung erfolgt – Kommunikation ist überflüssig. Das Spiel zeigt uns fein aufeinander abgestimmte Körper, deren Dynamik sich ohne Kontrolle des Bewußtseins entfaltet.[38] An Stelle von bewußter Planung und Kontrolle entscheidet im Spiel des Sports die Geistesgegenwart. Der Verlierer beim Tennis, so hört man dann, war „mental nicht gut drauf". Und das meinen die Spieler auch mit der Formel, ein Match werde „im Kopf entschieden". Aber eben nicht durch „Denken". Deshalb kann auch jeder Fan glauben, mehr von Fußball zu verstehen als Jürgen Klinsmann. Man kann nämlich nicht „sagen", was ein

Fußball- oder Tennisspiel ist. Wenn jemand danach fragt, kann man nur antworten: Geh hin und sieh! Deshalb nutzt es auch nichts, wenn sich ein Europäer die Baseball-Regeln erklären läßt. Geh hin und sieh! Es geht um die Grenzen der Körperbeherrschung und das *fine tuning* des Körpers. Fußball oder Tennis verstehen heißt, die Spielbewegung virtuell mitzuvollziehen.

Sport ist als „symbolic conflict"[39] in unserer Kultur der letzte Schauplatz des gesellschaftlich anerkannten Wettbewerbs. Auf diesem Schauplatz sind Dinge möglich, die überall sonst tabu sind. Sport operiert ja mit der Unterscheidung Siegen/Verlieren. Während in der Politik – vor allem nach Wahlen – alle als Sieger auftreten dürfen und die Wirtschaft sorgsam vertuscht, daß ihr Triumphzug über namenlose Verlierer hinwegzieht, produziert der Sport in aller Deutlichkeit Sieger und Verlierer. Nur im Sport winkt uns noch die Anerkennung als „überlegen" und „besser". Nur im Sport darf man noch siegen; während ein Sieg, diese antike Gestalt des Glücks, in unserer Kultur der Gleichheit überall sonst eine Peinlichkeit und ein Skandal wäre.

Und weil es im Sport um Sieg, Überlegenheit und Rangordnung geht, hat unsere offizielle Kultur sprachliche Tranquillizer erfunden, um das Bewußtsein gegen diese Archaismen abzuschirmen: „Dabeisein ist alles". Das ist natürlich Unsinn, und jeder weiß auch – spätestens nach den Spielen in Athen –, daß sich niemand für den Vizemeister, den Zweitplazierten, den Olympioniken mit dem „hervorragenden vierten Platz" interessiert. Go for gold, nur der Sieg zählt – in Atlanta war das sogar auf Plakaten zu lesen.

Als sprachlicher Tranquillizer war wohl auch die Definition des Fußballspiels als „schönste Nebensache der Welt" gemeint. Doch in dieser Formel steckt auch ein Stück Wahrheit. Der Kampf um Anerkennung heftet sich an Kleinigkeiten. Die thymotische Selbstbehauptung[40] gelingt vor allem im Nebensächlichen. Gerade die „Sinnlosigkeit" des Sports macht deutlich, daß es um reine Anerkennung geht. Wenn Schalke gegen Bayern München antritt, geht es, zumindest für den Zuschauer, um „alles" *und* um „nichts" – um das Nichts von drei Punkten und um das Alles der Anerkennung. Sport ist die Arena, in der das Posthistoire den Kampf um Anerkennung inszeniert, und Medienpräsenz ist das Äquivalent für den antiken Ruhm.

Im Sport ist deshalb so viel von Freundschaft und Kameradschaft die Rede, weil es genau um das Gegenteil geht, nämlich um Rivalität. Der unangenehmen Wahrheit, daß das Zwischenmenschliche im Kern destruktiv ist, wird im Sport Rechnung getragen – und der Etikettenschwindel sorgt dafür, daß *das* nicht skandalisiert. Ein nüchterner Beobachter müßte sagen: Sport ist objektlose Rivalität – es geht um den Sieg, die triumphierende Gewalt. Sport ist insofern realistischer als jeder Humanismus: Man kann den anderen nicht „frei" anerkennen, sondern nur im Kampf.

Entscheidend ist nun – und das macht das Ganze zum „kulturellen" Sachverhalt –, daß der „Thymos", der agonale Ehrgeiz, in die Schranken der Spielregeln verwiesen wird. Daraus wird die Moral des Sports geboren: das Ideal der Fairness. Im Gegensatz zu anderen, universalistischen Prinzipien der Ethik ist das Fairness-Ideal für alle Beteiligten evident. Auch der andere muß siegen können. Deshalb kann sich der Sport nicht mit Doping und der Manipulation von Spielen abfinden.

Die Moral des Wettkampfs ist viel plausibler und prägender als der kategorische Imperativ. So naiv es klingen mag: Im Sport muß es mit rechten Dingen zugehen. Sport ist die heile Welt der Leistung, die im Wettkampf Ehrlichkeit, Echtheit und Unmittelbarkeit verspricht. Ohne Umschweife kommt der Sportler zur Sache: das Wesentliche – sonst nichts. Und das Wesentliche ist eben, den anderen zu besiegen, um dann als der Bessere anerkannt zu werden. So bietet gerade der Spitzensport – allen Millionentransfers zum Trotz – eine Popkultur der Authentizität.

Dem Sportfeind und Soziologen Thorstein Veblen ist durchaus zuzustimmen, wenn er auf die wesentliche Sinnlosigkeit und systematische Verschwendung als Charakteristika des Sports hinweist. Warum muß man immer wieder zusehen, wie Bayern München gegen Werder Bremen spielt? Das läßt sich denen, die nicht zusehen, nicht erklären. Sport ist buchstäblich Zeitvertreib, das heißt Weltausgrenzung, Sein ohne Zeit. Im Sport gibt es keine „Sorge", sondern nur geistesgegenwärtige Körper. Aus allen nicht-sportlichen Perspektiven ist der Sport „sinnlos" – produziert dann aber seine eigene Sinnsphäre. Vor allem die Fußball-Bundesliga ist ein sich selbst regulierender Markt des Sinns. Jeden Samstag ins Stadion zu gehen oder doch zumindest um 18 Uhr die Sportschau zu sehen ist gewiß ein Ritual. Fans „pilgern" zum Heimspiel oder ziehen als Kreuzritter des Fußballgotts ins fremde Stadion.

Doch was das Spiel vom Ritual unterscheidet, ist das Moment des Unerwarteten. Sport ist der Wechselerweis von Standard und Neuigkeit, von Routine und Sensation. Das kann kein religiöses Ritual bieten – die Heimniederlage des Meisterschaftsfavoriten. Und damit die Neuigkeiten und Sensationen nicht verwirren, gibt es die Tabellen, Plätze und Torverhältnisse. Man hat „das Spiel" gesehen, und erfährt dann von den Medien, daß Klose 49 Ballkontakte hatte und 34 % seiner Pässe beim Gegner landeten. Das ist durchaus eine Wohltat, ein Dienst am Kunden, denn Statistik entorganisiert die Komplexität und neutralisiert die Interdependenzen. Die Welt des Sports ordnet sich inmitten der Sensationen und Neuigkeiten.

Wir haben es hier mit zwei Kollektivbildungen zu tun. Ballspiele formen eine Mannschaft und ein Publikum. Die Bewegung des Balls produziert das Team, das heißt, der Fußball funktioniert als Quasi-Objekt im Sinne von Michel Serres. Quasi-Objekte kann man nur von ihrer Funktion her verstehen – und weiter läßt sich über sie nichts sagen. Ein Fußball ist ein Fußball. Die Mannschaft besteht also nicht aus elf Freunden, sondern rein im Spiel. Der Umlauf des Quasi-Objekts schafft das Wir. Fußball ist also zutiefst sozial. Gerade Spiele im Sport machen deutlich, was George H. Mead mit *taking the role of the other* meint: Um erfolgreich zu spielen, muß man wissen, was alle anderen tun werden, und ihre Rollen übernehmen können. Mit jedem Spielzug löse ich „passende" Reaktionen der anderen aus. So reduziert jedes Sportereignis die Komplexität des Sozialen und bietet das unter modernen Gesellschaftsbedingungen Unmögliche: die Sichtbarkeit des Wesentlichen.

Wie der Sport bietet auch das Festival ein *containment of excitement*. Man erregt sich in den Grenzen der Spielzeit. Um die Festivals historisch und strukturell zu verstehen, muß man sie wohl in einer Linie mit den prunkvollen Ostentationen des Barock und mit den Bühnenweihfestspielen Richard Wagners in Bayreuth sehen. Das Festival ist ein Spektakel, aber zugleich auch Event und Ritual. Als Spektakel befriedigt es die Schaulust und Neugier; als Event beschwört es die Aura des Einmaligen; als Ritual suggeriert es Sinnstiftung. Und in der Tat können wir sagen: Das Festspiel ersetzt die Religion; es bietet präparierte, konfektionierte Transzendenzerfahrung.

Es schadet nichts, wenn die Besucher gar nicht verstehen, worum es sachlich geht. Mystik ist nämlich Mitteilung ohne Information: Man kann hier nur verstehen, was man erlebt hat. Für den Teilnehmer des Ereignisses war es dann „ein Erlebnis". Für den Parsifal in Bayreuth gilt also dasselbe wie für das Bungee-Springen von der Eisenbahnbrücke: „Das muß man einfach mitgemacht haben!" Ein Fest ist immer die gelungene Entlastung vom Alltag, der kultivierte Ausnahmezustand. Insofern steht es in einer Reihe mit Phänomenen wie Ferien, Party und Virtual Reality. Stets handelt es sich um ein Spiel mit der eigenen Identität und dem Alltag. Immer mehr Kunden suchen die Selbstverwandlung im Fest: man macht sich schön, geht in die Oper und dann gut essen. Das genügt meist schon für den Ausnahmezustand der Seele. Die Festgemeinschaft feiert sich selbst: ob beim Opernball in Wien oder mit La Ola im Stadion. Für das Fest gilt tatsächlich: Dabeisein ist alles!

Jedes Fest hat eine feste Frist – und das macht es enttäuschungsfest. Prinzipiell gilt ja, daß kurzlebige, befristete Güter enttäuschungsfest sind: Bier, Wochenendreise, Fußballspiel. Auch das Festival ist enttäuschungsfest, denn es ist voraussetzungs- und folgenlos. Es gehört damit zu den von Helmut Schelskys so genannten sekundären Institutionen, die das folgenlos Subjektive kultivieren. Deshalb ist das Feuerwerk der Inbegriff des Events: es kommt aus dem Nichts, erstrahlt und verpufft. Das Ereignis muß heute gerade folgenlos sein: ein „self-enclosed event"[41].

In diesem Rahmen kann man die enklavierten großen Gefühle kultivieren. Denn die leidenschaftlichen Gefühle passen nicht mehr in unsere Welt. Und gerade deshalb hat das Emotional Design Hochkonjunktur. Wir genießen große Gefühle in der „controlled exposure situation"[42]. Man läßt sich überraschen und aufregen – kann aber jederzeit rausgehen oder ausschalten. Im Grunde gibt es derartiges schon seit der Romantik. So verdanken wir Wackenroder die Formel: „Verdichten der im wirklichen Leben verloren umherirrenden Gefühle". Früher fragte man sich: Was soll ich tun? Heute dagegen: Was soll ich fühlen? Die Antwort gibt das Emotional Design; es gestaltet Gefühlsmoden.

Emotional Design braucht hier allerdings einen soliden Bezugspunkt: den Star. Seine Reputation ersetzt die Qualitätsmaßstäbe. Was Philip Kotler „designing persons for stardom"[43] genannt hat, ist das tiefste Betriebsgeheimnis der Unterhaltungsindustrie. Der Zauberapparat des Marketing muß Berühmtheiten gestalten. Und wer hier erfolgreich sein will, sollte Shaws *Pygmalion* lesen; es ist der Schlüsseltext für *celebrity design*. Stars machen ästhetische Urteilskraft überflüssig. Die drei Tenöre oder die Rolling Stones – es spielt keine Rolle, ob sie gut singen. Stars und Klassiker ersparen uns Kompetenz. Man kann sicher sein: Was sie bieten, ist Kultur. Wer dann immer noch unsicher ist, findet Berater, die ihm sagen, was ihm zu gefallen hat. Das hatte Walt Disney als erster erkannt und die bis heute gültige Erfolgsformel guter Unterhaltung geprägt: *Our business is happiness.* Showbusiness ist seither der Prototyp jedes Geschäfts.

Doch Starkult allein genügt nicht. Schon Walter Benjamin hatte gesehen, daß Starkult und „Kultus des Publikums"[44] komplementär sind; das Publikum feiert sich selbst in seiner Allmacht der Einschaltquoten. Und heute können wir beobachten, wie ingeniös die Glücksindustrie Starkult und Kult des Publikums durch einen Kult des Zufalls potenziert. Sein Akronym lautet DSDS: Deutschland sucht den Superstar. Das ist der Endpunkt einer Entwicklung, die mit dem Untergang der Götter begann. Da die Sehnsucht nach Abhängigkeit immer konstant blieb, wurden die vakanten Stellen der alten Götter durch Stars besetzt. Der Star ist ein als Gottheit präsentierter Mensch. Sobald aber deutlich wird, daß sich das *stardom* nicht der Leistung, sondern allein dem Design verdankt, begreift jeder Zuschauer die Warhol-Lektion über den fünfzehnminütigen Weltruhm.[45]

Und hier wird nun der Starkult durch einen Kult des Zufalls supplementiert. Wenn es keinen positiven Gegenstand der Verehrung mehr gibt, richtet sich die Sehnsucht nach Abhängigkeit auf das Unvorhersehbare. So kehrt der antike „Kult der týche, des ‚Glücks' oder ‚Zufalls'"[46] im Herzen der modernen Unterhaltung wieder. Seine durchaus realistische und nur durch die Wahrscheinlichkeitsrechnung getrübte Botschaft lautet: Jeder könnte der Star sein.

It could be you[47] – der Ruhm ist heute von jeder Leistung emanzipiert. Man muß nichts können, um als Star zu strahlen – das bloße Bild des Körpers, das die *celebrity values* Schönheit, Reichtum und Sex appeal abstrahlt, genügt. Damit wird, paradox genug, Berühmtheit zum Alltagsphänomen. Schon um die Sendezeit zu füllen, müssen die Massenmedien die Allokation des Ruhms demokratisieren. Und so übergreift der Egalitarismus heute seinen Gegensatz: Alle haben den Anspruch, berühmt zu sein.

10. Das Kaleidoskop der Werte

Wenn man versuchen will, die für die Wirtschaft des 21. Jahrhunderts charakteristischen Produkte in ein Schema einzutragen, so bietet sich eine Art Kreuztabellierung an, die man dadurch erreicht, daß man zwei Kraftlinien orthogonal zueinander anordnet. Die eine Kraftlinie reicht von Kommunikation zu Mobilität; die andere reicht von Spiritualität zu Well-being. Kommunikation steht hier für die *Information and Communication Technologies* (ICT), Mobilität umfaßt die Autonomie der Automobilität genauso wie das organisierte Reisen. Im eigenen Auto und auf Reisen im Ausland ist man – wie in Geschmacksfragen! – unbelangbar und rechtfertigungsunbedürftig.

Doch nicht nur Mobilität ist für den Konsumenten konkrete Freiheit[1], sondern auch Kommunikation – genauer: Kommunikationschancen. Das ist im Zeitalter von Handy und Internet, Mietwagen und Billigflug so selbstverständlich und unverzichtbar geworden, daß man darüber leicht vergißt, was die schöne neue Welt der Kommunikationsmedien nicht bieten kann. Gegen die Interfaces der ICT steht das *face to face* von Dienstleistung, Pflege und Fürsorge, aber auch das Face-Work im Sinne Erving Goffmans. Und gegen die technische Perfektion der ICT steht die unplanbare Intuition, die sich in Mode und Stil ausprägt und die einer Marke die Kraft verleiht, sich auf dem Markt als eine „saleable distinction"[2] durchzusetzen.

In der Wirtschaft des 21. Jahrhunderts geht es also nicht mehr um Waren, sondern um das gute Leben. Und das setzt sich aus ganz unterschiedlichen Elementen zusammen: Bildung, neue Ideen, soziale Kontakte, Unterhaltung, Reisen, die Sorge um körperliche Attraktivität und Gesundheit, aber auch die Familie als Umkleidekabine des sozialen Rollenspiels und traditioneller Ort des Well-being. Selbst religiöse und politische Erlebnisse reihen sich nahtlos in die Warensammlung des guten Lebens ein. So bedient uns die von den Massenmedien produzierte öffentliche Meinung mit dem *good of having opinions* (Albert O. Hirschman), und wer heute in die Kirche geht, erwartet nicht mehr den Anstoß zur Umkehr, sondern „spiritual entertainment"³. Well-being qua erfolgreiches Leben ist also ein sehr viel anspruchsvolleres Konzept als der „zufriedene Kunde" des klassischen Konsumgütermarktes; man könnte von einer Art *nestedness* der menschlichen Ziele in hierarchischen Strukturen sprechen.

Die Technologien der Kommunikation und Mobilität, die Politik und die Religion erfüllen längst auch eine Zweitfunktion – gewissermaßen als Zulieferindustrien der großen Entertainment Economy. Sie betont in der Kommunikation die Lust, in der Mobilität den Spaß, in der Politik den Skandal und in der Religion den Kult. So verkauft man das gute Leben, indem man die Aufmerksamkeit der Kunden durch den sozialen Mehrwert der Waren fasziniert. Marketingexperten sprechen in diesem Zusammenhang von *linking*, ja von *societing*: „The link is more important than the thing."⁴ Und das hat entscheidende Konsequenzen für den Arbeitsmarkt. Je erfolgreicher nämlich die produktivitätssteigernde Technisierung der Wirtschaft voranschreitet, desto wichtiger werden gerade die nichttechnisierbaren Berufe, deren Produktivität nicht wesentlich gesteigert werden kann: Lehrer, Professor, Friseur, Schriftsteller, Kellner, Entertainer, Arzt, Anwalt, Pfleger – sie betreuen die Märkte der Sorge und der Ideen.

Phantasie wird deshalb für die Wirtschaft des 21. Jahrhunderts eine immer größere Rolle spielen; das gilt für die technischen Innovationen genauso wie für die Magie des Warenfetischs. Es geht hier um die Bereitstellung von immer wieder Neuem für immer mehr Alte, die immer weniger bereit sind, sich als solche zu verstehen. Der Prozeß des Alterns paßt nämlich nicht in die moderne Welt. An seine Stelle ist längst die artifizielle Obsoleszenz getreten – die Mode. Auf dem Markt der Sorge und der Ideen erscheint die Mode vor allem als „bodily display"⁵.

Wie entstehen nun Moden, und was leisten sie für die Gesellschaft? Beide Fragen lassen sich ganz einfach beantworten, wenn man ein wenig abstrahiert. Moden entstehen, weil die einen anders sein wollen und die anderen sie kopieren. „Style is social rivalry"⁶. Und daraus kann man etwas Entscheidendes über unsere moderne Gesellschaft lernen: Soziale Unterscheidung ist eine knappe Ressource. Und auch die soziale Leistung der Mode läßt sich auf dieser Ebene begrifflicher Abstraktion sehr klar benennen: Mode sorgt für Varietät in der Gesellschaft. Man kann sich das mit einem Begriffspaar von Herbert Simon deutlich machen. Die Moderne zwingt uns, auf Vernunft zu verzichten und uns mit einer „bounded rationality" zu bescheiden; aber diese Kränkung kompensiert sie mit einer „unbounded variety"[7], die gerade durch unser Unbehagen, unsere Unruhe und Unzufriedenheit generiert wird.

Es ist hier wichtig, Moden von Trends zu unterscheiden. Trends sind stochastische Profile, die ein Eigenleben in der Öffentlichkeit führen. Während sich Trends also evolutionär entwickeln, sind Moden experimentell. In der Mode trainieren wir die Temporalisierung von Komplexität. Das spürt der einzelne vor allem auf der Ebene der Werte – der Opportunismus wächst. Nüchtern betrachtet, ist Opportunismus jedoch lediglich ein despektierlicher Name für den entscheidenden Sachverhalt, daß in der modernen Welt die Wertorientierung verzeitlicht werden muß. Und genau das wird von der Mode eingeübt. Ihr Oszillieren zwischen Farben und Stoffen, Ideen und Werten gewöhnt uns an zwingende, aber zeitlich begrenzte Geltungen. Man könnte also sagen: Die Mode ist das Medium, in dem die Gesellschaft ihr Fließgleichgewicht findet – Stabilisierung durch Wechsel. So entfaltet sich eine Konsumkultur der Kontingenz; die Gesellschaft reagiert darauf mit einer Kaleidoskopik der Werte, der einzelne antwortet mit Techniken der Selbstheterogenisierung. Wir kommen gleich darauf zurück.

Von Harrison C. White stammt die prägnante Definition: „Fashion is style purged of person." Und genau komplementär dazu: „the charismatic is a person purged of style."[8] Nur das Charisma widersteht demnach der Mode. Doch Charisma hat in der modernen Welt kaum jemand mehr – fast alle aber haben Geld. Offenbar wissen die meisten nicht, wie sie es sinnvoll ausgeben können. Dieses Problems haben sich mittlerweile so seriöse Medien wie die Wirtschaftswoche, das Capital und die Financial Times Deutschland angenommen. Sie präsentieren Lifestylemagazine, die den Wohlhabenden konkrete Vorschläge machen „how to spend it" (FTD). Während uns die Bundesregierung nur dazu drängt, daß wir unser Geld ausgeben, belehren diese Zeitschriften uns nun, wie man es macht. Es geht hier also nicht einfach um den Konsum als erste Bürgerpflicht, sondern um Stilfragen, Eleganz und Geschmack.

„Stilsicher" hieß das Lösungswort für einen „lebensart lifestylequiz" der Zeitschrift Capital. Eine gute Wahl der Redaktion. Denn Stilsicherheit, Eleganz und Geschmack sind die fremdesten Fremdwörter einer demokratischen Kultur. Demokratie hat eben ihren Preis, und in der Sphäre des Lebensstils heißt dieser Preis Geschmacklosigkeit. Gerade deshalb aber wächst bei den Erfolgreichen, die im Licht der Öffentlichkeit stehen oder doch dorthin drängen, der Bedarf nach Geschmacksberatung. Das betrifft nicht nur das Outfit, das Auto und die Inneneinrichtung, sondern auch die Ferien (Urlaubsplanung heißt jetzt Travel-Design!) und die Pflege des eigenen Körpers.

Wenn man auf den Märkten des 21. Jahrhunderts erfolgreich sein will, genügt es deshalb nicht mehr, ein qualitativ hochwertiges Produkt anzubieten. Statt dessen geht es darum, aus dem Kunden einen anderen Menschen zu machen. Formelhaft gesagt: Der Kunde selbst ist das Produkt. Die Modelle für Stilsicherheit findet man, seit auch der Adel geschmacksunsicher geworden ist, nur noch in der Welt der Celebrities und der Superreichen. Hier wird der Begriff Celebrity Design doppeldeutig. Wir lernen heute nicht nur, wie man Celebrities designt, sondern wir akzeptieren zunehmend auch, daß Celebrities das Design unserer Lebenswelt bestimmen.

Und damit sind wir in der Welt des neuen Luxus. Neu darf dieser Luxus heißen, weil er postmaterialistisch ist; es geht weniger um Karat und PS als vielmehr um Zeit und Raum. „Schmetterlinge", wie Pam Danziger von Unity Marketing die interessantesten Kunden des 21. Jahrhunderts nennt, lassen sich auf den schönsten Blumen der Markenwelt nieder, um den Honig des spirituellen Mehrwerts aus ihnen zu saugen. Man braucht keinen neuen Kondratieff-Zyklus, um zu erkennen, daß die Zukunft des Konsums im Zeichen von Wohlfühlen, Genießen, Eigenzeit und Optimierung des Körpers steht.

Faszinierend neu ist dabei vor allem das Phänomen der Eigenzeit – statt Arbeitszeit und Freizeit. Eigenzeit ist nicht Freizeit, sondern Zeitfreiheit. Souveränität meint heute Zeitfreiheit als die Freiheit, deren Maß der gelungene Umgang mit Eigenzeit ist. Um es mit dem Philosophen Hermann Lübbe zu sagen: Eigenzeit ist die Zeit, in der nichts geschieht, wenn es nicht selbstbestimmt geschieht. Und nur die Produktion von Sinn macht aus freier Zeit Zeitfreiheit. Lebenskunst heißt heute Eigenzeitmanagement. Jeder Lebensstil ist durch eine Form der Zeitnutzung charakterisiert. Oder härter formuliert: Soziale Klassenzugehörigkeit kann man heute am Zeitgebrauch ablesen. Die Erfolgreichen kaufen sich Zeit; die Loser opfern Zeit, um Geld zu sparen. Shopping, neuer Luxus und Events zeigen, daß man sich in der Welt des Konsumismus heute eine gute Zeit kauft – *hedged hedonism* nennt das Martin Hayward. Freizeit im klassischen Sinn ist nur noch etwas für Loser.[9]

Geschmacklose Leute mit Geschmack zu versorgen war schon immer die wichtigste gesellschaftliche Funktion der Werbung. Und genau hier positionieren sich die neuen Lifestyle-Hefte. Wie wir es von Modezeitschriften kennen, läßt sich der redaktionelle Teil von der Werbung kaum mehr unterscheiden. Und das ist auch nur konsequent, denn es geht in diesen Magazinen um eine Art Werbung zweiter Ordnung. Geworben wird für das schöne Leben, für Reichtum und Optimismus – kurz: für einen Kapitalismus mit gutem Gewissen.

„Setzen Sie der Rezession ein Ende!" Die schöne Doppeldeutigkeit der L'Oréal-Werbung für ein Shampoo, das Haarausfall stoppen soll, macht das zentrale Motiv der neuen Lifestyle-Magazine deutlicher als jeder redaktionelle Beitrag. Dieser Offensive der guten Laune widerspricht nur scheinbar, daß der erfolgreichste Werbeslogan der letzten Zeit verheißt, man könne sparen, indem man kauft: Geiz ist geil. Es handelt sich hier aber nicht um einen Widerspruch, sondern um ein Verhältnis der Komplementarität, das von klugen Marktbeobachtern als Doppelcodierung des Konsums bezeichnet wird. Zu deutsch: Die Dynamik der Märkte steckt in den Extremen: Luxus und Geiz, Gucci und Aldi. „Das Leben ist schön" (ninetofive) und „Geiz ist geil" (Saturn) – beides entspricht dem Konsumismus.

Man kann sich das besser verständlich machen, indem man im Begriff des Konsums eine sachliche, eine zeitliche und eine soziale Dimension unterscheidet. Die sachliche Dimension des Konsums ist unproblematisch; es geht hier um die Auswahlmöglichkeiten des Kunden, also um Angebot und Nachfrage. Die aktuellen Diskussionen über Spaßgesellschaft einerseits und Kaufangst andererseits lassen sich von der zeitlichen Dimension des Konsums faszinieren; die zeitlichen Extremwerte des Konsums lauten nämlich „lebe jetzt!" und sparen, also den Konsum verschieben. Um das System des Konsumismus zu verstehen, ist es aber viel wichtiger, die soziale Dimension des Konsums zu verstehen: die Orientierung der eigenen Wünsche am Begehren des anderen.

Es handelt sich hier nicht mehr um Bedürfnisse, die man befriedigen könnte, sondern um ein Begehren, das diese Bedürfnisse parasitiert. Weil es den Menschen in erster Linie darum geht, anerkannt zu werden, findet ihr Begehren seinen Sinn nur im Begehren der anderen. „Le désir de l'homme trouve son sens dans le désir de l'autre [...] parce que son premier objet est d'être reconnu par l'autre."[10] Man muß kein Psychoanalytiker sein, um das zu verstehen. Die berühmte Frage „Liebst Du mich?" genügt, um diese Struktur eines Begehrens nach einem Begehren freizulegen. Daß dieses Begehren die Bedürfnisse parasitiert, hat natürlich zur Folge, daß alle „Befriedigungen" enttäuschen. George Bernard Shaw hat das auf die schöne Formel gebracht: *There are two tragedies in life. One is not to get your heart's desire. The other is to get it.* Warum das so ist, läßt sich auch ohne Rückgriff auf psychoanalytische Mythen, nämlich soziologisch erklären. Die Unerfüllbarkeit der Wünsche ist ein Ausdruck für die Kontingenz der modernen Welt. Weil alles, was ist, auch anders möglich wäre – wenn auch nicht beliebig anders und keinesfall besser! –, macht man niemals die Erfahrung: Das ist es!

Wer sich langweilt, wünscht sich einen Wunsch. Hier meldet sich ein Begehren nach einem unbefriedigten Begehren. Das ist ein für die moderne Wohlstandsgesellschaft charakteristisches Syndrom: je leichter das Leben, desto größer das Begehren nach Schwierigkeiten. Je mehr Bedürfnisse befriedigt werden, um so größer wird das Begehren, unbefriedigt zu sein. Das klingt kurios und scheint nach Therapie zu rufen. Doch man versteht nur etwas von der Dynamik des Konsumismus, wenn man dieses paradoxe Begehren, unbefriedigt zu sein, als innovative Unzufriedenheit positiviert – als „goal-generating dissatisfaction"[11]. Das fügt sich gut in Tibor Scitovskys Konsumschema *comfort* versus *pleasure*. Gegen die Bequemlichkeit und Behaglichkeit steht nämlich nicht nur die Lust, sondern auch die markierte Unbequemlichkeit – bei Frauen klassisch das Korsett und auch heute noch hochhackige Schuhe.

Versuchen wir nun, das Begehren des Konsumenten genauer zu spezifizieren. Man kann hier als erste Orientierung die vier großen Wünsche nach W. I. Thomas in Erinnerung rufen: Kommunikation, Anerkennung, Erlebnis und Sicherheit. Von der Lust an Kommunikation und dem Begehren nach Anerkennung war in diesem Kapitel schon ausführlich die Rede. Die Wünsche nach Erlebnis und Sicherheit sind sehr eng korreliert. Das konfektionierte Erlebnis ist das Remedium gegen die Langeweile – etwa ein Besuch in Disneyland. Doch zunehmend wird der Kunde auf dem Erlebnismarkt als *prosumer* angesprochen, das heißt als ein Konsument, der das, was er konsumiert, in gewisser Weise selbst produziert; das Angebot ist nur noch Beihilfe zur Selbsttäuschung. Der Käufer macht aus dem *good* erst ein *commodity*. So ist Shopping die Energie, die das Urbanitätserlebnis ermöglicht. Und schon Montaigne wußte, daß es nicht wichtig ist, was man ißt, sondern mit wem man ißt.

Das Urerlebnis aber ist die Gefahr, die für Aufregung – und damit potentiell Lust – sorgt. In der modernen Gesellschaft der Versicherungen und kalkulierten Risiken ist das Urerlebnis nur noch als inszeniertes zu haben – in Form von „safe dangers"[12]. Der Wunsch nach Sicherheit übergreift hier sein eigenes Gegenteil: die Lust, gefährlich zu leben. „Relief from anxiety is a strange kind of consumer good."[13] Das gilt für inszenierte wie reale Gefahren gleichermaßen – Abenteuerurlaub und Gated Communities gehören zusammen. Der Schutz der Privatsphäre ist ja schon vielfach vom Staat auf den Markt übergegangen. Und es gibt zwei modernitätsspezifische Gründe, warum diesem Markt eine große Zukunft bevorsteht. Zum einen ist Privatheit die Negation des Grundprinzips der Netzwerke, nämlich *linking*; deshalb wird der Anspruch auf Privatsphäre immer teurer. Und zweitens: Sicherheit kann man nicht speichern.

Die Wunschökonomie, die den Konsumismus am Leben hält, ist also viel komplexer, als sich die Schulweisheit der Betriebswirtschaftslehre träumen läßt. Deshalb gilt immer noch John Maynard Keynes' Parole: „escape from Bentham"[14]. Der klassische ökonomische Ansatz scheitert nämlich an Evaluationsprozessen. Die Ökonomie nimmt Zwecke als gegeben an; sie abstrahiert also vom Nachdenken über Zwecke und die Entstehung von Präferenzen. Vorlieben sind aber emergente Phänomene des Sozialen, und Bildung steigert die Veränderbarkeit von Präferenzen. Harry Frankfurt hat in diesem Zusammenhang von Wünschen zweiter Ordnung gesprochen, die eine Art Upgrading der Präferenzen vollziehen. Das äußert sich im allgemeinen so, daß Menschen anders sein wollen, als sie sind; das heißt, sie haben den Wunsch nach einem Wunsch. Es geht dabei wohlgemerkt nur um das Wünschen, nicht um die Wunscherfüllung – „*all* he wants is to taste the desire for it"[15].

Der unschlichtbare Wunschkonflikt zwischen *pleasure* und *comfort*, zwischen Vorlieben und Wünschen zweiter Ordnung, zwischen dem Wunsch, zu haben, und dem Wunsch, zu sein wie …, hält das Wertekarussell der modernen Gesellschaft in Bewegung. Was ist wertvoller: Kinder oder Karriere? Penthouse in der City oder Häuschen im Grünen? Humanistische Bildung oder Praxisorientierung? Daß das Grundproblem nicht neu ist, zeigt die Geschichte von den drei Wünschen. Hier geht es nämlich im Kern um den Wunsch, bessere Wünsche zu wünschen. Die Geschichten, die uns die Massenmedien täglich liefern, haben in diesem Zusammenhang eine kaum zu überschätzende Bedeutung. Denn Stories erzeugen eben diesen Wunsch nach besseren Wünschen. Das gilt von Wilhelm Meister genauso wie von Harry Potter.

Die Kultur des Konsumismus wird Kulturkritikern kindisch erscheinen. Tatsächlich zeigt sich Individualität hier vor allem im Stil des Geldausgebens. Dem soziologischen Beobachter präsentiert sich das Individuum als Bündel von Präferenzen, Erwartungen und Rechten. Max Stirner müßte heute wohl formulieren: Der Einzige und sein unsichtbares Eigentum – nämlich seine Ansprüche und Rechte. Und was man einmal Persönlichkeit genannt hat, entpuppt sich als das System der Erwartungen, die jemand an sich selbst hat. Sie hat keinen Außenhalt mehr, sondern beruht ausschließlich auf Selbstevaluation. Wir können hier ganz formal der Definition von Arthur M. Kroll folgen: „the self is a person's evaluation of himself"[16].

Doch diese radikale Selbstreferenz höhlt das „Selbst" zum MacGuffin aus. Mit anderen Worten: Das „Selbst" scheint ein Wert zu sein, den man gerade dadurch verfehlt, daß man ihn erstrebt. Die Kultur des authentischen Selbst steht quer zur funktional ausdifferenzierten Gesellschaft, die den „ganzen Menschen" aus sich ausschließt. Und gerade deshalb konnte Dale Carnegie das Selbst als Gegenstand des Marketing entdecken. Er ist der Urvater des Persönlichkeits-Coaching als Gefühlsmanagement und Training der „mentalen Fitness".

In der modernen Gesellschaft ist Individualität also Selbstreferenz: Ich denke, ich genieße, ich interessiere mich für ..., I like it! Ich habe Angst! All das kann man nicht bestreiten – das sind sich selbst verifizierende Behauptungen. Nach diesem leicht erlernbaren Schema erreicht man Selbstgewißheit in kriterienloser Selbstreferenz: „endlich Ich". Und in der Konsumokratie gibt es immer mehr Chancen für Individualität; ähnlich wie bei Information kommt es deshalb zu *overload*. Das hat paradoxe Effekte, die für die Kultur des Konsumismus charakteristisch sind: Die Massenflucht vor dem Massengeschmack, der Konformismus des Andersseins[17] und der Geschmack an der Geschmacklosigkeit. Geschmack ist ein Verhaltensaxiom – und je geringer die soziale Kontrolle, desto größer die Geschmacklosigkeit.

Wie die anderen bin ich anders als die anderen. Wir fragen nicht mehr nach dem Sein, sondern nach dem Andersseinkönnen. Konkret geht es hier um das Vergnügen, Konsumformen zu wechseln und Konsum als Spiel zu kultivieren. Selbstheterogenisierung hat Maruyama das genannt: „the incorporation of many ways of living, working and thinking into yourself."[18] Das entspricht exakt der Ideologie des Multikulturalismus bzw. dem Bild von der Mosaik-Gesellschaft der vielen Subkulturen, und man könnte die Definition wagen: Selbstheterogenisierung ist innerer Multikulturalismus. Wir konsumieren eine Varietät widerstreitender Lebensideale, weil wir in höchst unterschiedlichen ethischen Umwelten leben – das Individuum ist heute in sich selbst wertepluralistisch.

Nun wird die Zeit natürlich um so knapper, je mehr Möglichkeiten es gibt, sie zu nutzen. Die Überlast an Individualitätschancen zwingt das multiple Selbst zu einer Technik des Time-sharing: Kunst, Sex, Natur, Sport, Geselligkeit, Wissenschaft – all diese Bereiche locken mit Chancen, provozieren Ansprüche und überfordern mit Erwartungen. Es gibt keinen Einen Gott des Wertehimmels mehr, an dessen Geboten wir uns orientieren können. Das Glaubenssystem des Konsumismus ist vielmehr ein Polytheismus der Wünsche. Und daran paßt sich der einzelne in einer „alternation of impermanent selves"[19] an.

Die Mehrwertigkeit des Konsumismus hebt sich hier sehr prägnant von der Einwertigkeit des Moralismus und der Zweiwertigkeit der Politik ab. Moral fordert ja, das eine Richtige tun, und die Politik fordert uns auf, zwischen diesen und den anderen, also Regierung und Opposition zu unterscheiden. Dagegen hat man auf dem Markt die Wahl zwischen vielen Werten. Und wenn man zwischen inkommensurablen Optionen wählen soll, hilft Vernunft nicht weiter.

Sehen wir nun näher zu, wie die Kultur des authentischen Selbst, der Polytheismus der Werte und das Glaubenssystem des Konsumismus aufeinander abgestimmt sind. Natürlich tritt der Konsumismus nicht selbst als Glaubenssystem auf, aber wird können doch leicht erkennen, daß *commitment* heute das funktionale Äquivalent für Glauben ist. Commitment macht die Werte wertvoll. Gemeint ist eine sich selbst verpflichtende Wertbindung, die eine Wahl gegen den Strich der eigenen Vorlieben impliziert – also eine Art Metapräferenz. Wir haben das unter dem Titel Wünsche zweiter Ordnung schon diskutiert.

Mit bösem Blick hat Allan Bloom den Kern der Sache getroffen: „commitment, that choice in the void whose cause resides only in the will of the self."[20] Es handelt sich nämlich tatsächlich um eine Wahl im Leeren: Werte sind Präferenzregeln, das Begründungsunbedürftige. Und Wert heißt immer: das eine aufgeben, um das andere zu bekommen. War on terror, Road Map, Windkraft, Gen Food, Arbeitslosigkeit, EU-Erweiterung – was ist wirklich wichtig? Karriere, Kinder, Gesundheit, Weltreise, Weiterbildung, neue Wohnung – was ist wirklich wichtig? Hier hilft keine Logik weiter. Man kann immer nur von einem Spitzenwert zum anderen wechseln, und dazu braucht man die Emotion als Unterbrechungsmechanismus.

Nur Gefühle ermöglichen das Umschalten von einem Wert zum

anderen. Das erklärt sehr gut, warum sich die Öffentlichkeit der modernen Gesellschaft fortschreitend emotionalisiert: Die Aufladung der Themen mit Gefühlen ermöglicht rasche Drehungen des Wertekarussells. Und das steigert die Fähigkeit unserer Kultur, sich an Unvorhergesehenes anzupassen. Gerade weil sie keine verbindliche Wertetafel mehr hat, wächst ihre moralische Produktivität – nämlich durch eine Art Arbeitsteilung der Werte: „every important interest or value has its watchdog"[21]. Das gilt für die moderne Gesellschaft – aber eben auch für den einzelnen.

In der Welt der Wirtschaft hat jeder die freie Wahl, mit seinem Geld zu machen, was er will, während in der Welt der Politik soziale Entscheidungen fallen, also eine Gemeinschaft eine öffentliche Wahl trifft, die der individuellen Nachfrage sehr oft widerspricht. Geoffrey Vickers hat deshalb *political choice* scharf von *market choice* abgegrenzt. Es wird aber immer schwieriger, private und öffentliche Interessen zu unterscheiden, weil zunehmend staatliche Regulierungen von Konsumenten nachgefragt werden.

Mit jeder sozialen Entscheidung – sei es der Ausstieg aus der Atomkraft, sei es die Hartz-Reform – erzeugt die Regierung Wertkonflikte. Ist Windkraft ein Fanal der neuen Nachhaltigkeit, oder nur eine hirnrissige Verspargelung der Landschaft? Sollen sich Frauen in erwerbsmäßiger Arbeit selbstverwirklichen, oder doch besser für Nachwuchs sorgen? Soll man für die Bildung post Pisa Schulden machen, die die Jüngeren belasten werden, oder weiter auf eine Konsolidierung der Haushalte setzen? Es gibt hier keine richtigen Entscheidungen, sondern nur „the trade-offs of social choice"[22]. Mit Steuern kauft man gewissermaßen öffentliche Dienstleistungen und soziale Güter wie Sicherheit, Gesundheit, Mobilität, Bildung; doch diese Kaufakte vollziehen sich notwendig im Modus der öffentlichen Wahl, die ebenso notwendig Wertkonflikte erzeugt.

Der klassische ökonomische Ansatz stößt hier auf zwei unlösbare Probleme. Zum einen ist der Index des Wohlbefindens immer subjektiv; zum anderen ist der inhärente Wert der wichtigsten Güter immer ungewiß. Was ist der wahre Wert eines kleinen, häßlichen Häuschens, das man sich in Mallorca gekauft hat? Läßt er sich am Grundstückspreis oder an der Bausubstanz ablesen? Oder zählt nicht viel mehr, daß man zu den Hausbesitzern in Mallorca gehört? Hier spielen private und öffentliche Güter ineinander, wobei zu den öffentliche Gütern z.B.das Prestige einer Nation gehört; aber auch das, was Albert O. Hirschman *understood complexity* genannt hat: man kennt die Idiosynkrasien eines Landes.

Was ist wertvoller: Selbstverwirklichung oder Familie? Reichtum oder Freizeit? Zugang zu den *positional goods* oder Gleichheit? Diese letzte Wertalternative ist die aktuellste und problematischste. Der Wert eines *positional good* steht ja in direktem Verhältnis zur Beschränkung des Zugangs zu ihm. Man genießt das, wozu die Vielen keinen Zugang haben; man kauft sich sozialen Abstand. Und wenn man *positional goods* für die Massen zugänglich macht, zerstört man sie. „Die Schönheiten der Welt existierten nur, weil sie selten und immer schwer zugänglich waren."[23]

Bei den *positional goods* wie dem Liegeplatz am Wannsee oder dem Haus am Waldrand haben wir es also nicht mehr mit Fällen von Marktsegregation zu tun. Es geht nicht mehr um Unterschiede des Geschmacks, sondern um den Geschmack für Unterschiede – also Marktdiskriminierung. Man genießt nicht nur, sondern man genießt auch das Nichtgenießen der anderen. Die Faszination der *positional goods* läßt sich deshalb nicht mit dem Verstand (griechisch: nous) fassen, aber auch nicht auf das Begehren (eros) reduzieren – hier waltet der Stolz (thymos).

Die Nachfrage hängt von der Nachfrage der anderen ab – und damit letztlich von der Kluft zwischen Angebot und Nachfrage. Deshalb kann man die Befriedigung solcher Wünsche nicht einfach von erfolgreichem Handeln erwarten. Und es ist für die moderne Welt charakteristisch, daß Befriedigung (Wunsch) und Erfolg (Handeln) zwei völlig unterschiedlichen Registern angehören. Wir sind erfolgreich, aber unbefriedigt. Das liegt offenbar daran, daß das mimetische Begehren, das uns treibt, ein Modell braucht; das Kriterium meiner Wahl ist die Wahl des anderen. „People need to know how others are choosing, to make their own choices."[24] Das Begehren hängt vom Begehren der anderen ab – das gute Leben hängt vom guten Leben der anderen ab. Man wählt also gar nicht das Objekt, sondern den Wunsch des anderen: das Wünschenswerte. Und da ist es durchaus erstaunlich, daß unter solchen Konsumbedingungen auch nur ganz simple Events wie etwa eine Party überhaupt stattfinden können. Denn die meisten wollen ja erst auf der Party erscheinen, wenn die meisten schon da sind.

11. Die neuen Arbeitsverhältnisse

Seit der biblische Fluch den aus dem Paradies vertriebenen Adam dazu zwang, im Schweiße seines Angesichts für seinen Lebensunterhalt zu sorgen, assoziieren die meisten Menschen mit Arbeit etwas Negatives, Zu-Meidendes. Weniger arbeiten müssen und mehr freie Zeit haben – dieser Wunsch scheint selbstverständlich. Paradoxerweise ist es aber so, daß die meisten bei der Arbeit zufriedener und kreativer sind als in der Freizeit. Arbeit fordert die Ausstellung der eigenen Geschicklichkeiten heraus, während Freizeit – wie prototypisch das Fernsehen – kaum Geschick erfordert und deshalb rasch frustriert. Die Glücksverheißung der Freizeit ist also ein Aberglaube.

Natürlich kann man auch die unstrukturierte freie Zeit sinnvoll verbringen – doch das fordert extrem viel Eigeninitiative und spontane Kreativität. Es ist deshalb sehr viel leichter, sich an der Arbeit zu erfreuen, da sie durch Aufgaben, Regeln und Rückkopplungen sehr gut strukturiert ist: Man weiß, was zu tun ist.[1] Das Paradies der Arbeit ist, wie der Schriftsteller Donald Hall sehr schön sagt: „absorbedness", Business als Lifestyle. Und wem dies gelingt, der gehört zum Verdruß der Ressentiment-Moral auch noch zu den Nutznießern des Gesetzes: „Je angenehmer die Arbeit, desto besser wird sie bezahlt."[2]

Der Arbeitsplatz ist überschaubarer als das moderne Leben – deshalb bleiben immer mehr Leute immer länger im Büro. Die Arbeit in der Firma ist einfacher als das Familienleben; man ist am Arbeitsplatz kompetenter als zu Hause – und man bekommt mehr Anerkennung. Deshalb wird die Arbeit auch zum eigentlichen Ort des Gemeinschaftserlebens: das Büro als Club. Das gilt für die Singles genauso wie für die Ehepartner, die den Arbeitsplatz als Refugium vom Stress der Ehe und der Kinder schätzengelernt haben. „‚Pushing ahead' with one's work becomes a convenient excuse for avoiding the anguish of going home to an unhappy spouse and troubled children."[3]

Peter M. Senge hat auf einen sich selbst verstärkenden Rückkopplungs-Kreislauf hingewiesen: Je mehr Zeit man in die Arbeit investiert, um so größer ist der Erfolg; je größer der Erfolg, um so mehr Möglichkeiten eröffnen sich, die wiederum den Wunsch wecken, mehr Zeit für die Arbeit zu haben. Hinzu kommen die produktivitätssteigernden Effekte der neuen Medientechnologien, die die Grenze zwischen Privat- und Arbeitsleben verschwimmen lassen. Nichts wirkt hier mächtiger als das Handy. Denn mit der Mobiltelefonnummer emanzipiert sich die Adresse vom Ort. „Cars and homes are extensions of the office"[4]. Und wer einmal aufmerksam darauf geworden ist, daß auch gute Hotels heute durchaus auf die Sauna verzichten, niemals aber auf den Internetanschluß in jedem Zimmer, der versteht, was Amerikaner meinen, wenn sie vom „hotelling" der Büroarbeit sprechen.

Die Bürger der digitalen Weltwirtschaft sehen sich als jung, gebildet, ehrgeizig; sie arbeiten in den Universitäten, Telekommunikationsgesellschaften, Medienhäusern und Banken; sie geben sich tolerant, vernünftig, medienkompetent und – nein, nicht unpolitisch, sondern postpolitisch. Diese Netzbürger haben nur eine Leidenschaft: den freien Fluß der Information. Deshalb hat jeder, der in der digitalen Weltwirtschaft arbeitet, immer auch noch einen „second job", nämlich Kommunikation: „working the network"[5].

Aus der Arbeitsteilung der Industriegesellschaft wird heute also Networking. Das verändert den Begriff der Arbeit im Innersten. Während die vorindustriellen Arbeitsprozesse durch die Auseinandersetzung zwischen Mensch und Natur geprägt waren, hat die Industriegesellschaft den Arbeitsbegriff durch eine antonyme Substitution neu definiert: Der Mensch steht nun nicht mehr der Natur, sondern der Maschine gegenüber. Doch trotz aller Sozialromantik von Gewerkschaften und Sozialdemokraten, die im Stahlkocher des Ruhrgebiets immer noch den wirtschaftstypischen Arbeiter sehen, ist auch diese Struktur nicht mehr zeitparadigmatisch. Das wird vom wichtigsten aller Post-Komposita signalisiert: postindustriell. In diesem Begriff resümiert sich ein entscheidend verändertes Verständnis dessen, was heute Arbeit heißt: „work is primarily a ‚game' between persons"[6].

Für die Wirtschaft des 21. Jahrhunderts ist Herbert Marshall McLuhans Vision Wirklichkeit geworden: das dezentrale elektronische Weltdorf, die geschrumpfte Welt der Satellitenkommunikation, in der räumliche Distanzen unwichtig sind, solange man ans Netzwerk angeschlossen ist. Es hat deshalb einen guten Sinn, wenn William Knoke die vernetzte Gesellschaft als *placeless society* charakterisiert.[7] Globalisierung, Vernetzung, Weltkommunikation – alles scheint zusammenzuwachsen zur Einen Welt, zum digitalen Weltdorf. In der Tat fallen ja allerorten die Grenzen: zwischen den Staaten Europas, zwischen den Geschmäckern der Klassen, zwischen den Ebenen der Unternehmen. Überall strahlen die Sterne von Hollywood, überall gibt es McDonalds, überall herrscht Microsoft. Und zumindest in der Chance, arbeitslos zu werden, sind wir fast alle gleich.

Doch kann man auch recht deutlich neue Grenzen erkennen. Vor allem die Demarkationslinie zwischen den Angeschlossenen und den Ausgeschlossenen, den „linked" und „linked-nots". Wer keine IP-address hat, fällt durch die Maschen des Weltnetzes. Und auch durch den Cyberspace zieht sich heute eine klare Grenzlinie, nämlich zwischen Kapitalismus und Anarchie. Dazu hat eine Anzeige von Lotus wunderbaren Klartext geliefert: *The great invisible guiding hand of capitalism has just smacked the Internet upside the head – now what?* Das Internet ist demnach ein anarchistischer Augias-Stall, angefüllt mit Geschwätz, Bildchen, Witzen und Wahn. Der wird nun endlich gereinigt und den Sicherheitsstandards des „serious business" unterworfen.

Wie sieht die Wirtschaft der Multimedia-Gesellschaft aus? Man kann sie als eine Ellipse beschreiben, die um zwei Brennpunkte konstruiert ist: die Produktivkraft Kommunikation und die kommunikative Lust. Es geht also nicht nur um Information als Aufklärung und Datenprozeß, sondern auch – und das ist etwas ganz anderes! – um Kommunikation als Faszination. Die objektiven Faktoren, die jeden Unternehmer und Top-Manager heute zwingen, die Produktivkraft Kommunikation zur Chefsache zu machen, sind rasch benannt:

– die Globalisierung der Wirtschaft, deren Schlüsselfiguren sich denn auch Global Players nennen lassen;
– die Immaterialisierung der Produkte und der deshalb wachsende Beratungsbedarf;
– die Virtualisierung der Arbeitsverhältnisse, die Telecommuter und Kommunikationsnomaden ein Selbstbewußtsein verleiht, das John Barlow auf die Formel gebracht hat: *If you are making something you can touch, and doing well at it, then you are either an Asian or a machine*;
– die Heterarchie der Organisationen, die Soziologen dazu inspiriert haben, Unternehmen als Konversationsnetze zu modellieren.

Die Stabilität und Flexibilität eines Systems läßt sich heute also an seiner Kommunikationsfreudigkeit ablesen. Das hat vor allem Folgen für das Selbstverständnis des Managements. Sollte ein Manager nämlich versuchen, Führungsstärke durch Befehl und Hierarchie zu beweisen, so wird er allenfalls erreichen, daß ihm seine klugen Mitarbeiter vorspielen, die Geführten zu sein. Je mehr sich Wirtschaftsunternehmen in flache Netzwerke und nichthierarchische Rückkopplungssysteme verwandeln, um so mehr verlagern sich die entscheidenden Machtprozesse auf die Ebene der Angestellten selbst. Damit definiert sich aber die Aufgabe des Managers völlig neu: Er muß sich als Trainer und zugleich als Schiedsrichter im Machtkampf der Untergebenen verstehen. Der Manager ist selbst ein Element des Systems, das er steuert.

Eine souveräne Führungspersönlichkeit wird in Zukunft nur noch einen Rahmen definieren, innerhalb dessen sich Prozesse evolutionärer Selbstorganisation vollziehen können – Führung zur Selbstführung, könnte man sagen. Hierarchie ist der Gegensatz von Kommunikation. Der technische Standard der Netzwerke erzwingt also auch tiefgreifende Veränderungen im Entscheidungsprozeß. Der Befehlsfluß verläuft nicht mehr von der Spitze zur Basis, sondern in kleinen Schleifen – Stichwort: Heterarchie. Und so wie Netzwerke kleiner Rechner die Dinosaurier der Mainframes zum Aussterben bringen, so fordert die Modularisierung der Betriebe einen neuen Organisationsstil. Zauberformeln wie „fraktales Management" sigalisieren den Bedarf.

Das Großunternehmen der Zukunft zerfällt in flexible, „selbstähnliche" Unternehmensmodule, die quasi-autonom operieren. Die Außenbeziehungen des Unternehmens nehmen den Charakter der Telekooperation an, seine Mitarbeiter werden zunehmend Telecommuter – mit dem Grenzwert eines virtuellen Arbeitsplatzes. Schon heute gibt es virtuelle Unternehmen, die überhaupt nur projektgebunden im Datennetz existieren. Ist das Projekt abgeschlossen, löst sich das Unternehmen in nichts – genauer gesagt: in vollkommen voneinander unabhängige Module – auf.

Wer im Business der Zukunft Erfolg haben will, muß deshalb Medienkompetenz und einen anspruchsvollen Begriff von Kommunikation haben. Es geht ja bei jedem Geschäft um Angebote und Rückfragen, um Versprechen und Zusagen. Das Organisationsnetz ist also ein Konversationsnetz. Halten wir deshalb fest: Die nicht weiter auflösbaren Letztelemente von Business-Netzwerken sind Kommunikationen. Der Guru der Managementtheorie, Tom Peters, sagt deshalb zu Recht: „Knowledge output and the poetry of networks are part of a dramatic shift in the way we think about work – work as conversation"[8].

Das zu begreifen fällt vor allem Gewerkschaftlern schwer. Denn Interorganizational Networks unterlaufen heute die Unterscheidung von Unternehmen und Markt. Immer häufiger kommt es in der vernetzten Welt zu Hybridbildungen und wechselseitigen Durchdringungen zwischen Markt und Organisation – man denke nur an Joint Ventures oder das Franchising. Jeder Knoten im Netz arbeitet gleichzeitig autonom für sich und für das Netz. Hier handelt es sich nicht mehr um reine Organisationsstrukturen, aber auch nicht um bloße Marktkontrakte, sondern um eigentümliche Mischgebilde, die für das Business der Zukunft charakteristisch sind. Sie sind rigider, also verläßlicher als der Markt, aber flexibler als die Organisation.

Kann man etwa ein Franchising-Netzwerk als handelndes Subjekt begreifen? Wie soll man Handlungen auf Netzwerke zurechnen? Diese Frage ist nicht nur für die Jurisdiktion, sondern eben gerade auch für die Gewerkschaften von allergrößtem Interesse. Denn der Arbeitskampf wird ja sinnlos, wenn Unternehmensentscheidungen nur noch Emergenzphänomene des Netzwerks sind. Elektronische Verknüpfungen verwischen die Grenzen, Kampf- und Konkurrenzlinien in und zwischen Organisationen.

Wer von Globalisierung der Wirtschaft redet, muß auch von lokaler Selbstorganisation in den Betrieben reden; denn beide Prozesse sind komplementär. Deshalb fasziniert heute das Internet nicht nur als neue Infrastruktur der Weltkommunikation, sondern auch als Metapher für spontane Ordnung. Und beides hat massive Konsequenzen für das Büroleben. Man gewinnt den Eindruck, daß hierarchische Autorität zunehmend durch Kommunikation ersetzt wird. Früher war ja Information in Autorität fundiert – der Chef hat es gesagt. Heute ist Autorität auf Information fundiert. Und man begreift allmählich, daß sich die Effektivität einer Organisation nur durch den Wettbewerb der Informationsquellen steigern läßt. Der IMB-Mainframe war der Inbegriff klassisch-autoritärer Informationsverarbeitung; der Personal Computer versprach dann jedem einzelnen *information at your fingertips*; und heute zielt man auf einen Interpersonal Computer, der das Büroleben nicht mehr mit einer Information, sondern mit einer Beziehung beginnen läßt.

Der Computer auf dem Schreibtisch des Büros – das ist ein zwar vertrautes, aber viel zu einfaches Bild vom Büroleben in der neuen Medienwirklichkeit. Um den Paradigmenwechsel prägnant benennen zu können, ist es hilfreich, sich noch einmal daran zu erinnern, daß Büro traditionell dreierlei meint:

– Trennung von Leben und Arbeit;
– Aktenförmigkeit;
– Betriebscharakter.

Die Gewohnheit wird hier zum Eigenwert. Das Verselbständigte ist das Selbstverständliche, der Betrieb, „es läuft". Und je besser es läuft, desto geringer wird die Fähigkeit, sich an das Unvorhergesehene anzupassen. Mit anderen Worten: Die traditionelle Welt des Büros ist rational, stabil und verläßlich – aber eben deshalb auch unflexibel und innovationsfeindlich.

Genau dagegen richtet sich heute das Konzept des One Person Office. Technisch konkret wird hier das Modem zum Widersacher des traditionellen Büros. Der Teleworker sagt: Mein Büro ist, wo mein Modem ist. Solche Kommunikationsnomaden erscheinen zumeist auch als Kommunikationsmonaden. Ob es der Laptop im Flugzeug oder das Handy im Intercity-Großraumwagen ist – ad hoc entsteht das One Person Office, und der Rest der Welt versinkt. Gadgets wie der Nokia Communicator haben schon vor zehn Jahren gezeigt, wohin die Reise geht: Telefon, Fax, Computer, Internetanschluß – man trägt das Büro in der Hand.

Mit Beginn der Moderne spalteten sich Arbeit und Heim. Heute dagegen arbeitet man zu Hause, und zwar @home. Und man ist überall zu Hause. Der Technomade geht nicht mehr ins Büro, sondern loggt sich ins Netz ein. Das ist natürlich nur deshalb möglich, weil menschliche Arbeit zunehmend Kommunikation und der Arbeiter zum Beobachter autonomer Prozesse wird. Doch die Bequemlichkeit, zu Hause arbeiten zu können, hat ihren Preis. Er bemißt sich an der arbeitsmoralischen Forderung, immer verfügbar zu sein: *availability*, der Stand-by-Modus der Existenz.

Der Computerfreak Peter Glaser hat zu unserem Thema einmal sehr schön bemerkt, man fahre heute nicht mehr zur Arbeit und komme später erledigt nach Hause, sondern die Arbeit komme nach Hause und fahre dann erledigt in die Firma zurück. Mit anderen Worten: Die Arbeit emanzipiert sich vom Arbeitsplatz. Das klingt nach Freiheit; aber auch sie hat ihren Preis: Die soziale Umwelt der Face-to-face-Interaktion schrumpft. Und hinzu kommt, daß derartige Jobs keinen Beruf mehr ausmachen, sondern nur noch Strategien zur Lösung von Organisationsproblemen darstellen.

Doch nicht nur der Beruf zerfällt, sondern auch das Unternehmen. Philosophen könnten von einer Dekonstruktion der Firma sprechen; jeder wird ein Unternehmer. „Ich bin ein Business" – das ist der logische Grenzwert der Entorganisierung. Die entsprechenden Zauberformeln wie Ich-AG und Brand You sind längst in aller Munde. So verwandelt sich der Arbeitsmarkt in einen Persönlichkeitsmarkt, dessen Erfolgsgeheimnis lautet: „Brand yourself"[9], mach' dich selbst zur Marke!

Wer dieser Anweisung folgt, kann natürlich nicht mehr sinnvoll zwischen Arbeit und Freizeit unterscheiden, jedenfalls nicht mehr so, daß Arbeit die Härte des Lebens und Freizeit den Spaß ausmachen könnte. Wer sich selbst zur Marke macht, versteht seine Arbeit als theatralische Inszenierung, als Spitzenleistung der Selbstdarstellung, als „hard fun"[10]. Dazu paßt der Hinweis von Charles Handy, daß immer mehr Menschen dazu übergehen oder angehalten werden, ihre Arbeit zu signieren: wie der Maler oder Autor so nun auch das Zimmermädchen, ja die Klofrau.

Plausibel ist das vor allem in der Welt des Service. Während im High-Tech-Sektor ständig die Produktivität wächst und die Preise fallen, gibt es bei persönlichen Dienstleistungen kaum Produktivitätssteigerungen. Genauer gesagt: Bei Dienstleistungen kann man die Produktivität nur steigern, indem man die Aufgabe umdefiniert. Dazu verhilft ein Begriffspaar, das John Naisbitt zwar nicht erfunden, aber populär gemacht hat: High Tech – High Touch. Beide Bereiche verhalten sich genau komplementär zueinander. High Tech ist global, High Touch ist lokal. High Tech bietet das Interface der Informationen, High Touch bietet das Face-to-Face der Dienstleistungen. In der High-Tech-Welt geht es um Data Processing, in der High-Touch-Welt geht es um „Caring".

Beide Bereiche, Computing und Caring, stehen orthogonal zueinander. Das sollte im Begriff „Informationsgesellschaft" mitbedacht werden, der ja zunächst nur besagt, daß unser Leben nicht mehr von Prozessen der Materie und Energie, sondern von Unterschieden, letztlich Sequenzen von 0 und 1, angetrieben wird. Denn Information ist nach Gregory Batesons berühmter Definition nichts als ein Unterschied, der Folgen hat – nämlich einen Unterschied macht. Dann würde alles Wesentliche an Handgreiflichkeit verlieren.

Die Komplexitätsanreicherung, die der Begriff „Informationsgesellschaft" erfährt, wenn man ihn zwischen High Tech und High Touch bzw. zwischen Computing und Caring aufspannt, wird auch von dem neueren Begriff „Wissensgesellschaft" noch nicht angemessen reflektiert. Gleichwohl stellt die Akzentverschiebung von Information zu Wissen einen Fortschritt in der Selbstbeschreibung der modernen Gesellschaft dar. Wissen ist die Ressource, die sich scheinbar nie erschöpft, ja die sich durch Gebrauch sogar vermehrt.

Die traditionellen Produktivitätsfaktoren Grundbesitz, Kapital und industrielle Arbeit sind demgegenüber heute nur noch *constraints* der einzigen Wohlstandsquelle: Wissen. Man kann das auf innovativen Märkten bereits beobachten. Das Produkt der Zukunft hat einen Intelligenz-Kern und eine Service-Hülle. Und daraus folgt auch: Je wichtiger die Produktivkraft Intelligenz wird, desto mehr konvergieren Wirtschaft und Bildung.

Ressource Wissen; Konvergenz von Wirtschaft und Bildung – das heißt konkret: Jetzt wird erst eigentlich die Produktivität der geistigen Arbeit entdeckt. Die Wirtschaft des 21. Jahrhunderts hat es vor allen Dingen auch mit unsichtbaren Kosten zu tun:
– Forschung und Entwicklung
– Lizenzen und Patente
– Marketing und Service.

All das sind Formen des Wissens. Robert B. Reich, der ehemalige Arbeitsminister der USA, spricht in diesem Zusammenhang von symbolanalytischen Dienstleistungen; gemeint ist der Service des Sinns, den Leute bieten, die mit Problemen handeln und Daten manipulieren. Der Job der Info-Elite besteht im Wissensdesign. Und der Begriff Info-Mapping signalisiert in diesem Zusammenhang, daß es heute vor allem darum geht, zu wissen, wo das Wissen ist. Das Zugangsproblem hat sich von den Gütern auf das Wissen verschoben.

Wer studiert hat, weiß: Je mehr man gelernt hat, um so mehr muß man noch lernen. In der Moderne machen wir die enttäuschende Erfahrung, daß die Wissenschaft die Unwissenheit erweitert. Mit den präzisen Worten von Daniel Bell: „More and more we know less and less."[11] Je mehr einige Leute wissen, desto ignoranter wird der Rest. Der Soziologe Niklas Luhmann hat deshalb eine Berufsrisikobereitschaft bei der Aneignung von Wissen gefordert. Wer Zukunftssicherheit will, muß hohe Fremdselektion akzeptieren – das Unternehmen, in dem er arbeiten möchte, kann vorschreiben, was er zu lernen hat. Individualität durch Selbstselektion heißt demgegenüber: Unsicherheit auf dem Markt – ich bestimme selbst, was ich lernen und wissen will, riskiere aber damit, mich am Markt vorbei zu qualifizieren.

Es ist längst zur Selbstverständlichkeit geworden, von Arbeitskräften Flexibilität zu fordern. Doch Flexibilität heißt immer auch Unsicherheit, denn sie impliziert konkret
– die Bereitschaft zum Wechsel des Jobs;
– die Fähigkeit zum Wechsel des Könnens (skills);

– die Tolerierung veränderter Arbeitszeiten;
– ein auch nach unten offenes marktabhängiges Einkommen;
– nahezu unbegrenzte Mobilität.

Der Job ist heute längst kein Beruf mehr, sondern ein Medium ständiger Anpassung an die Erfordernisse des Arbeitsmarktes. Und dessen eigentliche Dramatik läßt sich nicht an den Arbeitslosenzahlen ablesen. Nicht die Jobs, sondern die Karrieren werden knapp.

Was unter solchen Bedingungen überhaupt noch an Sicherheit möglich ist, wird nur dem erreichbar, der für seine generelle „employability"[12] Sorge trägt. Und daraus folgt etwas Überraschendes: Je unsicherer die berufliche Zukunft, desto riskanter ist eine „praxisnahe" Ausbildung. Das hat wohl Michel Serres bewogen, nicht mehr vom Mann ohne Eigenschaften, sondern vom Mann ohne Fähigkeiten zu sprechen. Gemeint ist ein neuer Entlastungsmechanismus: Der Mensch gewinnt – nämlich Möglichkeiten –, indem er verliert – nämlich Fähigkeiten. Geschicklichkeit heißt dann aber: Organisation des Verhaltens auf unvorhergesehene Ergebnisse hin. Man muß wohl Amerikaner sein, um das als Lebensglück zu empfinden: „Risks and uncertainties are what make it all fun."[13]

Die Stabilität des Berufs, den noch Nietzsche als Rückgrat des Lebens definieren konnte, wird durch eine Konstellation von weltweitem Wettbewerb, der Unternehmensphilosophie des Shareholder-Value (das heißt kurzfristig erzielbarer Gewinne) und einer Informationstechnologie, in der die Produktivität genauso schnell wächst, wie die Preise fallen, nachhaltig erschüttert. Zu dem Job, den ich gerade habe, bin ich nicht „berufen"; auch andere, wenn auch nicht beliebig andere, wären statt meiner möglich. Der Beruf ist also nicht mehr Rückgrat des Lebens, sondern kontingent. Und deshalb wird „job uncertainty"[14] zum Normalerleben.

Aber auch die Stabilität des Arbeitsbegriffs ist im Innersten erschüttert. Immer deutlicher treten drei Bereiche auseinander: Wissensmanagement, Routine und Service. Die Schlüsselbedeutung des Wissensmanagements für die Wirtschaft des 21. Jahrhunderts ist heute unstrittig. Und klar ist auch, daß mit wachsendem Wohlstand und fortschreitender Gerontokratisierung der Gesellschaft die Nachfrage nach persönlichen Dienstleistungen immer mehr ansteigen wird. Mit voller Wucht trifft die *job uncertainty* aber den Bereich der Routine. Hier muß man eine negative Prognose stellen: Die „Normarbeitsverhältnisse" (Meinhard Miegel) schwinden.

Dieser Schwund macht erst deutlich, wie groß die Entlastung des Alltags durch die Routine der Arbeit bisher war. Arbeit war die wichtigste Gewohnheit. Das Organisationstheater von Chef, Unterordnung und Routine gab dem Angestellten hohe Verhaltenssicherheit. Heute ist solche Sicherheit keine selbstverständliche Implikation des Arbeitsverhältnisses mehr, sondern nur noch eine immer prekärer werdende Option. Fremdselektion oder Selbstselektion, Sicherheit oder Freiheit – man muß wählen. Charles Handy hat die Antithese zur verhaltenssichernden Routine „portfolio living" genannt: „work is a portfolio or collection of projects, clients or products, whose mix varies over time"[15]. Wir haben es hier also weder mit einem Werk noch mit einem Beruf zu tun, sondern mit einem Flickenteppich des Arbeitens.

Man kann Arbeit von Muße, Faulheit, Freizeit und Arbeitslosigkeit unterscheiden. Die antonyme Substitution markiert jeweils eine historische Schwelle. Auch wenn Kapitalismuskritiker und neuerdings Globalisierungsgegner immer noch die polemischen Register der Unterscheidung arm/reich ziehen, so ist nüchternen Betrachtern der modernen Gesellschaft natürlich schon seit dem 19. Jahrhundert klar, daß sie von der Unterscheidung Arbeit/Kapital abgelöst worden ist. Aber auch diese Unterscheidung ist mittlerweile Geschichte geworden. In Zeiten hoher Sockelarbeitslosigkeit ist für die meisten Menschen nur noch eine Unterscheidung von Interesse, nämlich: mit oder ohne Arbeitsplatz.

Der Soziologe Niklas Luhmann hat die Unbrauchbarkeit der Kapital/Arbeit-Unterscheidung angesichts der überragenden Bedeutung des Konsumfaktors so begründet: „Ob man verheiratet ist oder nicht und ob mit oder ohne Kinder, ob die Frau arbeitet oder nicht und ob man gegebenenfalls noch geschiedene Frauen zu unterhalten hat, ob man in einem ererbten Haus wohnt oder mieten muß – all das wird viel stärker zum ökonomischen Lebensschicksal als die tariflich garantierten Löhne oder gegebenenfalls Versicherungs- und Rentenleistungen. Die wirtschaftlichen Umstände des Arbeiterlebens sind also gar nicht in der Hand des Kapitalisten."[16] Die minimalen Lohnerhöhungen, die von Gewerkschaften pauschal durchgesetzt werden, verändern die wirtschaftliche Situation des einzelnen fast gar nicht – und jeder weiß das. Es geht um Symbolik – etwa die 3 vor dem Komma.

An derartigen Ritualen wird sich wohl auch in Zukunft nichts ändern, denn die Gewerkschaften sind das organisatorische Resultat der Unterscheidung von Kapital und Arbeit. Deshalb können Gewerkschaftler die Welt auch nicht anders beobachten; mit dem Konsumismus wissen sie so wenig anzufangen wie mit der Arbeitslosigkeit, mit der Schwarzarbeit genausowenig wie mit der Eigenarbeit (Autofahren, Gartenpflege, Renovieren der eigenen Wohnung). Deshalb bleibt der Gegensatz von Kapital und Arbeit das zentrale Darstellungsritual der Gewerkschaften. Sie können nicht sehen, daß an die Stelle des Gegensatzes Kapitalismus/Sozialismus längst ein hochmobiler, lernfähiger und pluralistischer Kapitalismus mit dem Spektrum Rheinischer Kapitalismus – Neoliberalismus getreten ist. Es gibt also gar kein Jenseits des Kapitalismus mehr; und deshalb müssen die Gewerkschaften, die gegen das Kapital kämpfen, aufpassen, daß sie es nicht in die Flucht schlagen.

Wie der Wohlfahrtsstaat so haben natürlich auch die Gewerkschaften ihren guten historischen Sinn. Heute wirken sie aber vor allem als negativer Beschäftigungsanreiz und Sklerotisierung des Arbeitsmarktes. Daß die Gewerkschaften einen rasanten Mitgliederschwund zu verzeichnen haben, ist ein deutlicher Ausdruck der Tatsache, daß sie gleich doppelt anachronistisch geworden sind. Die Beschäftigten zweifeln nicht nur am Sinn des Gewerkschaftsgedankens, sondern sie haben auch keine Lust mehr, „Mitglied" zu sein. Statt dessen wollen sie als Konsumenten herrschen.

Gewerkschaften klassischen Stils – und andere sind nicht erkennbar – passen nicht mehr in die postindustrielle Gesellschaft. Ihr ganzer Evolutionssinn lag in der Tatsache beschlossen, daß die Unterscheidung von arm und reich durch „Arbeit" gesprengt wurde. Aber gerade deshalb können sie nicht mitvollziehen, daß die gewerkschaftskonstitutive Unterscheidung Kapital/Arbeit heute durch „Konsum" gesprengt wird. Das zeigt sich zum einen daran, daß der Konsument als der ultimative Arbeitgeber auftritt. Zum anderen wird es immer schwieriger, Arbeit überhaupt noch von Nichtarbeit und Muße zu unterscheiden. Was ist ein *business lunch*? Was ist eine Diät? Man könnte am ehesten wohl sagen: produktive Konsumtion.

Sehr viel besser als die Gewerkschaften hat sich die Politik auf die Konsumokratie eingestellt. Die Herrschaft des Konsumenten wird von den Politikern geschickt zur Konstruktion eines Phantoms genutzt, nämlich des Kunden „als ob". Seit einigen Jahren kann das jeder Bürger im Ämterverkehr beobachten, wo man immer seltener auf preußische Beamte, aber immer häufiger auf junge Frauen trifft, die auch Verkäuferinnen sein könnten. Und Professoren werden von den Bildungspolitikern angehalten, ihre Studenten als Kunden und ihre Lehre als Dienstleistung zu verstehen.

Die buntesten Blüten treibt diese Hartz-Rhetorik aber im öffentlichen Umgang mit Arbeitslosen, denen neuerdings suggeriert wird, sie seien keine Problemfälle, die von einer Behörde bearbeitet werden. „Ich-AG" – ein Begriff, den sich die Hartz-Kommission von Peter Wippermanns Hamburger Trendbüro ausgeliehen hat – ist die Umdeutung von Arbeitslosen in potentielle Selbständige. Alle anderen Arbeitslosen werden zu „Kunden als ob" umformuliert, die von einer „Agentur" betreut werden – während es sich in Wahrheit lediglich um Beitragszahler handelt, die bei einer Behörde ihr Recht auf Lohnersatzleistungen geltend machen.

Es wird aber nicht lange gelingen, die harte Realität der neuen Arbeitsverhältnisse durch die trendforsche Hartz-Rhetorik zu verdecken, denn der Wohlfahrtsstaat ist schon Geschichte. Aus der Armenfürsorge wurde in der modernen Gesellschaft die Arbeitsbeschaffung. Zusammen mit der Sozialversicherungsgesetzgebung sorgte diese dafür, daß auch die Schwächeren einen „gerechten" Anteil am Wohlstand bekamen. Heute stößt der Wohlfahrtsstaat weltweit an die Grenze der Finanzierbarkeit und zwingt die Politik zu einer semantischen Anpassung. In den USA ist das schon gelungen. Dort wird der Begriff Welfare durch den Begriff Workfare verdrängt. In deutschem Klartext heißt das: Du hast die Verpflichtung, jeden Job anzunehmen.

12. Der Wunsch nach Eigenzeit

Der Mensch hat von vornherein ein gestörtes Verhältnis zur Zeit. Das hängt mit einem Phänomen zusammen, das Biologen Prämaturation nennen. Der Mensch wird zu früh geboren – und ist deshalb dauerschutzbedürftig. So wird ihm die eigene Endlichkeit aufdringlich, und spätestens mit fünfzig spürt man, auch wenn noch weitere fünfzig Jahre möglich sein sollten: *time is running out*. Und wenn man das eigene Leben ökonomisch betrachtet, kommt man rasch zu der Einsicht, daß fast jeder Tod Selbstmord ist; man hätte nämlich gewisse Ressourcen für die Verlängerung des Lebens einsetzen können: Sport treiben, keinen Alkohol trinken, Diät halten, regelmäßige Vorsorgeuntersuchungen, weniger Stress bei der Arbeit usf.

Das Ärgernis der Endlichkeitserfahrung liegt darin, daß sie uns mit einer ganz entscheidenden Unmöglichkeit konfrontiert. Im Gegensatz zu anderen ökonomischen Ressourcen kann man Zeit nicht akkumulieren. Und die einzige Einheit, die es gibt, ist die des einen Lebens, das man hat. Deshalb wollen viele Leute nicht erwachsen werden, *forever young* bleiben, das Altsein wenigstens umbenennen (Senioren, Silver Surfer, Best Ager) – bis hin zur paradoxen Lösung, dem Altern den Tod vorzuziehen. *I hope I die before I get old* ...

Da wir aber leider nicht werden können wie die Kinder, sondern erwachsen werden müssen, vollzieht sich das soziale Leben des modernen Menschen typisch in drei Zeitphasen.

1. exploration: Das ist die Zeit der Neugier und Frechheit; sie versorgt unsere Kultur mit den nötigen *Variationen*. Man könnte Neugier definieren als Einheit von erwarteter Überraschung und Problemlösungsverhalten. In dieser Lebensphase betrachtet man das eigene Well-being als Experiment.

2. advancement: Das ist die Lebenszeit, die ganz im Dienst der eigenen Karriere steht; das heißt, sie steht im Zeichen der *Selektion*. Die Karriere konzipiert die jeweilige Gegenwart als den Augenblick, in dem eine Vergangenheit gewählt wird, die zu der gerade antizipierten Zukunft paßt.[11] Es ist die Zeit selbst, die zur Selektivität zwingt; und diese individualisiert. Insofern kann man die Karriere als die eigentliche Zeitform des Individuums begreifen. Das gilt vom klassischen Lebenslauf in aufsteigender Linie bis zu Charles Handys *portfolio living*. Ein Lebenslauf ist begründungsunbedürftig, und die Karriere fasziniert mehr als Charakter.

3. *protection*: Das ist die Lebensphase, in der man zur Sicherung des Erreichten übergeht; sie steht also im Zeichen der Stabilisierung. Man ist nun kaum mehr lernbereit und muß sich auch nicht mehr von der Propaganda des „lebenslangen Lernens" einschüchtern lassen. Denn je älter man ist, desto weniger lohnt sich die Investition in Lernprozesse – die Kurzsichtigkeit ist dann rational.[2]

Lebenslauf und Karriere sind Geschichten, die man über sich erzählen kann. Die Amerikaner sprechen von storying, um den Prozeß zu benennen, wie Geschichten Personen zusammenhalten: „there is a narrative shape to sequences of experiences"[3]. Stories sind gerichtet, aber sie müssen nicht zielgerichtet sein. Es geht nämlich beim Lebenslauf nicht um die Erreichung eines Ziels, sondern um die Stiftung von Identität. Und Identität ist immer Ordnung aus dem Rauschen. Am Anfang ist das Chaos, dann setzen Kontrollbemühungen ein, in denen sich eine Identität bildet, über die man sich dann Rechenschaft in einer Geschichte gibt.

Das gilt für den einzelnen genauso wie für die Gesellschaft, in der er lebt. Die „standard story"[4] gibt uns unsere Welt, und gerade auch die sozialen Uhren werden durch Geschichten gestellt. Hierin liegt eine der wesentlichen Funktionen der Massenmedien. Mit ihren Nachrichten, Berichten und Geschichten synchronisieren sie die Eigenzeit mit der Weltzeit. Umberto Eco hat in diesem Zusammenhang von formula fiction gesprochen. Gemeint ist die abgeschlossene Geschichte, die alles in Ordnung bringt: die Adenauerzeit, die 68er-Bewegung, die Wiedervereinigung. Diese Geschichten geben Sicherheit in der Zeit und synchronisieren unsere Erfahrungen. Und weil niemand Zeit hat, das Gesendete zu überprüfen, wirken die Massenmedien unwiderstehlich. Man könnte also in einem strikt kybernetischen Sinne Geschichten als Medium der sozialen Selbststeuerung moderner Gesellschaften begreifen.

Geschichten werden immer wichtiger, weil der Zeitpfeil Fortschritt zerbrochen, die Zeit aus den Fugen ist.

* Die Weltgesellschaft verwirklicht den Traum vom globalen Dorf in einer Gleichzeitigkeit des Ungleichzeitigen, in der dann alles instantan und synchron geschieht. Regionen und Individualkulturen entwickeln sich auf Zeitinseln.

* Die Märkte fordern heute eine Produktion just in time; überall

entscheidet die Schnelligkeit des Wandels, die Sensibilität für Zeitdifferenzen.
* Die computergestützten Kommunikationstechnologien setzen den neuen Standard eines Data-processing in Echtzeit.
* Die Multioptionalität der Massenmedien provoziert den neuen Wahrnehmungsstil des Zapping.
* Prioritäten und Wertdifferenzen werden in Warteschleifen geregelt. Und die Individuen der westlichen Welt realisieren ihr Programm der „Selbstverwirklichung" in einer Eigenzeit – wobei Individualität in Eigenzeit immer häufiger Desidentifikation bedeutet: Ich werde nicht sein, der ich bin.

Seit wir Bürger der modernen Welt sind, müssen wir biologische Lebenszeit, industrielle Arbeitszeit und künstliche Freizeit in den anonymen Rahmen der physikalischen Lebenszeit einpassen. Es geht hier um die hohe Kunst der zeitlichen Koordination unterschiedlicher Systeme. Modern leben heißt: man folgt nicht dem Gefühl, sondern der Uhr. Deshalb ist der Terminkalender das wichtigste Requisit des modernen Menschen; er koordiniert unsere Handlungen. Je höher die Mobilität, desto wichtiger die zeitliche Koordination. Jede Unpünktlichkeit ist ein Attentat auf das Zeitmanagement des anderen.

Wenn man sich in vergangenen Jahrhunderten ein Bild von der Zeit machen wollte, hat man oft einen Pfeil gezeichnet, der aus der Vergangenheit durch den Gegenwartspunkt in die Zukunft zielt. Dieser Zeitpfeil zerbricht heute – wir haben Zukünfte im Plural.
* In *archaischen* Gesellschaften vergegenwärtigte man sich die Zeit als *Kreis*, und dem entspricht die Erzählform des *Mythos*. Der Mythos machte immun gegen die Zeit.
* In der *Neuzeit*, also jener Zeit, die das Neue neu, nämlich positiv, bewertete, vergegenwärtigte man sich die Zeit als *Pfeil*. Dem entspricht die Geschichtsphilosophie des *Fortschritts*. Für unser Thema ist hier vor allem wichtig, daß im Fortschrittsdenken die Zeit die Werte als Sicherheitsbasis ersetzt.
* In der *Postmoderne* vergegenwärtigt man sich die Zeit als *Verzweigung*, und dem entspricht die Theorie der *Evolution*. Aus dieser evolutionären Entfristung der Zeit zur ziellosen Offenheit folgt aber, daß man die Zukunft nicht voraussagen kann. Wer heute auf Futurologen hört, handelt genauso rational wie der Abergläubige, der sein Leben nach dem Horoskop einrichtet. Denn vor uns steht nicht *Die* Zukunft, sondern es tut sich ein Horizont vieler möglicher Zukünfte auf, die miteinander konkurrieren. Wir leben in einem Zeitpluralismus.

Wir können hier durchaus noch konkreter werden, das heißt die Zeithorizonte, in denen die moderne Gesellschaft operiert, genauer bestimmen und die jeweils zuständigen Spezialisten benennen.

* Die *vergangene Gegenwart* wird von Historikern als Geschichte rekonstruiert.
* Die *gegenwärtige Vergangenheit* ist das Trauma wie z.B. der Holocaust oder eine Vergewaltigung. Es handelt sich also um eine Vergangenheit, die nicht vergehen will. Hier sind Psychoanalytiker und andere Therapeuten zuständig.
* Die *gegenwärtige Zukunft* imaginiert sich die moderne Gesellschaft zumeist in Form drohender Katastrophen wie z. B. das Ozonloch oder den *clash of civilizations*, oder doch wenigstens den Zusammenbruch des Rentensystems. Das ist das Feld der politischen Mahner.
* Die *zukünftigen Gegenwarten* sind Sache der Trendforscher, also jener immer optimistischen Problemtechniker, die komplexe Situationen auflösen und zu Szenarien rekombinieren.

Die vier Zeithorizonte und ihre Praktiker sind demnach in genauer Komplementarität aufeinander bezogen. Historiker leben davon, daß Gegenwarten vergehen; Therapeuten leben davon, daß Vergangenheiten nicht vergehen wollen. Politische Mahner drohen mit der gegenwärtigen Zukunft; Trendforscher erlösen mit zukünftigen Gegenwarten.

Die gesellschaftliche Funktion der Mode läßt sich in diesem Zusammenhang leicht bestimmen. Nur im extrem unwahrscheinlichen Zustand des Fließgleichgewichts sind moderne Systeme arbeitsfähig. Und die Mode ist genau das Medium, in dem die moderne Gesellschaft ihr Fließgleichgewicht findet: Stabilisierung durch Wechsel. Während die traditionelle Ethik uns die Illusion eines zeitunabhängigen Werte-Bezugs anbietet („ewige Werte", Grund- oder Menschenrechte), übt die Mode eine Praxis der opportunistischen Werteverfolgung ein. Mit anderen Worten, die Wertorientierung wird verzeitlicht. Und genau das wird von der Mode eingeübt: die Orientierung des Lebens an Werten, die eine zwingende, aber zeitlich begrenzte Geltung haben.

Um dies angemessen zu verstehen, müssen wir einen neuen, nämlich positiven Begriff des Opportunismus entwickeln. Es fehlt uns ja nicht an Werten, sondern lediglich an Routine im Umgang mit wechselnden Spitzenwerten. Aber genau das ist gemeint, wenn man heute von Heterarchie spricht: zirkuläre Wertpräferenzen. Auf eine einfache Form gebracht, heißt das: A ist wichtiger als B, und B ist wichtiger als C, aber C ist wichtiger als A (A > B > C > A). Das ist logisch unmöglich, aber politisch alltäglich.

Die Emotionalisierung der Gesellschaft ermöglicht nun eine immer raschere Drehung des Wertekarussells. Das Gefühl funktioniert nämlich als Unterbrechungsmechanismus, das heißt, es bricht die Alltagsroutinen auf. Man könnte auch sagen: Echtzeitbedürfnisse stoßen die Zielhierarchie um. Hier zwei einfache Beispiele. In längst vergangenen Zeiten wollten wir noch den Regenwald retten (und haben grün gewählt); doch dann wurden dramatisch gestiegene Arbeitslosenzahlen genannt (Rot-Grün kann es nicht – ich werde schwarz wählen). Aber dann tobte der Krieg im Irak (ich werde doch wieder den roten Kanzler wählen, der dem Imperium mutig die Stirn bietet). Ich will einen Gedanken entfalten – da merke ich, daß sich das Publikum langweilt – und rasch schiebe ich einen Witz ein.

In früheren Zeiten konnte man damit rechnen, daß es einen verständlichen Zusammenhang zwischen Vergangenheit und Zukunft gibt. Diese Rechnung geht heute nicht mehr auf. Die Zeiten ändern sich – aber sie ändern sich anders als früher. Sicher ist nur der Wandel ins Unvorhersehbare. Der Fortschritt macht selbst Fortschritte und ist dann für Fortschrittstraditionalisten nicht mehr als Fortschritt erkennbar. Stabile Verhältnisse sind nur Warteschleifen der Evolution. Durch Beschleunigung der Welt veraltet die Erfahrung. Deshalb können uns die eigenen Väter nicht mehr helfen. Und deshalb können wir aus klassischen Theorien nur noch eines lernen: daß sie über unsere Welt nichts zu sagen haben! Unsere Herkunft hat nichts mehr mit unserer Zukunft zu tun.

Nicht nur die Existenz von Zukunftsforschern und die ungebrochene Faszination von Science Fiction, sondern auch der Sehnsuchtsruf jedes Manager-Seminars: Visionen für das nächste Jahrhundert! machen deutlich, daß sich die Zukunft schon längst nicht mehr von selbst versteht. Der Fortschritt ist veraltet. Die Zukunft ereilt deshalb ein doppeltes Schicksal. Zum einen verschwindet sie in der Gegenwart selbst, zum anderen verwandelt sie sich in das Risiko schlechthin.

Jedes Management von Komplexität vollzieht sich heute im Horizont von Zeit: Wenn die Zukunft ungewiß ist, muß man die Wahrnehmung auf unvorhergesehene Folgen einstellen. Weil man aber die Zukunft nicht kennen kann, muß man an Folgen glauben. Und wer Folgen behauptet, ist nicht zu widerlegen. Das machen sich Politiker und Trendforscher gleichermaßen zunutze. Was die Trendforscher durch ihre Szenario-Technik erreichen, erreichen die Politiker durch permanentes Entscheiden: ein Trend nach dem anderen, bzw. – mit Toynbees schöner Definition von Politik – *one bloody thing after the other*. Dadurch wird Ungewißheit auf Dauer gestellt; und dadurch wird die Zukunft offengehalten.

In der modernen Welt wird die Zeit knapp, und alles, was zu tun ist, eilt. Hinzu kommt, daß wir uns daran gewöhnt haben, alles, was eilig ist, für wichtig zu halten. So entsteht Zeitdruck, und Tempo wird zum absoluten Wert. Und an ein weiteres haben wir uns in diesem Zusammenhang gewöhnt, nämlich Terminnot und Zeitmangel als einen Ausdruck von Leistungsfähigkeit zu deuten. In der Leistungsgesellschaft macht es keinen guten Eindruck, viel Zeit zu haben. Deshalb hat die naive Moderne unterm Selbstdiktat der Beschleunigung alle Langsamkeiten aus sich ausgeschlossen. Dagegen ist die Postmoderne gerade durch den Einschluß der ausgeschlossenen Langsamkeit charakterisiert – das Montblanc-Marketing, die berühmte Werbung für den langsam reifenden Whiskey und die Luxuspraxis des Slow Food sind prominente Beispiele dafür. Wir müssen also Beschleunigung und Langsamkeit nicht als Gegensatz, sondern als Steigerungsverhältnis verstehen. Nur wer zeitsouverän ist, kann beschleunigen *und* entschleunigen. Nur so macht auch Tom Peters' Begriff von Eigenzeit einen guten Sinn: „Self-control slows things down. [...] My time. [...] Fast = living by other people's schedules. Slow = living by my schedule."[5]

Man muß sich an den Zusammenhang von kapitalistischem Geist, Berufsdisziplin und karrieristischer Lebensform erinnern, um zu begreifen, worum es im Zeitmanagement der Gegenwart eigentlich geht. Ein in der Geschichte bisher unerhörter Wunsch ist heute Selbstverständlichkeit geworden: die Selbstverwirklichung in der „Eigenzeit". Wie problematisch das ist, wird deutlich, wenn man die Eigenzeit in ihrem Spannungsverhältnis zur traditionellen Unterscheidung Arbeitszeit/Freizeit, zu den unterschiedlichen Systemzeiten von Wirtschaft, Politik, Recht und Wissenschaft, vor allem aber zur Weltzeit begreift. In der Weltzeit zu operieren heißt, auf Wahrheit, Glück und Sinn zu verzichten. Wir geben aber deshalb den Anspruch auf Wahrheit, Glück und Sinn nicht auf, sondern verschieben ihn in die Eigenzeit.

Dieser Horizontwechsel weg von der Zukunfts- und Freizeitorientierung hin zur Eigenzeit unterscheidet die heute dominierenden Generationen von allen früheren. Eigenzeit ist nicht Freizeit, sondern Zeitfreiheit. Souveränität meint heute Zeitfreiheit als die Freiheit, deren Maß der gelungene Umgang mit Eigenzeit ist. Um es mit dem Philosophen Hermann Lübbe zu sagen: Eigenzeit ist die Zeit, in der nichts geschieht, wenn es nicht selbstbestimmt geschieht. Und nur die Produktion von Sinn macht aus freier Zeit Zeitfreiheit. Lebenskunst heißt heute Eigenzeitmanagement.

In diesem Horizont könnte man einen altvertrauten Begriff Faith Popcorns noch einmal aktualisieren: Cocooning – nun aber in der Zeit. Ich und mein Magnum meint heute: Ich und meine Eigenzeit. Man hüllt sich ein und genießt das Heimische als kontrollierte Insel im Chaos. Cocooning als Abgrenzung von der Umwelt ist die Bedingung der Bildung des Eigenwerts Individuum und seiner Eigenzeit. Da der einzelne seine Eigenzeit wie eine Art Schutzschild gebraucht, erweist er sich – gestehen wir es uns ruhig ein! – als insensibel und rücksichtslos gegenüber der Umwelt. Das zeigt sich nicht nur in den Freizeitpraktiken der „Selbstverwirklichung" – etwa Tubaspielen um Mitternacht –, sondern zunehmend auch in der Selbstgestaltung der Arbeitszeit. So muß man auf allen öffentlichen Plätzen damit rechnen, daß jemand seinen Laptop öffnet, um Tabellen zu kalkulieren; und mit dem Handy ist die Arbeitszeit noch in die verborgensten Nischen der Intimität vorgedrungen.

Man könnte von einer Deregulierung des Alltags sprechen: Jeder arbeitet, schläft oder ißt, wann er will. „Cars and homes are extensions of the office"[6], und umgekehrt wird das Büro zum Club. Dem entspricht auch das „hotelling" der Büroarbeit – daß Fax und Internetanschluß im Zimmer sind, ist vielen heute wichtiger als eine Sauna. Die einen verwandeln also ihr Zuhause in ein Büro, die anderen fühlen sich nur im Büro so richtig zu Hause. Auch diese zweite Variante sollte nicht überraschen, denn der Arbeitsplatz ist überschaubarer als das „Leben"; deshalb bleiben viele Leute freiwillig lange im Büro.

Identität heißt modern: Ich kann auch anders! Dieser Horizont anderer Möglichkeiten wird als Zeit bewußt. Und eine bewährte Technik, die Zeit auf die eigene Seite zu bekommen, besteht darin, sich von eigenen Vergangenheiten abzustoßen; man wechselt den Beruf, den Partner, die Ideologie. Wer so lebt, lebt kontingenzbewußt; das heißt, er weiß, daß alle seine Entscheidungen auch anders möglich gewesen wären. Ich hätte, statt Bankkaufmann, auch Animateur in Teneriffa werden können – und warum sollte ich es nicht noch tun? So wird der Beruf zum Job. Ich hätte auch eine andere heiraten können – und werde das vielleicht noch tun. So wird die Ehefrau zum Lebensabschnittpartner.

Der bekannte Witz, es gäbe in unserer Gesellschaft einen Trend zum Zweitbuch, läßt die Frage offen, welches denn das erste Buch sei. Vieles spricht dafür, daß es der Terminkalender ist. Mit seiner Hilfe synchronisieren wir die eigene Eigenzeit mit der der der anderen. Je mehr man nämlich Individualität in Eigenzeit ausprägt, um so dringlicher wird die Aufgabe, die verschiedenen Self-Designs in der Zeit aufeinander abzustimmen. Vor allem Face-to-face-Kommunikation erzwingt Termine, typisch im Meeting. Prinzipiell gilt: Kooperation impliziert Terminierung, Terminierung erzeugt Dringlichkeit, und Dringlichkeit signalisiert Wichtigkeit. Alles Dringliche führt eine Wertvermutung mit sich.

„Eilt! Sofort vorlegen!" steht dann auf dem Fax. So kommt es zu einem positiven Feedback: Kurzfristigkeit erzeugt Unsicherheit, auf die man wieder mit Kurzfristigkeit reagieren muß. Das kann man, vor allem in der Politik, zu einer Virtuosität hochentwickeln, die der Soziologe Taylor *inspired adhoccery* genannt hat. Doch das hat seinen Preis. Die terminbestimmte Zeitstückelung verunmöglicht nämlich jede Form von Nachdenklichkeit. Gedacht wird nur noch, was in bestimmten Fristen zuendegedacht werden kann. Was nicht dringlich ist, disqualifiziert sich selbst. Was nicht unbedingt jetzt gemacht werden muß, wird zurückgestellt. Das einsame Nachdenken des Philosophen eilt nicht; und deshalb verliert es immer mehr an gesellschaftlichem Wert.

Es ist nur eine andere Formulierung desselben Sachverhalts, wenn man sagt, daß der Termin einen Eigenwert gewonnen hat. Politik und Verwaltung ordnen ihr Arbeitsfeld konsequent mit der Unterscheidung eilt/eilt nicht. Und wer Aufmerksamkeit erzeugen will, setzt Fristen; dahinter steht die zeittypische Logik: befristet also (!) wertvoll. Nehmen wir nun noch die soziologische Einsicht hinzu, daß sich hoher Status darin zeigt, daß man Termine diktieren kann, so verstehen wir auch den Konflikt um die Waffeninspektionen im Irak. Deutschland meinte, daß die Zeit für den Frieden arbeiten könnte, und wollte deshalb (den Inspektoren) mehr Zeit geben. Umgekehrt haben die USA Souveränität durch die Entscheidung über den Termin definiert: *time is running out.*

Herbert Simons Schlüsselbegriff der *bounded rationality* zielt auf die Fähigkeit, die knappe Ressource Zeit optimal zu nutzen. Weil Information teuer ist, ist sie immer unvollständig. Zeit optimal zu nutzen heißt aber gerade nicht Optimierung, sondern *satisficing.* „Gut genug" ist die Stopp-Regel für die Suche im unendlichen Informationsraum. Nur so trifft man Entscheidungen unter Bedingung der Ungewißheit in turbulenten Umwelten.[7] Allen philosophischen Oberseminaren zum Trotz erweist sich hier die Überredung der Überzeugung überlegen. Überredung ist nämlich eine zeitsparende Form der Information; das kann man von der Rhetorik genauso lernen wie von der Werbung. Überredung ist also nicht Manipulation, sondern Service. Weil es zu zeitaufwendig ist, sich vollständig zu informieren, will man überredet werden. Ja mehr noch: Die Kunden wollen verführt werden, um eine rasche Entscheidung treffen zu können. Werbung ist eine zeitsparende Ersatzinformation. Und ganz ähnlich spart man Zeit, wenn man den Preis als Indikator für Qualität nimmt.

Zeitknappheit entmutigt auch das Nachdenken. Die schnelle Verfügbarkeit von Daten im Zeitalter des Internet erzeugt nämlich den scheinbar sachlichen Zwang, rasch zu entscheiden. Guy Kawasaki von Apple hat das auf den schönen Unternehmensleitbildslogan gebracht: Don't worry, be crappy. Zu deutsch: Wenn die Informationskosten hoch sind, lohnt es sich, Fehler zu machen. Die Informationssuche, die nötig wäre, um Fehler zu vermeiden, ist oft teurer als der Fehler selbst. Und deshalb kann es rational sein, sich ignorant zu verhalten.

In allen Lebensbereichen kann man beobachten, daß wir die Zeit verkürzen, die wir uns für Entscheidungen nehmen. Wir nehmen also lieber Fehler in Kauf als hohe Informationskosten – und deshalb nimmt die Entscheidungsqualität ab. Jede Entscheidung zielt auf sachliche Korrektheit, sozialen Konsens und zeitliche Koordination. Wenn man sich diese drei Werte als Eckpunkte eines gleichschenkligen Dreiecks visualisiert, dann kann man jede Entscheidung auf einen Schenkel dieses Dreiecks plazieren. Entscheidungen liegen also immer irgendwo zwischen „sachlich richtig", „unstrittig" und „rechtzeitig". Man kann immer nur zwei Werte kombinieren und muß den dritten opfern. Was sachlich richtig und rechtzeitig ist, kann nicht unstrittig sein. Was sachlich richtig und unstrittig ist, kommt nicht rechtzeitig. Was unstrittig und rechtzeitig ist, kann nicht sachlich richtig sein.

Die Zeit, die wir heute zur Anpassung an Veränderungen haben, verkürzt sich dramatisch. Wer aber unter Zeitdruck steht, muß Anschlußselektionen vornehmen, ohne wissen zu können, welche Möglichkeit die beste ist. Genau das meint man auch, wenn man von Risiko spricht: Man muß entscheiden, ohne ausreichend informiert zu sein. Aus der Überkomplexität der Situation, die man managen muß, folgt ein Vorrang der Praxis; das heißt, man beugt sich dem Zwang zur Verkürzung – als ob man eine Sicherheit hätte. Mit anderen Worten: Zeitknappheit legitimiert den Opportunismus. Wenn es aber für eine Anpassung an die Realität an Zeit fehlt, müssen wir uns an Zeit statt an Realität orientieren. Das kann man aber nicht von den strikt gekoppelten Systemen der Technik, sondern nur von den *loosely coupled systems* des Lebendigen lernen. Die Ereignisse sind hier nicht logisch, sondern rein zeitlich miteinander verknüpft. Übertragen auf die moderne Gesellschaft heißt das: Wenn sich sachlich alles auflöst und sozial alles kontingent wird, kann Ordnung nur noch zeitlich konstituiert werden.

Das macht das Leben schwerer und zugleich leichter. Je knapper nämlich die Zeit, desto leichter wird die schwierige Entscheidung, weil damit klar ist, daß man sowieso nicht angemessen entscheiden kann. Entsprechend kann man dann Zeitdruck aktiv arrangieren, um sich das Ausdiskutieren eigener Entscheidungen zu ersparen: „Ich bin in Eile". Doch das setzt Zeitsouveränität, also Macht, voraus. Man muß über die eigene Zeit disponieren können, um „keine Zeit" zu haben. Nur dann kann man das eigene Leben und seinen Entscheidungsstil in die Rechtfertigungsunbedürftigkeit hinein beschleunigen. Deshalb ist Tempo die letzte Ideologie der Mächtigen, die uns ja ständig versprechen, das Reformtempo zu steigern und ihre bunten Gesetzesvorhaben „auf den Weg zu bringen".

Die Erfolgreichen disponieren über knappe Zeit – und delegieren. Die Loser haben Zeit im Überfluß – und fordern deshalb (deshalb!) Partizipation. Zu Recht sehen die Loser ihre Machtchancen nämlich in der Zeitvernichtungsmaschine der Gremien und Kommissionen. In den unsterblichen Worten des Organisationssoziologen Karl Weick: „People with time to spend on a problem transformed that problem into something that only people with time to spend on the problem can manage."[8] Das ist die zugleich subtilste und aktuellste Variante von Parkinsons Gesetz: Jede Arbeit füllt die Zeit, die man dafür hat.

In den turbulenten Situationen der modernen Welt ist man nie ausreichend informiert. Man kann es auch so sagen: In komplexen Systemen hat man keine Zeit für Vernunft und Besonnenheit. Das Schachspiel ist deshalb ein gutes Modell für Zeitmanagement: Man kann nicht alle möglichen Züge überdenken, sondern muß unter Zeitdruck entscheiden. Chaosfeste Menschen sind gewohnt, unter Zeitdruck zu entscheiden – und insofern geraten sie eigentlich gar nicht unter Zeitdruck. Wer unter Zeitdruck gerät, zeigt damit lediglich, daß ihm die zeitliche Selbstorganisation mißlungen ist. Zeitdruck ist also ein Managementproblem und keine direkte Funktion des Arbeitsumfangs. Gerade die, die meist nichts mit ihrer Zeit anzufangen wissen, fühlen sich unter Zeitdruck, wenn sie etwas zu tun bekommen. Der wirklich Vielbeschäftigte ist meist gelassen.

Entscheidern und Führungspersonen bleibt der Stress der Freizeit erspart, denn sie haben viel weniger als Arbeiter und Beamte. Sie müssen nämlich stillschweigend gewisse Dauerleistungen erbringen, die nicht sofort als Arbeit erkennbar sind: Konferenzen, Reisen, Kontakte, Jahreshauptversammlungen, Trendtage. Freizeit dagegen setzt eine Arbeit voraus, die man zeitlich begrenzen kann. Das können Unternehmer, Kreative, Wissenschaftler, Ärzte und Bauern nicht – sondern eben nur Arbeiter, Angestellte und Beamte. Der klassische Arbeitnehmer verkauft ja einen Teil seiner Lebenszeit. Deshalb beobachtet er sein Leben mit der Unterscheidung von Arbeits- und Freizeit. Doch dadurch werden beide Zeiten knapp. Arbeitszeitverkürzung ändert nichts an diesem Problem, sondern verschäft nur das Bewußtsein dafür.

Mit Alvin Tofflers Begriff *prosumer* kann man das moderne System des Konsumismus vom klassischen System der Bedürfnisse und der Bedarfsdeckung unterscheiden. Es handelt sich hierbei um einen Begriff der produktiven Konsumtion, der uns darauf hinweist, daß die Zwei-Welten-Lehre Arbeit/Konsum bzw. Arbeitszeit/Freizeit nicht mehr zu halten ist. Kann man Arbeit überhaupt noch von Nichtarbeit und Muße unterscheiden? Diese Indifferenz von Arbeit und Freizeit ist gemeint, wenn man in Amerika von „hard fun"[9] spricht. Und der neuen Einheit entspricht exakt die neue große Unterscheidung: Arbeit die Spaß macht/Arbeit die keinen Spaß macht.

Für das Problematischwerden der vertrauten Unterscheidung von Arbeitszeit und Freizeit gibt es eine ganz einfache, logische Erklärung. Je produktiver die Arbeitszeit, desto größer ist der Anreiz, mit der Freizeit sparsam umzugehen. Mit anderen Worten: Mit der Produktivität der Arbeitszeit wächst auch der „Schattenpreis" der Konsumzeit, die man heute als knappes Gut begreifen muß. Mit jedem Service kauft man sich Zeit. Und je kostbarer die Zeit wird, desto weniger kann sie Freizeit sein.

Die Zeit ist, wohlgemerkt, auch dann knapp, wenn man nichts mit ihr anzufangen weiß. Daß man auf der Autobahn mit hohem Risiko jede Überholmöglichkeit nutzt, um dann die gewonnene halbe Stunde vor dem Fernseher zu verbringen, ist vertrauter Alltag. Freizeit benutzt den Zeitgewinn zum Zeitvertreib: Man vertreibt sich die gewonnene Zeit. Schon Keynes hat dieses große Problem der modernen Gesellschaft gesehen: Die Leute wissen nichts mit ihrer Zeit anzufangen. Auch auf der schönsten Ferieninsel greift man nach drei Tagen zu einem Buch; auch und gerade im Paradies lauert die Langeweile. Aus dieser Not macht der Animateur eine höchst profitable Tugend. Er ist der Freizeitberater, der die Techniken kennt, mit denen man die Zeit totschlagen kann.

Wirtschaft ist heute im Kern Wirtschaft der Zeit. Das reflektieren die Ökonomen im Begriff der Transaction Costs: Wie weit muß ich fahren? Wie lange muß ich warten? Um die Transaktionskosten zu minimieren und den Ertrag der Konsumzeit zu erhöhen, muß man das Konsumieren beschleunigen. Das hat zwei gravierende Folgen für den modernen Lebensstil.

* Zum einen beobachten wir eine radikale Verzeitlichung der Statusposition: Man muß zu den ersten Konsumenten der Innovation gehören, um sie zur Steigerung der eigenen Reputation nutzen zu können. Ein halbes Jahr später hat dann jeder Trottel ein Handy.

* Zum anderen verliert das Dauerhafte – allem Gerede von „Nachhaltigkeit" zum Trotz – an Attraktivität. Das glückliche Konsumieren vertilgt. Am Dauerhaften dagegen macht sich die Enttäuschung fest. Wer sich einen Swimming-Pool anschafft, unterschätzt den Zeitaufwand, der nötig ist, um ihn in Schuß zu halten. „Unterhalts-Blindheit" hat Staffan Linder das genannt. Deshalb mieten die Leute eine Wohnung, obwohl sie sie kaufen könnten; deshalb leasen sie ein Auto; deshalb kaufen sie die Klamotten bei H&M, die man gleich wieder wegwerfen kann. Die geplante, eingebaute Obsoleszenz der Produkte, die früher den Zorn der Kapitalismuskritiker weckte, erfüllt also den tiefsten Wunsch der Kunden.

Früher waren die Güter knapp, heute ist es die Zeit. Und Konsumieren braucht Zeit. Konsum ist vor allem Zeitkonsum, und Konsumzeit ist ein knappes Gut. Deshalb reagieren wir auch empfindlich auf die Übergriffe anderer auf unsere Eigenzeit – wenn man uns etwa warten läßt. Am Warten kann man sich den Zwangscharakter von getätigten Investitionen sehr schön deutlich machen – und das ist eine der ärgerlichsten Lektionen unserer modernen Zeitökonomie. Man hat zuviel investiert, um aufzuhören.

– Die Warteschleife am Telefon: Nachdem ich 01803803803 gewählt habe, um einen Flug zu buchen, höre ich fünf Minuten lang Musik. Kann ich jetzt noch auflegen?

– Warten auf den verspäteten Bus: Soll ich, nach einer Viertelstunde, nun doch noch das teuere Taxi nehmen, das mich schon längst an mein Ziel gebracht hätte?

– Soll ich den alten Wagen, der doch gerade in der Inspektion war, noch einmal reparieren lassen?
– Soll ich die unter den Ausgabepreis gefallene Aktie weiter halten?
– Soll ich weiter in eine unbefriedigende Ehe investieren, die mich schon so viel Geld, Zeit und Nerven gekostet hat?
– Soll die Gewerkschaft nach quälenden Verhandlungen und Abstimmungen streiken, obwohl es nur noch um infinitesimal kleine Lohnsteigerungen gehen kann?
– Soll unser Staat die Subventionen für XY streichen, obwohl – oder weil? – schon Milliarden von Steuergeldern in dem Projekt versenkt worden sind?

Wir leiden nicht an einem Mangel, sondern an einem Zuviel. Man kann nicht alles wissen wollen, was man wissen könnte. Wer nämlich alle möglichen Informationen ausschöpfen wollte, wäre am Ende viel zu erschöpft, um sie noch zu nutzen. Information kostet eben etwas, und zwar nicht nur Geld, sondern vor allem auch Zeit. Weil jede Information Aufmerksamkeit konsumiert, führt der Reichtum der Information zu einer Armut der Aufmerksamkeit. Je mehr Wahlmöglichkeiten man hat, desto knapper ist die Zeit. Deshalb richtet sich die Aufmerksamkeit heute auf das Thema Aufmerksamkeit.

Die alltägliche Zeitknappheit verwandelt das Leben in einen Aufmerksamkeitswettbewerb. Vor allem die neuen Technologien der Kommunikation eröffnen eine Optionsvielfalt, die in keinem Verhältnis mehr zu unseren Zeitressourcen steht. Daß jeder mit jedem kommunizieren kann, überlastet die Aufmerksamkeit. Das hat zwei bedeutsame Konsequenzen: Erstens werden Fragen der Organisation in Zukunft immer wichtiger. Denn Organisation ist die Einschränkung der Möglichkeit, daß jeder mit jedem über alles redet. Organisation heißt: man ruft an – und wird an eine andere Stelle verwiesen. Zweitens wird Aufmerksamkeit industrialisiert. Robert Reich spricht ausdrücklich von „the attention industry"[10], die darauf ausgerichtet ist, persönliche Aufmerksamkeit zu verkaufen. So wird sich im 21. Jahrhundert ein großer Markt der Sorge bilden.

Das Grundkonzept dieses Marktes der Sorge ist einfach: Human Service kann man nicht durch Güter und rein sachliche Dienstleistungen ersetzen. Deshalb genügt es z.B. nicht mehr, wenn ein Universitätsprofessor forscht, lehrt und sich an der universitären Selbstverwaltung beteiligt. Er muß heute auch als „Mensch" präsent sein, das heißt für seine Kunden, die Studenten, „da sein". Deshalb unterliegt er zunehmend einer Anwesenheitspflicht; *face time* nennen das die Amerikaner. Dahinter steckt die Philosophie der Kundenorientierung als Taktkompensation. Suggeriert werden soll eine persönliche Zuwendung, als ob es keinen Zeitdruck gäbe – also eine Routine ‚als ob nicht'. Einige klassische Berufe haben es hier schon lange zur Meisterschaft gebracht: der Pfarrer und seine Sünder; der Lehrer und seine Schüler; der Anwalt und sein Klient; der Arzt und sein Patient.

Persönliche Zuwendung, als ob es keinen Zeitdruck gäbe – das ist heute das Äußerste an Luxus, das Paradies auf dem Markt der Sorge. Paradies heißt nämlich: kein Mangel an Zeit. Und umgekehrt heißt Vertreibung aus dem Paradies: von nun an wird die Zeit knapp. Daß die Vertreibung aus dem Paradies heute eine hochaktuelle Metapher ist, liegt daran, daß die unser Leben rahmende Einschränkung des Möglichen sich dramatisch gewandelt hat. Ursprünglich war die Einschränkung des Möglichen rein *sachlich: das geht nicht*. Doch längst lassen die Triumphe der Technik Werbeformeln plausibel erscheinen wie: „Geht nicht gibt's nicht!" oder: Nichts ist unmöglich. Im Industriezeitalter spürte man die Einschränkung des Möglichen primär *sozial: das macht man nicht*. Doch Individualisierung und Wertepluralismus der Moderne akzeptierten schon bald keine Tabus mehr – tu was du willst, anything goes. Unsere postmoderne Gegenwart dagegen wird vor allem durch eine *zeitliche* Einschränkung des Möglichen gerahmt: *dazu fehlt mir die Zeit*. Es ist die Explosion der Optionen und Erwartungen, die unsere Eigenzeit einschränkt. Die Zeit wird um so knapper, je mehr Möglichkeiten es gibt, sie zu nutzen. Und auch die Erwartungen, die zunehmend unser Erleben überfordern, machen die Zeit knapp. Hinzu kommt die spezifische Modernitätserfahrung des Auseinanderweisens von Herkunft und Zukunft: Alles ändert sich in meiner Lebenszeit. Insofern sind alle Sorgen Zeitprobleme. Und diese Sorgen sind deshalb so hartnäckig, weil sie eine selbstbezügliche Struktur haben. Man hat im allgemeinen keine Zeit, um über das Problem der Zeitknappheit nachzudenken.

Jeder Lebensstil ist durch eine Form der Zeitnutzung charakterisiert. Oder härter formuliert: Soziale Klassenzugehörigkeit kann man am Zeitgebrauch ablesen.[11] Die Erfolgreichen kaufen sich Zeit; die Loser opfern Zeit, um Geld zu sparen. Man kann die Gleichung Zeit = Geld also nach beiden Seiten hin auflösen. Unter Bedingungen knapper Zeit hilft dem, der Geld hat, mehr Geld nicht weiter. Ökonomen würden hier wohl vom abnehmenden Grenznutzen des zunehmenden Einkommens sprechen. Deshalb ist es, wenn Zeit sehr knapp ist, durchaus unökonomisch, lange über kleine Geldbeträge nachzudenken. Genau das ist gemeint, wenn man davon spricht, Zeit zu kaufen. Mit jedem Service kauft man sich ja Zeit; und jeder Berater verkauft Zeit, nämlich die Informationszeit, die man sich erspart, indem man auf seinen Rat hört.

Doch nicht nur die Mächtigen und Reichen lösen die Gleichung Zeit = Geld in Richtung Zeit auf. Shopping und Events zeigen, daß man sich in der Welt des Konsumismus heute eine gute Zeit kauft – „hedged hedonism" nennt das Martin Hayward.[12] So kann die Unterhaltungsindustrie ein und dieselbe Information als Warenangebot differenzieren, indem sie „Verspätungen" einbaut. Erst kommt der neue Blockbuster im Kino, dann kann man ihn als DVD kaufen, dann kommt er im Pay-TV – und sehr viel später schließlich im Free-TV.

Für die meisten Menschen scheint das Zeitproblem unlösbar zu sein, weil sie zu wenig Zeit haben, um über das Zeitproblem nachzudenken. Um so wichtiger sind für sie die Naturschutzparks der Zeit:

– für das „einfache Volk" der arbeitsfreie, nicht verkaufsoffene Sonntag.

– für die gehobenen, traditionsgebundenen Schichten Manieren und Bildung, die nämlich viel Zeit brauchen und die man nicht delegieren kann.

– für die Jungen der Sport mit seinen Qualitäten der Gegenwärtigkeit, Anschaulichkeit, Ungewißheit und Weltausgrenzung. Sport ist als reine Gegenwart vielleicht der sicherste Naturschutzpark der Zeit; hier gibt es prinzipiell keine Sorge um die Zukunft.

– für die Romantiker die Zeit der Zwischenmenschlichkeit. Seit den Anfängen der Zivilisation lehren uns die Weisen, daß heilig diejenige Zeit ist, die nicht gegen Geld getauscht werden kann. Doch welche Zeit kann nicht gegen Geld getauscht werden? Die der Zwischenmenschlichkeit!

– Kinder sind eine Zeitinvestition, mit der man auf eine gesteigerte Lebensfreude spekuliert. In den Kindern macht sich die Zeit der Reproduktion gegen die Zeit der Produktion (Karriere) geltend.

– die Liebe. Sie ist unökonomisch, denn man braucht unendlich viel Zeit. Die Liebe schließt Geschichte als Weltzeit aus, um sie dann als Eigenzeit zu rekonstruieren. Das Problem ist nur, daß Liebe nicht auf Dauer gestellt werden kann. Der Schwur ewiger Liebe ist deshalb eine kontrafaktische, aber notwendige Behauptung. Für den Augenblick, aber eben nur für den Augenblick, gilt: „ewige Liebe". Heute verdeckt man diese Paradoxie der Liebe durch Eheverträge. Das ist eine logische Konsequenz der Modernisierung unserer Lebensverhältnisse. Denn modern ist die freie Wahl des Partners; und sie macht die Intimbeziehung zum Risiko – man verzeitlicht es in Lebensabschnittspartnerschaften. An die Stelle des Sakraments der Ehe ist das *time binding* der Lebensabschnittspartner getreten. Ihre Aufgabe ist das Management zweier vollkommen emanzipierter Eigenzeiten, also die Koordination kontingenter Selektionen, die sich gegenseitig binden, indem sie sich aufeinander einlassen. Dafür hat man den harmlosen Namen Partnerschaft gefunden.[13]

Wer das Zeitproblem des modernen Menschen bedenkt, wird als dessen Lösung vielleicht am ehesten konkrete Techniken des Zeitgewinns akzeptieren. Wie kann man den Zeithorizont erweitern, also Zeit gewinnen? Das Problem läßt sich vielleicht nicht philosophisch, wohl aber pragmatisch, von Fall zu Fall lösen. Konkrete Zeitgewinntechniken sind

* *Telekommunikation*: Statt Anwesenheit genügt kommunikative Erreichbarkeit.

* *Zapping* als Wahrnehmungsstil: eine rein zeitliche Selektionstechnik.

* *time deepening*: Man tut mehrere Dinge gleichzeitig – während der Kommissionssitzung Zeitung lesen; während des Fernsehens mit dem Lebensabschnittspartner reden; während des Autofahrens telefonieren.

* *Medienkompetenz*, also der geschickte Umgang mit den Medien Geld, Macht, Wahrheit und Vertrauen. Geld kauft Zeit. Macht diktiert Termine. Aber auch die Ohnmacht kann Termine nutzen; hinter Terminen kann man sich nämlich gut verstecken. Wahrheit hält die Umwelt konstant. Vertrauen ermöglicht die Delegierung von Aufgaben und erspart Informationsverarbeitung.

* *Verzögerung/Beschleunigung*. Zwischen beiden Techniken besteht ein wechselseitiges Steigerungsverhältnis; nur wer es gewohnt ist, unter Bedingungen der Hochgeschwindigkeit zu operieren, kann dann auch die Langsamkeit entdecken.

* *Substitution*: Man ist bereit, das Zeichen statt der Sache zu nehmen.

* *Befehle* sparen Zeit – Konsens kostet Zeit. Die vielgelobte horizontale Kommunikation der Netzwerke und Heterarchien ist sehr zeitraubend.

* *Geschmack* bringt enorme Tempovorteile. Wer schon nach drei

Seiten des neuen Bestsellers spürt, daß der Autor ein Stümper ist, spart viel Zeit.

* *Rationale Ignoranz*: Man gewinnt mehr Zeit, wenn weniger in Betracht kommt. So genau will ich es gar nicht wissen.

Coda: Die Prinzen von Serendip

I. Theorie nach ihrem Ende

„Will theory stop?" – das war vor zwanzig Jahren die Frage von Stanley Fish. Gemünzt war sie auf die Funktion von Theorie in den Literaturwissenschaften, und gemeint war „strong theory", also eine Theorie, die den Anspruch erhebt, eine Praxis zu instruieren, zu reformieren oder doch zumindest zu fundieren. Der Pragmatiker Stanley Fish hatte die Hoffnung, Theorie werde sich in Langeweile bzw. „theory talk" auflösen.

Wird Theorie aufhören? Diese Frage scheint heute aktueller denn je. Artificial Intelligence und Artificial Life, Telekommunikation und Computer, Gentechnologie und Bionomics – diese großen Innovationsschauplätze des 21. Jahrhunderts – entwickeln sich so rasant und sprunghaft, daß sie alle Versuche der Theoriebildung zu entmutigen scheinen. Entsprechend verlautet allerorten das Wort, mit dem man heute die theoretische Neugier wieder in ein Laster verwandelt: „Praxisrelevanz". Für die Geisteswissenschaftler, diese Partisanen der Muße, ist es als Todesurteil gemeint; denn nichts von dem, was sie leisten, ist für die sozialdemokratische Verbesserung Mitteleuropas relevant. Geisteswissenschaften machen aufmerksam – nicht mehr, aber auch nicht weniger.

Alle Lernprozesse sind heute riskant, denn auf ihrem Buckel tragen sie die Frage mit sich: Kann man das später brauchen? Es ist deshalb zur Selbstverständlichkeit geworden, von Professoren die „Praxisrelevanz" ihrer Arbeit einzufordern.[1]

Diese Erwartung zeigt, daß von Universitäten heute Leistungen auf drei höchst unterschiedlichen Feldern erwartet werden, nämlich Forschung, Lehre und Praxis. Es ist nun die hohe Kunst des Professors, so zu tun, als ließen sich diese Leistungen harmonisch aufeinander abstimmen. Bei nüchterner Betrachtung sieht man aber, daß sie auseinanderweisen:
– Forschung zielt auf Wahrheit;
– Lehre vermittelt Sinn;
– Praxis fordert Operationalität.

Kann man diese Situation deblockieren, indem man Theorie stoppt? Der Vorteil läge auf der Hand: Wenn Theorie stoppt, löst sich das Problem auf, die Kluft zur Praxis durch ein ominöses „Mittelglied" überbrücken zu müssen, das bei Kant „Urteilskraft" heißt[2]. Statt dessen genügt die institutionalisierte Praxis der Interpretationsgemeinschaft, in die man mit allem, was man tut, immer schon eingebettet ist. Kants Prinzipien lösen sich für den Pragmatiker in Präferenzen auf.

Ist Theorie überflüssig? Vielleicht sogar schädlich? Glaubt man dem radikalen Pragmatismus, dann ist sie an einer weitverbreiteten Wissenschaftlerkrankheit schuld, nämlich der *analysis paralysis*, die deshalb so heimtückisch ist, weil sich der Betroffene gar nicht krank fühlt. Wissenschaftlern, und besonders eben Theoretikern, fällt es schwer, sich mit dem Gedanken (!) anzufreunden, daß das Denken überschätzt wird. Es geht hier nicht nur um das philosophische Problem der Eule der Minerva, sondern um das prinzipiell Retrospektive des Denkens. Unter Soziologen ist es heute wohl unstritten, daß Theorie in Organisationen vor allem als Postrationalisierung der Praxis entwickelt wird. Das heißt, der Praxis einer Organisation dient ihre Theorie als Technik der Selbstvergewisserung. Erwartungssicherheit ist hier viel wichtiger als die Frage der Realisierbarkeit. Theorien helfen nicht bei der Entscheidung, sondern bei deren nachträglicher Begründung.

Wie sieht nun die pragmatistische Alternative aus, die Stanley Fish der „strong theory" entgegenstellt? Wie sieht wirkendes Wissen aus? Seinen Kernbestand machen die nicht formalisierbaren Faustregeln aus, also das lokale, situative Wissen des Insiders darüber, was in einem bestimmten Praxisfeld erfolgreich sein kann. Diese Faustregeln sind der Inhalt jeder etablierten Praxis und leiten stillschweigend alles, was man auf diesem Feld tut. Der Berater gibt die Empfehlung: „Sieh die Dinge doch einmal so!" Und hier gibt es nur ein Wahrheitskriterium, nämlich die operative Bewährung von Beobachtungen.

Größer kann die Differenz zum Universalitätsanspruch der Theorie nicht sein. Auf dem Feld der Praxis selbst kommt man eben immer nur zu empirischen Generalisierungen. Und unaufhebbar bleibt jede Praxis eingebettet in „groundlevel beliefs that give us our world"[3]. Genau das hatte ja auch Gadamer mit der Vorurteilsstruktur des Verstehens gemeint. Realität wird konstituiert durch den „set of beliefs", den eine Gemeinschaft teilt; und diesen Interpretationskonventionen kann niemand entkommen. Jenseits der Vorurteilsstruktur ist nirgendwo.

Etwas wissen heißt: wissen, daß andere so beobachtet haben und diese Beobachtung nicht von anderen Beobachtern in Frage gestellt wird. Wissen ist also ein gut sondierter Glaube. Es operiert nicht im Scheinwerferlicht der Methodologie, sondern als tacit knowledge der Paradigmen. Was „evident" ist, hängt von dem Paradigma ab, dem man verpflichtet ist. Deshalb kann Ernst Peter Fischer sagen: „Ein Paradigma ist das Brett, das alle vor dem Kopf haben."[4] Es geht aber nicht ohne, sondern nur anders – nämlich durch einen Wechsel des Paradigmas. Paradigmenwechsel haben jedoch nichts mit dem Weltlauf zu tun, sondern entsprechen einer Konversion oder einem Gestalt-switch. „Gestalt-switches involve no reasoning."[5]

Theorie ist der Inbegriff aller Versuche, der Praxis zu entfliehen, um sie von außen zu ordnen. Und das bedeutet letztlich: Theorie hat keine Folgen – zumindest in der Praxis, deren Theorie sie sein will. Das läßt sich an Wirtschaft und Politik leicht überprüfen. Die Wirtschaft ist fasziniert von der New Economy, die alle bekannten Gesetzmäßigkeiten eines ordentlichen Volkswirtschaftsstudiums außer Kraft zu setzen scheint. Die Politik ist fasziniert vom Cyberspace und seinen Communities, die an die Stelle der bürgerlichen Öffentlichkeit treten wollen. Programmierer werden zum Wahlkampfthema, und statt Bildung fordern die um den Standort Deutschland Besorgten heute Medienkompetenz. Auch die alten Medien scheinen nur noch ein Thema zu haben: die neuen Medien. Weltkommunikation eröffnet eine Optionsvielfalt, die in keinem Verhältnis zu unseren Zeitressourcen steht. Daß jeder mit jedem kommunizieren kann, überlastet die Aufmerksamkeit. In der Welt der vielen Möglichkeiten verwandelt die alltägliche Zeitknappheit das Leben in einen Aufmerksamkeitswettbewerb. Das läßt sich genauer, nämlich mathematisch, so formulieren: Das arithmetische Anwachsen der Zahl der Elemente im Netzwerk der Weltkommunikation führt zu einem geometrischen Anwachsen der Zahl möglicher Beziehungen zwischen den Elementen.

Das konfrontiert uns mit einer interessanten Paradoxie: In der Datenflut der Multimedia-Gesellschaft kann „Mehrwert" nur heißen: weniger Information. Information at your fingertips hilft da nicht weiter. Unter dem Druck der neuen Informationstechnologien neigt man ja dazu, alle Probleme als Probleme des Nichtwissens zu deuten. Aber Sinnfragen und Orientierungsprobleme lassen sich nicht mit Informationen beantworten. Unser Problem ist nicht Unwissen, sondern Konfusion. Und in unübersichtlichen Lagen gilt: Je mehr Information, desto größer die Unsicherheit und desto geringer die Akzeptanz. So zwingt uns die moderne Welt zur Kompensation des steigenden Nichtwissens durch Vertrauen.

Das klingt zunächst bedrohlich, ist aber im Gegenteil die Überlebensbedingung fortgeschrittener Zivilisationen. Diese können nur funktionieren, wenn es die Menschen „so genau" gar nicht wissen wollen und sich damit begnügen, die Schlußfolgerungen aus schon Gedachtem zu ziehen. Gemeint ist der in Techniken und Institutionen geronnene Geist. Nur er macht uns in einer Welt, in der allein gewiß ist, daß die Zukunft ungewiß ist, überlebensfähig. Unsicherheitsabsorption nennen das Soziologen.

Um mit der Innovationsgeschwindigkeit und Unvorhersehbarkeit der Technologien der Wissensgesellschaft und der Internet-Ökonomie zurechtzukommen, müßte die Politik wohl auf gesellschaftliche Lernfähigkeit setzen. Die Wirtschaft jedenfalls setzt mehr denn je auf unternehmerischen Mut (Stichwort: Start Ups). Und die Wissenschaft setzt eben nicht auf starke Theorie, sondern auf das Suchverhalten wissenschaftlicher Neugier.

Was ist nun der Motor dieser stürmischen Innovationsprozesse? Sind die neuen Medien und Artefakte implementierte Theorie? Nach der pragmatistischen Attacke werden wir das nicht mehr erwarten. Man weiß heute, daß technische Innovationen nicht als Anwendung von theoretischem Wissen entstehen, sondern daß dabei vor allem implizites, firmenspezifisches Wissen ausschlaggebend ist. Hier führt die Unterscheidung von Theorie und Praxis nicht weiter. Viel sinnvoller wäre es, zwischen Informationen, die zu Wissen führen, und Informationen, die Handeln anstoßen, zu unterscheiden. Dazu gehört vor allem auch die Eliminierung irrelevanter Informationen, die Löschung praxisfernen Wissens. Innovative Unternehmen operieren nach dem „principle of minimum information"[6]. Das heißt, man formuliert ein Problem und schätzt ab, wie die Antwort lauten könnte; man verfährt also heuristisch – so weit es geht. Wenn das Problem damit nicht gelöst ist, geht man zurück und beginnt zu lernen – und zwar so lange, bis man etwas Neues probieren kann.

Das ist natürlich die Welt der Faustregeln und nicht die der Theorie. Vor diesem Hintergrund erscheinen Innovationen nicht als Resultate des Nachdenkens, sondern eher als Nebenprodukte des Verhaltens derjenigen, die sich mit einem praktischen Modell des jeweiligen Problems beschäftigen. Innovationspotentiale schlummern deshalb nicht nur in den Praktikern eines Unternehmens, sondern auch in den Kunden. Nicht umsonst ist von „Prosumern" die Rede, also Konsumenten, die Innovationsanstöße für die Produktion geben. Sie sehen, was technisch läuft und was nicht – und haben dann Ideen, wie man es anders machen könnte. Die weltweite Kollaboration an open-source-Software ist dafür das eindrucksvollste Beispiel.

Auch bei Faustregeln und Heuristiken geht es natürlich um Wissen und Lernen; allerdings eben nicht theoriegeleitet. Deshalb spricht man hier von *learning by doing* und *tacit knowledge*. Die Bewährung dieses Wissens liegt in einer Darstellung, die zugleich Herstellung ist, also in der Demonstration am Modell. Es handelt sich dabei um einen operationalen Test. Und wenn man etwas demonstrieren kann, muß es nicht plausibel sein. So heißt es heute nicht mehr „publish or perish", sondern „demo or die". Man hält keinen Vortrag mehr, sondern macht eine *presentation*. Damit wächst die Macht, die von der Rhetorik der technischen Medien – gleichsam als *theory in action* – ausgeht, gewaltig an; jeder erinnert sich noch an die explosionsartige Vermehrung der Overheadfolien. Und wer heute nicht Power Point benutzt, gerät leicht in Erklärungsnotstand.

Eine gute Idee, die an einem Modell demonstriert wird, weckt Lust, damit zu spielen. Michael Schrage hat das „serious play" genannt. Das ist das „Mittelglied", das Kant vergeblich in der Urteilskraft des Menschen suchte. Zwischen Theorie und Praxis vermittelt das Spiel mit Prototypen. Und mit Prototypen spielen heißt laut denken. Im ernsten Spiel konvergieren Designprozeß und Innovationsprozeß: eine Idee wird in Szene gesetzt. Ausdrücklich definiert Michael Schrage diesen Prozeß des Prototyping als „enactment" einer Idee. Die schöpferische Schleife, die dieser Innovationsprozeß nach dem „principle of minimum information" bildet, sieht also so aus: erst die Idee entwerfen, dann das Modell bauen, dann testen, dann wiederholen (Design – Build – Test – Repeat).

Dem entspricht ein Verständnis von Wissenschaft als Kartographie. Es gibt keine „beste Karte" für ein Terrain, aber es gibt gute und schlechte Karten. Und genauso ist es mit Theorien. Gute Theorien müssen nicht wahr sein; es genügt empirische Adäquatheit. Doch was geschieht, wenn eine Theorie empirisch nicht zu halten ist? Entweder wird sie normativ und nobilitiert damit Lernunwilligkeit, oder sie nobilitiert den Fehlschlag zur Innovationschance. Ereignisse, die von der Theorie nicht erklärt werden können, nennt man Noise. Dieses lästige Rauschen kann man entweder wegerklären oder „entwanzen". Debugging ist keine theoretische Erklärung, sondern die Eliminierung von Noise durch Trial and Error. Dabei wird deutlich, daß gerade auch Error ein positiver Wert der Wissenschaft ist: *Errare humanum est* heißt nämlich: nur der Mensch kann irren. Irrtum ist eine Fähigkeit.

Wenn man dies einsieht, kann man die Funktion von Theorie neu bestimmen. Ein theoretisches Modell funktioniert offenbar ähnlich wie eine literarische Metapher; theoretische Erklärungen operieren als „metaphoric redescription" (Mary Hesse) des Gegenstandsbereichs. Es läßt sich also nichts an Fakten, Fakten, Fakten ablesen. Eher scheint das Umgekehrte zu gelten: Alle Fakten sind von Theorie infiziert. Daten sind die sinnlosen Flecken eines Rorschach-Tests, in die man dann Muster hineinsieht: die Ideen. Deshalb können strenge Empiristen, für die nur Sinn macht, was den Sinnen gegeben ist, die Idee „Idee" nicht perzipieren. Um es ganz deutlich zu sagen: Schlüsselideen haben nichts mit Information zu tun. Sie sind genauso kontra-intuitiv wie die komplexen Systeme, die sie aufschließen sollen. Das ist meines Erachtens das stärkste Argument für Theorie und zugleich die beste Entschuldigung für ihre Praxisferne.

Was die Theorie uns zumutet, ist das, was Gotthard Günther *sacrificium habitudinis* genannt hat: das Opfer unserer liebsten Denkgewohnheiten. Gegen den Strich des eigenen Evidenzbewußtseins zu denken – das ist es, was die moderne Gesellschaft von denen fordert, die sie begreifen wollen. Theorie bietet weder Kenntnisse der Welt noch Instruktionen für die Praxis, sondern nur polykontexturale Beschreibungen. Man kann blinde Flecke nicht vermeiden, aber man kann versuchen, sie deutlich zu machen, indem man die Begriffsunterscheidungen und Theorieentscheidungen der eigenen Analyse klar zu erkennen gibt, sie gewissermaßen ausstellt.

Offenbar läßt sich die Frage „Was taugt die Theorie für die Praxis?" nicht befriedigend beantworten – jedenfalls nicht befriedigend für die Praktiker. Vielleicht ist das aber ein gutes Zeichen, nämlich ein Hinweis darauf, daß Theorie und Praxis nur lose gekoppelt sind. Und das wäre deshalb ein gutes Zeichen, weil uns die Praxis komplexer Systeme lehrt, daß lose Koppelung ihre fundamentale Stabilitätsbedingung ist. Statt sich von der Unterscheidung Theorie/Praxis weiter düpieren zu lassen, sollte man nach der Praxis der Theorie selbst fragen. Theoretiker forschen und lehren – das ist trivial. Spannend wird es erst, wenn sie beraten – oder doch wenigstens die Berater beraten.

Im Blick auf Praxis lautet die Botschaft der Theorie prinzipiell: es geht auch anders. Nichts ist notwendig – außer der Kontingenz der

Unterscheidung, mit der man beobachtet. Heißt das *anything goes*? Ja, wenn man Feyerabend Losung nicht als Einladung zur Beliebigkeit mißversteht. Gemeint war im Blick auf Welt: Kontingenz, im Blick auf Methode: Theorievariation. Zum Funktionalismus gehört das Bewußtsein, daß es auch anders geht. Deshalb ist „funktionale Äquivalenz" der Schlüsselbegriff. Man kann ihn anthropologisch auf „Kompensation" hin lesen. Man kann ihn aber auch als Erbe der Romantik verstehen: der „Witz" als der romantische Sinn für funktionale Äquivalente. Und schließlich ist funktionale Äquivalenz ein mathematisches Konzept: Die „Stelle" ist der Ort, der nicht durch die Anwesenheit von Dingen, sondern durch ihre Ersetzbarkeit charakterisiert ist. Das ermöglicht allererst die freie Organisierbarkeit der modernen Gesellschaft, die also Stabilität gerade durch Ersetzbarkeit erreicht. Das Wesen einer Sache besteht in den Bedingungen der Möglichkeit, sie zu ersetzen. Die Philosophie konstatiert dann erschreckt: „Sein ist heute Ersetzbarsein."[7] Die Soziologie erwacht aus dieser Lähmung und ersetzt (ersetzt!) das Sein durch Andersseinkönnen.

Berater können mit ihrem Wissen keine Möglichkeiten des Durchgriffs eröffnen, sondern nur orientieren. Das heißt, die Berater dekonstruieren die vorgefundenen Selbstbeschreibungen des Systems. Und Dekonstruktion heißt hier einfach: Man stellt das, was alle akzeptieren, als auch anders möglich dar. Genau das macht aber die Beratung von Politik so schwierig – denn dort gibt es wenig Interesse an Alternativen. Deshalb stellt sich bei jedem politischen Praxisbezug das Grundproblem der Gefälligkeitswissenschaft. Und zwar nicht nur in ihrer affirmativen Variante: daß nämlich Politiker von den Beratern eine Postrationalisierung schon gefallener Entscheidungen erwarten. Es gibt darüber hinaus auch eine Art Kassandraforschung, die es den Politikern ermöglicht, in die Rolle des Retters zu schlüpfen – hier geht es um die „negative Gefälligkeit"[8] des Wissenschaftlers, der Gefahren herbeischafft.

Die Selbstgefährdung der Beratung durch Theorie nimmt im Kontext der Wirtschaft die Form des Patentrezepts an. Die Gefahr ist deshalb so groß, weil mit der Komplexität der Wirtschaft auch die Sehnsucht nach einfachen Lösungen wächst. Statt Patentrezepte zu verkaufen, müßte der Berater die Organisation, die er berät, voll in den Gestaltungsprozeß einbeziehen. Consulting wäre dann ein „codevelopment with the client"[9]. Wer beraten will, muß von seinen Klienten lernen. *Against Theory* meint sinnvollerweise also: gegen den Führungs- und Reformanspruch der Theorie. Sie sollte bereit sein, von der Gesellschaft zu lernen – statt sie immer nur zu belehren.

Will theory stop? Der Pragmatismus führt uns zu einer radikalen Skepsis gegenüber jeder möglichen Praxisrelevanz von Theorie. Sind wir damit wieder bei dem Gemeinspruch angelangt, dem Kant den Garaus machen wollte: Das mag in der Theorie richtig sein, taugt aber nicht für die Praxis? Mit Stanley Fish müßte man wohl so formulieren: Das mag in der Theorie richtig sein, hat aber keine *Folgen* für die Praxis. Doch hier sollte man noch einen Schritt weiter gehen und sagen: Daß das, was in der Theorie richtig ist, keine Folgen für die Praxis hat, hat keine Folgen für die Theorie. Sie muß die Praxis nehmen wie sie ist – und kann doch zeigen, daß sie auch anders möglich wäre. Das ist nicht wenig in einer Welt, in der man immer häufiger auf Praktiker und Entscheider trifft, die behaupten, zu dem, was sie tun, gäbe es keine Alternative.

II. Designprozesse

Wir leben heute in einer Welt, die sehr viel mehr durch das geprägt ist, was Menschen gemacht haben, als durch das, was man natürlich nennt. Die Welt ist primär *antiphysis*. Genau in diesem Sinne heißen artifiziell all jene Phänomene, deren wesentliche Eigenschaften sich dadurch erklären, daß sich ein zweck- und zielgerichtetes System einer ganz bestimmten Lebenswelt informen muß. Diese Anpassungsfähigkeit, die Formbarkeit durch die Umwelt, verleiht dem Künstlichen eine Aura der Kontingenz. Diese Kontingenz des Künstlichen hebt sich prägnant von dem Eindruck der Notwendigkeit ab, den natürliche, also den Naturgesetzen unterworfene Phänomene bei uns hinterlassen. Zur Verschränkung von Kontingenz und Notwendigkeit kommt es deshalb immer dann, wenn die Anpassung eines „behavioral system" an seine Umwelt mißlingt. Daß uns etwas, das auch anders sein könnte, erscheint, als gäbe es dazu keine Alternative, signalisiert lediglich, daß die Grenzen unserer Rationalität erreicht sind.

In der Perspektive der Notwendigkeit erscheinen die Dinge, wie sie sind; in der Perspektive der Kontingenz erscheinen die Dinge, wie sie sein könnten. Alle Arbeitsbereiche, die es mit dem Seinsollen zu tun haben (Ingenieure, Ärzte, Geschäftsleute, Politiker, Künstler), könnte man deshalb unter dem Begriff Design zusammenfassen. Design in diesem umfassenden Sinne umfaßt jede Form von zielgerichteter Produktivität, die es mit der Überbrückung der Differenz zwischen Ist- und Soll-Zustand zu tun hat. Es ist eine Art Sammelbegriff für all die Kompetenzen, die man nur durch „professional training"[10] entwickeln kann.

Insofern kann man sagen, daß Design den Fachmann vom Naturwissenschaftler unterscheidet. Der Arzt, der Lehrer, der Architekt, der Geschäftsmann, der Rechtsanwalt, der Ingenieur – sie alle sind Designer, weil sie Bestehendes in Gewünschtes verwandeln wollen. Deshalb kann man die Leistung des Ingenieurs nicht auf angewandte Physik oder Mathematik, die des Arztes nicht auf Biochemie oder Molekularbiologie und die des Geschäftsmanns nicht auf angewandte Mathematik oder *operations research* reduzieren. Vielmehr geht es darum, wissenschaftliche Ausbildung und das Training von *professional skills* in eine Balance zu bringen.

Reine Wissenschaft und die Welt der Professionals unterscheiden sich dadurch, daß Profis nicht nur analysieren, sondern die analysierte Situation auch mit geeigneten Strategien verändern wollen. Diese synthetischen Prozesse sind allerdings nur schwer zu systematisieren und haben sehr viel mit Urteilskraft und Intuition zu tun. Das hat die akademische Welt dazu verleitet, die Naturwissenschaften als harte, exakte Wissenschaften von den weichen Sozialwissenschaften zu unterscheiden. Man könnte hier aber auch ganz anders unterscheiden, nämlich zwischen den Wissenschaften, die ihre Präzision der Beschränkung auf saubere, einfache Laborphänomene verdanken, und jenen inexakten Wissenschaften bzw. Technologien, die sich mit komplexen Problemen der realen Welt beschäftigen.

Wo bleibt die Exaktheit der Naturwissenschaften, wenn es um die Staus auf der Autobahn oder das Wetter von morgen geht? Die Welt der Praxis ist durch Einzigkeit, Instabilität, Ungewißheit, Komplexität und Wertekonflikte charakterisiert. Logik und Methodologie helfen hier nicht weiter. Aber es geht ja weiter. „Work gets done. Decoupling, not rationality, is the prerequisite."[11] Und damit ist viel mehr zu erreichen, als sich Schulweisheit träumen läßt. Daß etwas logisch unmöglich ist, heißt nämlich nicht auch schon, daß es wirklich unmöglich ist.

Designlösungen in diesem Sinne eröffnen uns mögliche Welten, die bestimmten Rahmenbedingungen genügen. Der Akzent liegt hier auf „möglich", also sehr viel mehr auf dem Designprozeß als auf dem Designprodukt. Es geht vor allem um die Arbeit an imaginierten Möglichkeiten, die je neuen Perspektiven, die sich im Prozeß der Gestaltung ergeben. „Designing is a kind of mental window shopping."[12] Und so wie man nicht kaufen muß, um das Shopping zu genießen, so emanzipiert sich die Lust am Designprozeß von der Fixierung auf ein Endprodukt.

Problemlösungsverhalten besteht vor allem in der Suche nach guten Alternativen, und die Designwissenschaft beschreibt Mechanismen, mit deren Hilfe man Alternativen generieren kann. Besser als von Wissenschaftlern der sogenannten *hard sciences* kann man das von den Professionals lernen, deren Problemlösungsverhalten immer auch Entscheidung, Wahl und Synthese impliziert. Zur empirischen Forschung nach dem Schema von *trial and error* tritt beim Professional also etwas Entscheidendes hinzu: die Selektivität, die er Faustregeln und Heuristiken verdankt. Welche Hinweise sind vielversprechend? Diese Frage kann man nicht rein wissenschaftlich beantworten. That's interesting! Das ist neu! Keine Logik kann mit diesen Suchimpulsen etwas anfangen.

Neben der Formel „trial and error and selectivity"[13] dient noch eine weitere Unterscheidung zur operationalen Definition von problemlösendem Verhalten, nämlich die zwischen Zustandsbeschreibungen und Prozeßbeschreibungen. Blaupausen und Strukturformeln z. B. sind Zustandsbeschreibungen; Rezepte und Differentialgleichungen dagegen sind Prozeßbeschreibungen. Dieser Unterscheidung entspricht die zwischen Wahrnehmungswelt und Handlungswelt. Vor dem Hintergrund dieser Unterscheidung läßt sich nun sehr genau definieren, was es heißt, ein Problem zu formulieren: Wir stellen uns ein Problem, indem wir eine Zustandsbeschreibung seiner Lösung anfertigen. Die Aufgabe besteht nun darin, eine Prozeßfolge zu konstruieren, die diesen Endzustand aus einem Ausgangszustand heraus produziert. „The general paradigm is: Given a blueprint, to find the corresponding recipe."[14]

Was kann der Designprozeß von der Evolution lernen? Evolutionäre Prozesse sind Suchbewegungen ohne Endziel. Variation und Selektion stellen immer wieder neue Mittel bereit, die aber nicht von einem erkennbaren Zweck bestimmt sind; insofern ist die evolutionäre Suche selbst das Ziel. Wenn nun das Design diese Lektion von der Evolution lernt, dann erscheint es nicht mehr absurd, ohne Ziel zu planen, denn der Planungsprozeß selbst erscheint uns nun als eine wertvolle, kreative Aktivität, die Varietät freisetzt. Herbert Simons Zauberformel *bounded rationality – unbounded variety* hat hier für seine Begründung der Designwissenschaft die radikale Konsequenz, daß der Designprozeß eigentlich wichtiger wird als das Produkt. Indem er den Akzent auf Varietät setzt, wird die Suche genauso wertvoll wie ihr Ergebnis.

Im Labyrinth des Lebens ist Exhaustion keine sinnvolle Suchmethode, denn der Suchraum ist viel zu groß. Seine selektive Erforschung erfordert aber heuristische Techniken, Faustregeln und eine Einstellung, die sich mit dem Zufriedenstellenden auch zufriedengibt. Entsprechend orientiert sich der Wissenschaftler auch nur an Forschungsproblemen und Aufgabenstellungen, deren Machbarkeit deutlich ist. Denken im Sinne einer selektiven Suche im Labyrinth des Lebens heißt eben nicht: logische Prozedur. Und wenn die heuristische Suche tatsächlich einmal an ein Ziel gelangt, dann hat dieses Ziel die Suche nicht geleitet, sondern ist aus ihr entsprungen.

Heuristik, also die selektive Suche nach Maßgabe von Faustregeln, führt zu Entscheidungen, die nicht optimal, sondern gut genug sind. Das markiert genau die Differenz zwischen Operations Research und Künstlicher Intelligenz. Operations Research zielt mit stark vereinfachten Modellen auf Optimierung; Künstliche Intelligenz arbeitet dagegen mit ziemlich realistischen Modellen, muß sich deshalb aber mit „local optimization or satisficing"[15] begnügen.

Design kultiviert den Möglichkeitssinn, der uns flexibel auf die Zukunft einstellt. Nicht das Produkt, sondern die Aktivität selbst ist das Ziel. Die Betonung des intrinsischen Werts des Designprozesses, die Verschiebung des Wertakzents vom Ergebnis auf die Suche macht deutlich, daß es in den Wissenschaften vom Künstlichen um den Begriffszusammenhang von *bounded rationality* und *unbounded variety* geht[16]. Der Zweck aller Designanstrengungen ist die Steigerung von Varietät unter bestimmten Rahmenbedingungen – mit Nietzsche gesprochen: in Fesseln tanzen. Paradigmatisch dafür steht die Leistung des Architekten, der bei seinem Entwurf möglicher Bauwelten auf finanzielle Mittel, Bebauungspläne, Statik, Umwelt und die Bedürfnisse der Nutzer Rücksicht nehmen muß.

Designer – und vor allem die Designer zweiter Ordnung, also die Designer von Designprozessen – brauchen deshalb eine Wissenschaft, die sich mit konkreten Denkprozessen beschäftigt: Was heißt Urteilen, Entscheiden, Wählen, Entwerfen, Darstellen? Die uns hier faszinierende und herausfordernde Komplexität steckt nicht im Menschen, sondern in seinem Verhalten, nämlich den vorübergehenden Anpassungen an vorübergehende Lagen. Daraus folgt aber, daß Popes berühmter Satz, das eigentliche Studium der Menschheit müsse dem Menschen selbst gelten, korrigiert werden muß: „the proper study of mankind is the science of design"[17].

Das eigentliche Thema der Wissenschaften vom Künstlichen ist also nicht der technische Gegenstand selbst, sondern der Berührungspunkt *zweier* Umwelten: das Artefakt als Interface zwischen einer inneren und einer äußeren Umwelt. Die innere Umwelt des Artefakts ist seine technische Struktur und Funktionsweise; die äußere Umwelt ist sein Anwendungs- und Aufgabengebiet. In beiden Umwelten herrschen Naturgesetze, die aber für die Designwissenschaft gerade nicht maßgebend sind; sie hat es nur mit dem dünnen Interface dazwischen zu tun. Dieses Interface ist eine Zwei-Seiten-Oberfläche, die zwei Black Boxes gleichzeitig verbirgt, nämlich das psychische System und die komplizierte Technik.

Man muß also nicht nur vom Natürlichen, sondern auch vom Technischen abstrahieren, um einen angemessenen Begriff vom Artifiziellen zu gewinnen. Deshalb sieht Herbert Simon den eigentlichen Prototypen des Künstlichen im menschlichen Organismus und seinen phantastischen Leistungen der Anpassung an seine Umwelt *und* sich selbst – am eindrucksvollsten natürlich im problemlösenden Verhalten des menschlichen Denkens, das sich durch Lernen und Wissensvermittlung seinen Aufgabenfeldern anpaßt. Wie operiert Rationalität in Situationen, in denen die Umweltkomplexität sehr viel größer ist als die Rechenkapazität des sich anpassenden Systems? Vernünftig wäre eine Systemverhalten, daß der Umwelt angemessen wäre. Diese substantielle Rationalität ist aber beschränkt durch die (eben in ihren Rechenleistungen beschränkte) Anpassungsfähigkeit des Menschen – also durch die prozedurale Rationalität.

Weil wir nicht in der Lage sind, der Welt in ihrer ganzen Komplexität gerecht zu werden, produzieren wir vereinfachende Weltbilder und orientieren uns dabei an den Perspektiven der Organisationen, die unser Leben strukturieren. In diesem Sinne sind alle Menschen „creatures of bounded rationality"[18]; und sich mit dieser Beschränktheit ihrer Rationalität zu arrangieren ist ihr zentrales Lebensproblem. Positiv formuliert bedeutet *bounded rationality*: Wenn es Wahrheit gäbe, könnten wir sie nicht haben, denn sie würde uns mit Informationen überlasten – und damit Erkenntnis blockieren. Hier wird die Begrenzung als Steigerungsbedingung erkennbar. Erst die Begrenzung der Vernunft macht moderne Wissenschaft möglich; sie spielt mit Varianten, hält Optionen offen und konstruiert Alternativen, die es ja nur geben kann, weil wir die Zukunft nicht kennen. Deshalb ist die Haltung des modernen Wissenschaftlers „a systematic commitment to noncommitment"[19].

III. Die fast leere Welt

Unsere Lebenswelt läßt sich in eine Vielzahl von Problemen faktorieren, die nur lose miteinander verknüpft sind. Prinzipiell gibt es natürlich eine Unzahl von Variablen, die sich gegenseitig beeinflussen könnten, aber in jeder konkreten Lebenssituation sind es doch immer nur überschaubar viele, die für uns bestimmend werden. Wir bekommen deshalb eine hinreichend genaue Beschreibung der Wirklichkeit, wenn wir nur einen kleinen Ausschnitt aller möglichen Interaktionen in den Blick nehmen. Natürlich sind die Qualität des Rasens, die Windverhältnisse und die Stärke des Flutlichts für ein Fußballspiel nicht gänzlich irrelevant; doch bei den meisten Spielen genügt es, auf die Koordination der beteiligten Körper zu achten. Alles andere kann man ignorieren. Herbert Simon hat das „empty world hypothesis"[20] genannt. Dieses Bild von der leeren Welt generalisiert – und poetisiert! – einen Schlüsselbegriff seiner Systemtheorie: die Fast-Dekomponierbarkeit komplexer Systeme.

In jedem komplexen System gibt es verschiedene Komponenten, die zur Gesamtfunktion des Systems dadurch beitragen, daß sie bestimmte Subfunktionen erfüllen. Man kann die Gesamtfunktion beschreiben, ohne auf die Subfunktionen einzugehen; und man kann auch die Subfunktionen beschreiben, ohne auf die darunterliegenden Mechanismen einzugehen. Komplexe Systeme sind also wie eine Hierarchie von Ebenen konstruiert; oder anders gesagt „in a boxes-within-boxes form"[21]. Wenn man nun eine komplexe Struktur gestalten will, sollte man versuchen, sie in fast-unabhängige Komponenten zu zerlegen.

Wohlgemerkt: *fast* unabhängig. Die Interaktion der Systemkomponenten ist schwach, aber nicht nichtig. Und sie ist um so schwächer, je kürzer das Verhalten der Systemkomponenten beobachtet wird. Hinzu kommt, daß die hierarchische Ordnung komplexer Systeme sich dadurch markiert, daß die Verknüpfung *innerhalb* von Systemkomponenten stärker ist als *zwischen* ihnen. Man kann sich ein System also so vorstellen, daß es in Blöcke aufgeteilt ist und alle starken Interaktionen sich innerhalb der Blöcke vollziehen, während zwischen ihnen nur schwache Interaktionen vorkommen. Die Evolutionsfähigkeit eines komplexen Systems ist unmittelbar davon abhängig, inwieweit es diese „near-decomposability condition"[22] erfüllt.

Dekomponierbarkeit heißt also zweierlei: Man kann das Verhalten des Gesamtsystems beobachten, ohne auf seine Details einzugehen, und man kann das (kurzfristige) Verhalten von Subsystemen beschreiben, ohne auf deren Zusammenspiel im Gesamtsystem einzugehen. Und so läßt sich auch für jedes Komplexitätsniveau eine eigene Theorie formulieren. Jedes komplexe System besteht aus stabilen Subsystemen, deren jedes fast unabhängig von den internen Prozessen der jeweils anderen Subsysteme operiert, also lediglich durch deren In- und Outputs beeinflußt wird. Ob es sich dabei nun um ein Organ des menschlichen Körpers oder um eine Firma der Marktwirtschaft handelt – sie können ihre Funktion „in blissful ignorance"[23] alles dessen erfüllen, was in anderen Organen oder anderen Firmen vor sich geht.

Fast-Dekomponierbarkeit spielt vor allem in sozialen Systemen, deren Mitglieder ein Kommunikationsnetz weben, eine wichtige Rolle. Am deutlichsten wird das in formalen Organisationen, die formal genau deshalb heißen, weil sie jedes Organisationsmitglied mit genau einem unmittelbaren Vorgesetzten und einer kleinen Zahl von Untergebenen verknüpfen. So greifen Reduktion von Komplexität (es soll gerade nicht jeder mit jedem kommunizieren), Hierarchie und Fast-Dekomponierbarkeit des Systems ineinander. Formale Organisationen zeigen auch sehr schön, wie solche hierarchischen Strukturen rekursiv angelegt sein können, wobei dann die Interaktionen und Verknüpfungen immer schwächer werden, je mehr wir uns der Hierarchiespitze nähern.[24]

Offenbar haben hierarchisch geordnete Systeme einen evolutionären Vorteil gegenüber ähnlich großen nicht-hierarchischen Systemen. Oder könnte das eine Wahrnehmungstäuschung sein? In einer faszinierenden Überlegung zu Problemen der Beschreibung von Komplexität faßt Herbert Simon die Möglichkeit ins Auge, daß wir nur deshalb auf hierarchisch geordnete Systeme fixiert sind, weil ihre Dekomponierbarkeit sie überhaupt erst beschreibbar, ja sichtbar macht. Gäbe es in unserer Welt also wichtige komplexe Systeme, die nicht hierarchisch geordnet sind, dann könnten wir sie womöglich gar nicht beobachten. Daraus folgt aber, daß die Frage, ob wir die Welt verstehen können, weil sie hierarchisch geordnet *ist*, oder ob sie nur hierarchisch geordnet *erscheint*, weil wir anderes gar nicht wahrnehmen könnten, unbeantwortet bleiben muß.

In jedem Fall verhilft die hierarchische Struktur komplexer Systeme ihrer Beschreibung zu einer meist überraschend einfachen Form – eine Überraschung, die von der Formel „empty world" exemplarisch zum Ausdruck gebracht wird. Dabei muß man aber im Auge behalten, daß die Einfachheit nicht eine der wirklichen Welt, sondern ihrer Darstellung ist. Ob wir es mit einer einfachen oder komplexen Struktur zu tun haben, hängt also wesentlich davon ab, wie wir sie beschreiben.

IV. Im Labyrinth der Möglichkeiten

Wie gehe ich mit einer unüberschaubaren Vielzahl von Bedürfnissen, Wünschen und Umweltanforderungen um? Herbert Simon vergegenwärtigt sich dieses Grundproblem der begrenzten Vernunft mit der Metapher vom menschlichen Leben als ständiger Suche im Labyrinth. Die Erfahrung des Labyrinths und die urphilosophische des Erstaunens konvergieren im Englischen besonders schön: *maze* und *amazement*. Diese Suche im Labyrinth der Möglichkeiten muß eine heuristische sein; und sie ist gerade dann erfolgreich, wenn sie sich nicht in die Sackgasse der Optimierung verrennt, sondern mit Lösungen zufrieden ist, die „gut genug" sind. Hier sieht man deutlich, daß das Konzept der *bounded rationality* unabtrennbar ist von einem zweiten Grundbegriff Herbert Simons: *satisficing*.

Gesellschaftliche Ungewißheit entsteht typisch modern aus dem Konflikt von Gewißheiten, also aus Wertkonflikten. Wertkonflikt bedeutet aber, daß es keinen optimalen Kurs des Handelns geben kann. Möglich ist lediglich Verständigung auf der Basis von Lösungsvorschlägen, die die Konfliktparteien als „gut genug" beurteilen können. Diese Umstellung von Optimierung auf „satisficing" entspricht einem darwinistischen Modell von prozeduraler Rationalität, das nicht vom *survival of the fittest*, sondern von der natürlichen Selektion dessen ausgeht, der „fit enough" ist.

Das *fit enough* der Selektion entspricht also präzise dem *good enough* des Problemlösungsverhaltens: Systeme bewegen sich suchend durchs Labyrinth des Lebens, dessen Verzweigungen die vielen möglichen, aber oft unvereinbaren Lebensziele repräsentieren, und müssen damit zu Rande kommen, daß die Umwelt sie mit Ungewißheiten und ihr Begehren sie mit Unvereinbarkeiten quält. Wer angesichts dieser Lage nach der besten Lösung sucht, verschwendet nur kognitive Ressourcen. In der wirklichen Welt kann man die beste Antwort nicht bekommen und bescheidet sich deshalb vernünftigerweise mit einer Antwort, die gut genug ist: „we satisfice for inability to optimize"[25].

Zu einem Wesen von begrenzter Rationalität paßt also nur ein heuristisches Suchverhalten im Möglichkeitslabyrinth, und genau das meinen wir auch, wenn wir von Problemlösungen oder Entdeckungen sprechen. *Bounded rationality* ist eine durchaus robuste Ausstattung des Menschen, denn er muß in konkreten Situationen gar nicht sehr viel wissen, um sich richtig zu verhalten. Zumeist genügt die lokal verfügbare Information, z. B. der Preis auf dem Markt, um sich richtig zu entscheiden. Den Grenzen menschlicher Rationalität trägt man deshalb am besten Rechnung, indem man Entscheidungen so arrangiert, daß die einzelnen Schritte des Entscheidungsprozesses nur auf solche Informationen angewiesen sind, die dem einzelnen lokal verfügbar sind.

Die begrenzten Rechenkapazitäten unserer Vernunft verhindern es auch, daß wir in kohärenter Weise über die langfristigen Konsequenzen unseres eigenen Handelns nachdenken; im Blick auf Zukunft sind wir also sehr kurzsichtig. Je weiter etwas in der Zukunft liegt, um so weniger Wert hat es. Ob in zwanzig Jahren noch Renten und Pensionen gezahlt werden, interessiert mich brennend. Aber Gorleben? Dieses Diskontieren der Zukunft macht die „creatures of bounded rationality" überhaupt erst entscheidungsfähig; wir belasten uns nicht mit dem Nachdenken über ferne Folgen. So tritt neben die Metapher vom Suchen im Labyrinth noch eine zweite: Die kurzsichtige Vernunft beläßt es beim *local hill climbing.*

Je mehr Zivilisation auf Wissen basiert ist, desto unvorhersehbarer wird sie. Mit anderen Worten, je mehr das Wissen die Zukunft prägt, desto weniger kann man von der Zukunft wissen. Wenn man wüßte, was in der Zeitung von morgen steht, würde es nicht geschehen. Dieses Nichtwissen von der Zukunft ist aber gerade kein Grund zur Resignation, sondern im Gegenteil der Ausdruck unserer Freiheit. Resignativ war die Theorie des Posthistoire, die sich in den Zauberwörtern der Unentrinnbarkeit (Max Weber) und Unaufhörlichkeit (Gottfried Benn) ein End-Bild von der westlichen Zivilisation fixierte. „Ein Sog in die Zukunft hinein"[26] – so hat Gehlen zuletzt das Posthistoire charakterisiert. Und nach Helga Nowotny wäre es sogar angezeigt, auf den Begriff Zukunft ganz zu verzichten und ihn durch „erstreckte Gegenwart"[27] zu ersetzen.

Doch man kann diese Düsternis des Posthistoire heute evolutionstheoretisch aufheitern. Die Evolution ist kurzsichtig – zum Glück. Denn deshalb gibt es Chancen und Innovationen. Hinzu kommt, daß sich das Wie der Evolution selbst evolutionär entwickelt. Wir haben es hier also mit einem autologischen Begriff zu tun, der auf sich selbst angewandt werden muß: Die Evolution evolviert selbst. Und daraus folgt: „Der Evolutionsbegriff selbst schließt Pro gnosen aus."²⁸ Die gesellschaftliche Evolution antizipiert nicht Zukunft, sondern reagiert auf Komplexität. Wir müssen uns deshalb, wie Hans Castorp in Thomas Manns *Zauberberg*, daran gewöhnen, daß wir uns nicht gewöhnen. Gewiß ist allerdings, daß unsere Zeiterfahrung mit Anfang und Ende nicht mehr zu fassen ist. Die Rekursion produziert Eigenwerte und macht damit den Anfang gleichgültig; die Evolution entfristet die Zeit und macht sie zur ziellosen Offenheit. Daß wir Zukunft haben und kein Wissen von der Zukunft haben, sind Vorder- und Rückseite derselben Freiheit. Wir bewegen uns auf ein Ziel zu, das sich selbst bewegt. Deshalb gilt: Die Zukunft kann man nicht prognostizieren, sondern nur provozieren.

Als Kompaß für den Blindflug in die offene Zukunft können uns also nicht mehr Prophetie, Utopie, Eschatologie, Apokalypse oder die Geschichtsphilosophie des Fortschritts dienen. Was wir statt dessen brauchen, ist Komplexitätsempfindlichkeit. Und vor allem auch Empfindlichkeit für die Komplexität der eigenen Beobachtungslage. Denn daß die Moderne die Zeit der Totalen Mobilmachung ist, hat zur Folge, daß auch der Beobachter in Bewegung gerät. Kein Wissen ohne Ignoranz! Jedes Wissen macht etwas unsichtbar, und wer heute „etwas" wissen will, muß vor allem auch um das epistemische Risiko jeder Konstruktion wissen. Mein blinder Fleck ist die Bedingung der Möglichkeit meiner Beobachtung. Das erschüttert alle Identitäten. Doch auch hier müssen wir umlernen: Je mehr Identität, desto weniger Zukunft.

Wir sagten gerade: Man muß gar nicht sehr viel wissen, um sich richtig verhalten zu können. Das gilt in einem eminenten Sinne für alles menschliche Verhalten unter Bedingungen der Unsicherheit – und vor allem dann, wenn die Ergebnisse der eigenen Entscheidungen von den ebenfalls unter Bedingungen der Unsicherheit getroffenen Entscheidungen anderer abhängen. Einen extremen und dadurch lehrreichen Fall für dieses Problem bietet das Gefangenen-Dilemma. Die Frage lautet: Was ist das rationalste Verhalten in Situationen, in denen mehrere Personen entgegengesetzte Interessen verfolgen?²⁹

Im Gefangenen-Dilemma hat jeder die Wahl zwischen kooperativen und aggressiven Spielzügen. Aus der Perspektive des einzelnen ist es rational, das Gefangenendilemma aggressiv zu spielen. Denn wie auch immer sich der andere verhält: Verrat bringt das beste Ergebnis für den einzelnen. Doch das theoretisch Zwingende ist nicht unbedingt auch klug. Die individuelle Rationalität führt nämlich für beide Spieler zu einem schlechten Ergebnis. Zugespitzt lautet das

Dilemma: Jeder ist besser dran, wenn er egoistisch ist, aber beide sind besser dran, wenn sie kooperativ sind. Gegen die *Invisible Hand* Adam Smiths, die bewirkt, daß der Egoismus eines jeden zum allgemeinen Guten führt, demonstriert das *Prisoner's Dilemma*, wie die Rationalität des Egoismus zum allgemeinen Schlechten führt.

Im Gefangenendilemma geht es also immer darum, daß die rationale Wahl des einzelnen nicht zur optimalen Entscheidung führt. Es brennt im Kino, und alle rennen zum Ausgang. Die dadurch entstehende Panik ist unmittelbare Folge individuell rationalen Handelns. Natürlich würden *alle* Kinobesucher besser fahren, wenn sie *alle* dem Kooperationsgebot „Verhalten Sie sich ruhig!" folgen würden. Aber jeder einzelne handelt völlig rational, wenn er um *sein* Leben rennt. Das Gefangenendilemma zeigt diesen Widerspruch zwischen individueller und kollektiver Rationalität bzw. zwischen spieltheoretischer Rationalität und erfolgreichem Verhalten in Reinform. Wir haben es hier mit Problemen zu tun, für die es keine technische Lösung gibt. Sie entstehen immer dann, wenn der andere auf meine Wahl antwortet; und was auch immer nun geschieht – es wäre auch anders möglich. Auf diese einzige Notwendigkeit der modernen Welt, nämlich Kontingenz, kann man sich nur schlecht einstellen.

Das Gefangenendilemma ist deshalb besonders interessant, weil es zeigt, daß gerade die Suche nach der optimalen Lösung zum schlechtesten Ergebnis für alle Beteiligten führt. Mit einem Dilemma haben wir es aber deshalb zu tun, weil die alternative, nämlich kooperative Strategie aus der Perspektive unbegrenzter Rationalität (sprich: Rechenkapazität) nicht stabil ist. Erst eine Umstellung der Spieler von der Suche nach dem Optimum zu einer Suche nach dem Zufriedenstellenden würde die kooperative Strategie stabilisieren. Dann würde aber paradoxerweise gelten, daß *bounded rationality* bessere Ergebnisse produziert als *unbounded rationality*.

Wir leben in einer Welt der unreduzierbaren Ungewißheiten, die man nur evolutionstheoretisch, also weitgehend zukunftsblind modellieren kann. „Where there are irreducible uncertainties, prediction is no test at all of a model's validity."[30] Theorie hat einen anderen Leistungssinn. Wenn sich die Wissenschaften heute Helden wählen, dann werden es nicht mehr wie in den Aufklärungsglanzzeiten der Moderne Herakles oder Odysseus, aber auch nicht mehr wie in Zeiten der Kritischen Theorie Münchhausen sein, sondern die Prinzen von Serendip.

Vorbereitet wurde diese Wendung allerdings schon vor zweihundertfünfzig Jahren. In einem Brief von Horace Walpole an Sir Horace Mann vom 28. Januar 1754 taucht erstmals der schöne Neologismus „Serendipity" auf. Er benennt den Weg zum Neuen durch blinde Variationen – man ist opportunistisch und läßt sich vom Interessanten verführen. Dabei lautet die Selektionsregel: „Use what you know to narrow the field; then, within it, make trials at random."[31] Die spezifische Neugier der Prinzen von Serendip verbindet Überraschungserwartung und Problemlösungsverhalten. Am Anfang steht die Irritation, das heißt ein Ärger mit minimaler Bestimmtheit; diese Irritation bringt man in *puzzle form*, unterwirft sie also einem Spiel mit Regeln; dann kann man ein Problem formulieren – und eine Entdeckung machen.

V. Das neue Theoriedesign

Wer A sagt, muß auch B sagen – aber er mußte nicht A sagen. Es gilt heute als gesichert, daß die Grundlagen der Wissenschaften unsicher sind. Das zeigt sich schon daran, daß die Wirklichkeit für die moderne Wissenschaft nur noch durch Instrumente erreichbar ist. „Das Außen ist nur innen zugänglich."[32] Und genau das evoziert die Metapher vom Blindflug. Längst hat das Wissenschaftssystem Richtigkeit durch Zuverlässigkeit ersetzt. Der Sozialepistemologe Fuller spricht von einem „drift from validity to reliability"[33]. Im Klartext heißt das: Wir machen nicht das Richtige, aber das, was wir machen, machen wir richtig.

Damit hat die moderne Wissenschaft die maximale Entfernung vom antiken Denken erreicht. Antik bezauberte die momentane Evidenz – modern erreichen wir nur noch immanente Konsistenz, also rhetorische Vereinbarkeit und Systematizität. Seit Platon zielte Erkenntnis auf die hinter der bloßen Erscheinungswelt liegende eigentliche Realität – und trifft dort schließlich auf sich selbst. Die Frage nach den Bedingungen der Möglichkeit von Erkenntnis wird heute ersetzt durch die Frage nach der Unterscheidung, mit der das Problem formuliert wird.

Das ist für alle neuen Theoriedesigns charakteristisch, ob es sich nun um das Unterscheidungskalkül George Spencer Browns oder den Informationsbegriff Gregory Batesons handelt, ob es um die Operation der Transjunktion bei Gotthard Günther oder um die der Dekonstruktion bei Jacques Derrida geht; und es gilt natürlich erst recht für die Neokybernetik Heinz von Försters und ihre Beobachtungen zweiter Ordnung. Diese Theoriedesigns reagieren alle auf das sachliche Problem des Referenzverlusts und das soziale Problem des Autoritätsverlusts von Wissen.[34]

Theorie nährt sich von Imagination, nicht von Fakten. Sie ist primär Gedankenexperiment und Modellbildung. Szenarien generieren *artificial histories* und simulieren Daten. „The best rhetoric comes from building and testing models and running experiments."[35] Das geschieht heute vor allem computergestützt; PCs und Laptops sind technisch konkret die „Denkprothesen", von denen Gotthard Günther noch ganz philosophisch sprach. Ohne sie wird gerade auch die Theorie der modernen Gesellschaft in Zukunft nicht mehr auskommen. Denn die Soziologie hat bekanntlich kein Labor – und muß deshalb mit dem Ersatzlabor der Simulation auskommen. Man spricht in diesem Zusammenhang von Social Computation: Netzwerke lösen Probleme, die einzelne nicht einmal stellen können. Und eine generative Sozialwissenschaft ersetzt die Erklärung sozialer Phänomene (top down) durch ihre Computersimulation (bottom up). Statt: Kannst Du das erklären? heißt es jetzt: Kannst Du das wachsen lassen?

Gedankenexperiment und Modell, Szenario und Simulation – offenbar geht es in der Wissenschaft nur noch um Konstruktionen. Wenn das zutrifft, muß sich die Religion nicht mehr bedrängt fühlen; und damit hätte die Wissenschaft ihren wichtigsten Gegner verloren. Der wachsende Wissensüberdruß ist dafür das deutlichste Symptom. Die Wissenschaft wird für uns immer wichtiger – und unwichtiger. Wir Ptolemäer!

Anmerkungen

Vorwort

[1] Charles H. Cooley, Social Organization, S. 99.
[2] Thomas C. Schelling, Micromotives and Macrobehavior, S. 14.
[3] Otto Hondrich, „Die gute Gesellschaft", S. 15.

Kapitel 1: Der Verlust der Gewißheit

[1] Frank H. Knight, Selected Essays Bd. II, S. 18.
[2] Vgl. Harrison C. White, Identity and Control, S. 106 ff. – So schafft etwa das Dogma der Amtskirche symbolische Gewißheit, bleibt aber auf ein inkohärentes Publikum bezogen und nimmt damit hohe soziale Ungewißheit in Kauf. Dagegen bietet jede Sekte hohe soziale Gewißheit, die sich aber nur durch symbolische Ambiguität stabilisieren läßt.
[3] Theodor W. Adorno, Minima Moralia, §72.
[4] Niklas Luhmann, Die Gesellschaft der Gesellschaft, S. 107.
[5] Albert O. Hirschman, Crossing Boundaries, S. 103; dort definiert als „the felicity of taking part in collective action".
[6] Donald T. Campbell, Methodology and Epistemology for Social Science, S. 478.
[7] Richard B. Norgaard, „The Coevolution of Economic and Environmental Systems and the Emergence of Unsustainability", S. 220.
[8] Niklas Luhmann, Das Recht der Gesellschaft, S. 296.
[9] Friedrich von Hayek, Recht, Gesetzgebung und Freiheit, S. 79.
[10] Carl Christian von Weizsäcker, „Notes on Endogenous Change of Tastes", S. 371.
[11] Hermann Lübbe, Zeit-Erfahrungen, S. 17.
[12] George Lennox Sharman Shackle, Imagination and the Nature of Choice, S. IX. – In Risikofragen kann also niemand sicher sein – sicher ist nur, daß der andere auch nicht sicher sein kann. Deshalb ist Risikoforschung, die in der modernen Gesellschaft zunehmend die Ethik ersetzt, selbst riskant. Und mittlerweile fordern einige ja schon eine Art Fortschrittsschutz gegenüber diesem Ethikersatz – Stichwort: Gentechnik.
[13] Hermann Lübbe, „Sicherheit", S. 33.

Kapitel 2: Das Chaos der Intimität

[1] Andreas Kilb, „Feierabend", S. 37: „Denn in den kommenden zehn Jahren werden just die zwischen 1940 und 1950 Geborenen in den Ruhestand gehen, sofern sie sich dort nicht bereits befinden. Diese Generation hat die höchsten Rentenansprüche in der Geschichte des deutschen Sozialsystems und wahrscheinlich auch aller anderen Sozialsysteme der westlichen Welt angehäuft. Sie kann auf eine fast sechzigjährige Friedensperiode zurückblicken, in der berufliche Karrieren und individuelle Sehnsüchte sich mit einer ungefährdeten Eigengesetzlichkeit entfalten durften, die in der Geschichte der Neuzeit ohne Beispiel ist." Die Sorge gilt immer weniger den Kindern und immer mehr den Alten (Pflegeversicherung).

[2] Aber genau das ist unvermeidlich, wenn man logisch denken will. Vgl. etwa George Spencer Brown, Laws of Form, S. V: „a universe comes into being when a space is severed or taken apart. The skin of a living organism cuts off an outside from an inside."

[3] George Spencer Brown, Law of Forms, S. 3.

[4] So in aller Nüchternheit Gary S. Becker, Accounting for Tastes, S. 237: „The incentive to nurture love is weak when it is easy to divorce."

[5] Vgl. zum Outsourcing des Familiären Robert B. Reich, The Future of Success, S. 174: „care and attention are being subcontracted".

[6] So ausdrücklich Robin Dunbar, Grooming, Gossip and the Evolution of Language, S. 199: „the ready-made imaginative family of the soap opera".

[7] Mihaly Csikszentmihalyi/Robert Kubey, „Television and the Rest of Life", S. 318.

[8] Robert B. Reich, a.a.O., S. 6. – Erste Hinweise finden sich schon bei Talcott Parsons, Politics and Social Structures, S. 15: „therapy generally supplements kinship".

[9] Und daß Kinder genau daran leiden, ist eines der größten Tabus unserer Zeit. Vgl. zu „Elternschaftshybriden" und den „Folgen neuer Elternarrangements" den großartigen Essay von Gerhard Amendt, „Aggressive Persiflage", S. 8.

[10] Das Problem der Liebe ist also die Kontingenz der Anerkennung – während das Kunststück der Kunst im Als ob der Nicht-Kontingenz besteht und die Kraft der Religion sich in der Anerkennung der Kontingenz bewährt.

[11] Kenneth J. Gergen, The Saturated Self, S. 66.

[12] Allerdings können wir analog zur Emanzipation des Familiären von der Familie eine Emanzipation des Kindlichen von den Kindern beobachten. Der Wert des Infantilen läßt sich offenbar jenseits der Welt konkreter Kinder noch viel reiner präparieren. Man hält sich Tiere als Pseudo-Kinder, die den Vorteil haben, daß sie immer babyhaft bleiben: hilfsbedürftig, weich, Objekte der Sorge, Waren auf den *markets of care.*

[13] Schon deshalb kann es kein *gesellschaftspolitisches* Programm „Zurück zur Familie!" geben; das fordert denn auch noch nicht einmal der deutsche Hausfrauenverband.

[14] Helmut Schelsky, „Kritik der austeilenden Gerechtigkeit", S. 310f.:

"Daseinsvorsorge und Daseinsfürsorge sind – schon von der Bibel her – die wesentlichsten immanenten Sinngebungen des menschlichen Daseins; indem man sie ‚kollektiviert', d.h. dem Einzelnen und der einzelnen Familie als ihre Uraufgabe wegnimmt zugunsten von großorganisatorischer Betreuung, entmündigt man den Menschen und drängt seine Lebenspflichten und -erwartungen in den *Konsum des bloß Gegenwärtigen* ab."

[15] Vgl. dazu Deborah Tannen, You Just Don't Understand, etwa S. 25: "conversations are negotiations for closeness in which people try to seek and give confirmation and support".

[16] Entsprechend mühsam gestaltet sich dann die Weigerung, feminin zu werden: Anorexie.

[17] Max Weber, Wissenschaft als Beruf, S. 28.

[18] Gerhard Amendt, "Aggressive Persiflage", S. 8. – Vgl. dort auch die sehr bedenkenswerten Überlegungen zum geheimen Ressentimentmotiv der homosexuellen Kultur.

Kapitel 3: Rückblick auf die vornehmen Werte

[1] Friedrich Nietzsche, Sämtliche Werke, Bd. 5, S. 206.
[2] A.a.O., Bd. 6, S. 138.
[3] Ernst Jünger, Eumeswil, S. 128.
[4] A.a.O., S. 227.
[5] Max Stirner, Der Einzige und sein Eigenthum, S. 258.
[6] Oscar Wilde, The Artist as Critic, S. 433.
[7] Vgl. hierzu den von Brigitte Felderer und Thomas Macho herausgegebenen, sehr instruktiven Sammelband Höflichkeit. Aktualität und Genese von Umgangsformen.
[8] Nietzsche, a.a.O., Bd. 5, S. 205.
[9] A.a.O., S. 260.
[10] A.a.O., S. 213.
[11] Heraklit B 53. – Ob man die Herrenmoral nicht nur von der Sklavenmoral, sondern beide auch von einer Moral der Kooperation unterscheiden kann, diese also einen Rejektionswert zu Herrschaft und Knechtschaft bereitstellt, überprüfen wir im Kapitel 5.
[12] Stefan George, in: Der George-Kreis, S. 78. – Und entsprechend haben "Talent zum Herrn", so Johannes Gross, Nachrichten aus der Berliner Republik, S. 156, nur jene Nationen, die auch freundliche Dienstleistungen erbringen.
[13] Jerome Bruner, On Knowing, S. 141. – Vgl. hierzu ausführlich Kapitel 7.
[14] Nietzsche, a.a.O., Bd. 4, S. 213.
[15] Niklas Luhmann, "Soziologie der Moral", S. 78.
[16] Theodore Roszak, The Cult of Information, S. 91.
[17] Nietzsche, a.a.O. Bd. 4, S. 214.
[18] Ronald S. Burt, Structural Holes, S. 140.
[19] Sören Kierkegaard, Die Krankheit zum Tode, S. 84f.
[20] Nietzsche, a.a.O., Bd. 5, S. 242.
[21] A.a.O., Bd. 4, S. 78.

[22] A.a.O., S. 71.
[23] Jacob Taubes, Die politische Theologie des Paulus, S. 108.
[24] Robert Sheaffer, Resentment against Achievement, S. 76.
[25] Nietzsche, a.a.O. Bd. 6, S. 247.
[26] A.a.O., S. 251.

Kapitel 4: Wie das Ressentiment schöpferisch wurde

[1] Daniel Bell, The Coming of Post-Industrial Society, S. 451.
[2] Max Scheler, Das Ressentiment im Aufbau der Moralen, S. 9. – Verschärft wird diese Erfahrung von seiten der Wohlhabenden durch deren „desire to be different and to *enjoy* the disparity". – Bell, a.a.O., S. 455. Wirtschaftswissenschaftler sprechen in diesem Zusammenhang von *positional goods*; das sind tendenziell unerwerbbare Werte – die gerade deshalb maximales Ressentiment provozieren.
[3] Pascal Bruckner, Ich kaufe, also bin ich, S. 22; noch deutlicher Niklas Luhmann, Soziologische Aufklärung Bd. 2, S. 179: „Reichtumstoleranz".
[4] „It is ‚authentic' for a person to be dissatisfied." – Magoroh Maruyama, Mindscapes in Management, S. 114.
[5] Die vornehmen Werte sind sehr eng mit einer stratifikatorischen Gesellschaftsstruktur korreliert. „Vom König bis zur Hure und zum Henker trägt jeder jene formale ‚Vornehmheit' der Haltung, an seiner ‚Stelle' unersetzlich zu sein. Im ‚Konkurrenzsystem' hingegen entfalten sich die Ideen der sachlichen Aufgaben und ihre Werte prinzipiell erst *auf Grund* der Haltung des Mehrsein- und Mehrgeltenwollens aller mit allen. Jede ‚Stelle' wird nun zu einem bloß transitorischen Punkt in dieser allgemeinen Jagd." – Scheler, a.a.O., S. 14.
[6] Scheler, a.a.O., S. 10.
[7] Nietzsche, Sämtliche Werke Bd. 5, S. 271.
[8] Scheler, a.a.O., S. 8.
[9] Nietzsche, a.a.O., S. 369.
[10] Thorstein Veblen, The Theory of the Leisure Class, S. 43.
[11] Allan Bloom, The Closing of the American Mind, S. 331.
[12] Martin Walser, Meßmers Reisen, S. 72.
[13] So heißt es bei Sartre in einem Essay über *La Conspiration* von Paul Nizan: „la jeunesse est l'âge du ressentiment." – Situations I, S. 27.
[14] Albert O. Hirschman, Essays in Trespassing, S. 216.
[15] Arthur Schopenhauer, Die Welt als Wille und Vorstellung, Viertes Buch § 57, Werke Bd. I, S. 415.
[16] Frankfurter Allgemeine Zeitung 25. Februar 2004, S. 33.
[17] Bruckner, a.a.O., S. 39.
[18] A.a.O., S. 70.
[19] A.a.O., S. 48.
[20] A.a.O., S. 110.

21 Kenneth J. Gergen, Realities and Relationships, S. 158. – „Coercive deficiency" lautet ein diese Zusammenhänge sehr gut treffender Begriff von Arthur Smithies. Und das kennt auch jeder Universitätsprofessor: schnell das ganze Budget erschöpfen, damit der Anspruch auf mehr Geld unwiderstehlich wird.
22 Otto Hondrich, „Die gute Gesellschaft", S. 15.
23 Dwight R. Lee/Richard B. McKenzie, Failure and Progress, S. 98. – Zu den „Counterprofessionals", die solche *special-interest*-Politik von Minoritäten mit Gutachten unterfüttern, vgl. Donald A. Schön, The Reflective Practitioner, S. 340.
24 Lee/McKenzie, a.a.O., S. 127.
25 P. F. Strawson, Freedom and Resentment, S. 14.
26 Bruckner, a.a.O., S. 224.
27 Frank H. Knight, Selected Essays Bd. II, S. 353. – Vgl. dazu auch Hans Magnus Enzensberger, „Über die gutmütigen Deutschen", S. 220: „Nicht umsonst tauchen die Worte ‚sozial', ‚gerecht' und ‚Gerechtigkeit' im Programm der führenden Regierungspartei genau 123mal auf, ein einziges Mantra der Umverteilung."
28 Niklas Luhmann, Grundrechte als Institution, S. 181.
29 Doch das „gesunde" Rechtsempfinden kann das bloß positive Recht und die Prozeduralisierung der Gerechtigkeit nur schwer ertragen; es tut weh, vor Gericht zu erfahren, daß für das Recht Handlichkeit wichtiger als Gerechtigkeit ist. Ein analoges Gefühlsproblem hat ja auch, wie wir in Kapitel 1 gezeigt haben, die Wahrheitsliebe unter Modernitätsbedingungen: sie kann das kontingente Wissen nicht ertragen.
30 Johannes Gross, Nachrichten aus der Berliner Republik, S. 59. – Vgl. zur idealen Betriebstemperatur der modernen Gesellschaft auch Norbert Bolz, Das konsumistische Manifest. Soziale Kälte entsteht nicht durch den Kapitalismus, sondern durch formale Organisation, also die Notwendigkeit, soziale Kooperation in großem Maßstab zu organisieren. Der Ruf nach der „Bürgergesellschaft" bezeugt also einen antiorganisatorischen Affekt. Nichts ist heute unzeitgemäßer als Plessners „Kultur der Unpersönlichkeit", seine Einsicht in die „Heilsamkeit des Unpersönlichen" und sein Lob der „Verbindlichkeit, die nicht bindet" – Helmuth Plessner, Grenzen der Gemeinschaft, S. 44, 107, 133. Auch wenn es der sozialdemokratischen Seele weh tut: Gefühlsschwäche ist in der modernen Welt adaptiv; „to be emotionally involved would limit our capacities for mobility." – Ronald Cohen, „Altruism", S. 50.
31 Niklas Luhmann, Protest, S. 130.
32 Paul Kirchhof, „Geprägte Freiheit", S. 10.
33 Die SPD ist heute für den soziologischen Beobachter die einzig interessante deutsche Partei einfach deshalb, weil sich die Probleme der Globalisierung und die Folgeprobleme des Wohlfahrtsstaates unmittelbar als Identitätsprobleme der Sozialdemokratie stellen. Mit anderen Worten: Die Aporien der Regierungsarbeit sind untrennbar vom Problem des Selbstmanagements der SPD. Die Schauseite, die sie uns heute wieder zeigt, ist die des Sozialkonservatismus. Das ist der Traditionsbestand, den entschlossene Modernisierer zunächst nur als Hypothek empfinden können. Man könnte diese sozialkonservative Tradition aber

auch als Fassade nutzen, hinter der man dann höchstmoderne Architekturen aufzieht.
[34] Soziale Gerechtigkeit ist ein Deckbegriff für den Neid, der dann durch progressive Einkommensteuer und Erbschaftssteuer institutionalisiert wird; vgl. hierzu auch Kapitel 3. So unsympathisch neidische Menschen sind, so wichtig ist es aber doch, die gesellschaftliche Funktion des Neids zu begreifen. Schon Bacon sprach von *public envy*, also Neid zugunsten des öffentlichen Wohls. So ermöglicht das Finanzamt Menschen, die vom Neid zerfressen sind, eine sozial nützliche Tätigkeit. „Neid zivilisiert in dem Maße, wie er selbst zivilisiert zum Ausdruck gebracht wird." – Helmuth Berking, in: Neid, Ä+K #77 (1991), S. 11.
[35] Ian Buruma, „Moral Policemen".
[36] Bell, a.a.O., S. 290.
[37] John Rawls, A Theory of Justice, S. 101.
[38] Als einem der deutschen Namen für die „Schuld" der Gesellschaft.
[39] Die Propagandisten der Ergebnisgleichheit haben ein feines Gespür dafür, daß Chancengleichheit die Elitebildung fördert; denn je gleicher die Chancen der Partizipation, desto ungleicher die Niveaus der Partizipation. Demokratische Gleichheit schließt nämlich Differenzierung nicht aus – aber diese muß kontingent sein (also auch anders möglich).
[40] Max Weber, Wissenschaft als Beruf, S. 10.
[41] Alles Wesentliche dazu findet der geneigte Leser bei Dietrich Schwanitz, Der Campus.

Kapitel 5: Warum es intelligent ist, nett zu sein

[1] In demokratischen Gesellschaften scheint das politische Handeln per se ein Free-Rider-Problem zu produzieren. Die Regierung verteilt gut sichtbare Wohltaten an gut organisierte Minderheiten bzw. „Benachteiligte" und verteilt deren Kosten – kaum mehr sichtbar – auf uns alle. „As opposed to the fairness of the market process, the political process encourages some to free ride on the contributions of others." – Dwight R. Lee/Richard B. McKenzie, Failure and Progress, S. XII.
[2] Thomas Schelling, Micromotives and Macrobehavior, S. 96.
[3] Eric Leifer, Actors as Observers, S. V.
[4] Das Gefangenendilemma läßt sich wie folgt formalisieren.
Die Handlungsalternative: C = cooperate oder D = defect (aggressiv).
Die vier möglichen Ergebnisse: Versuchung (Temptation) $T = 5$; Belohnung (Reward) $R = 3$; Strafe (Punishment) $P = 1$; Schicksal des Trottels (Sucker's Payoff) $S = 0$.
Es wären natürlich auch andere Zahlenwerte möglich – Bedingung dazu ist nur, daß $T > R > P > S$; oder anders ausgedrückt, daß $D/C > C/C > D/D > C/D$; wobei gelten muß, daß $(T+S):2 < R$.
Daraus ergibt sich folgende Payoff-Matrix des Gefangenendilemmas:

	C (kooperativ)	D (aggressiv)
C (kooperativ)	3,3	0,5
D (aggressiv)	5,0	1,1

Das Gefangenendilemma macht die Grundmaxime der Spieltheorie besonders deutlich: Wähle die beste aller schlechten Möglichkeiten. Das macht natürlich nicht glücklich, kann aber durchaus lebensklug sein: „Marry the girl who will be a good wife even in adversity, not one who will be wonderful but only if things go smoothly." – Kenneth Boulding, Beyond Economics, S. 39.

5 Und das wird Philosophen zur Verzweiflung treiben: In komplexen Situationen bringt „bounded rationality" (Herbert Simon) offenbar bessere Ergebnisse als unbounded rationality.

6 Gotthard Günther, Beiträge zur Grundlegung einer operationsfähigen Dialektik Bd. II, Hamburg 1980, S. VIII.

7 Hieran ließe sich vielleicht eine sechste Eigenschaft robuster Strategien ablesen: Eine Strategie ist um so robuster, je weniger ihr Erfolg von Informationen über die Strategie des anderen abhängt.

8 Formalisiert hat diese Strategie das berühmte Kurzprogramm von Anatol Rapoport: Tit for Tat. Es beginnt kooperativ und spiegelt dann mit jedem weiteren Zug den jeweils vorhergehenden Zug des Gegners. Das verblüffende Resultat: TFT unterliegt allen aggressiven Programmen, kann kein einziges Programm besiegen – und schlägt doch alle. Doch wie gesagt: Es gibt keine umweltunabhängig beste Strategie. Auch TFT hat seine Schwächen. So ist das Programm der robusten Nettigkeit schwach im Umgang mit nicht-responsiven Strategien wie ALL D (immer aggressiv) – aber auch ALL C (immer nett). Denn TFT muß im Umgang mit dem Zynikerprogramm einmal den Sucker's Payoff einstreichen und kann sich auf der anderen Seite nicht von anderen netten Strategien unterscheiden. Vgl. hierzu vor allem Robert Axelrod, The Evolution of Co-operation.

9 Die Binarisierung des Sozialen im Gefangenendilemma ist natürlich nur eine mögliche Modellierung unseres alltäglichen Erlebens. Dieses Angebot ist aber immerhin anspruchsvoller als das der Politik, die uns *Einwertigkeit* einbläuen möchte. TINA lautet das Lieblingsakronym der großen Politiker: there is no alternative – nämlich zu ihrer Politik. Auch „Commitment", dieser Religionsersatz der neueren Managementliteratur, zerstört die Plausibilität von Alternativen. Dem ist allerdings nicht mit Phantomen wie „Objektivität" oder „Unvoreingenommenheit" beizukommen; das macht eine schöne, paradoxe Formel von Mary Douglas und Aaron Wildavsky, Risk and Culture, S. 212, deutlich: Wer Varietät und Alternativität kultivieren, also Optionen offenhalten möchte, braucht „a systematic commitment to noncommitment". Mit dem Entweder/Oder von *cooperate* und *defect* erreicht die Modellierung des Sozialen die *Zweiwertigkeit*. Erst die Iterierung des Gefangenendilemmas bringt dann einen *dritten Wert* ins Spiel. Dieser „Rejektionswert" (G. Günther) zur binären Wahl *cooperate/defect* ist der Ausstieg aus der Beziehung: *exit*. Für die netten Menschen genügt der Kooperationsgewinn im Umgang mit anderen netten Menschen – und die Möglichkeit des Abbruchs der Beziehung mit unkooperativen. Funktional äquivalent zu *exit* ist die Option *ostracism*: die öffentliche Ächtung der Free-rider. Allerdings ist es sehr kostspielig, Trittbrettfahrer auszuschließen, wie überhaupt Gesetzesbrecher zu bestrafen. Eine Norm zur Geltung zu bringen

hat „enforcement costs", so Robert Axelrod, The Complexity of Cooperation, S. 52: die Polizei rufen, eine Aussage machen – das kostet Zeit und Nerven; das würde man sich gerne ersparen. Deshalb braucht man eine Metanorm: Nicht nur die Rechtsbrecher müssen bestraft werden, sondern auch diejenigen, die Rechtsbrecher nicht bestrafen. Nur so gewinnt der Frevel an den öffentlichen Gütern eine „artificial noticeability" (Jerome Rothenberg). Der Algorithmus:
  alter kooperiert (a) oder defektiert (b)
  wenn b): ego sieht nichts (a) oder ego sieht alter (b)
  wenn b): Strafe für alter (a) oder keine Strafe (b)
  wenn b): niemand sieht ego (a) oder der Dritte sieht ego (b)
  wenn b): Strafe für ego oder keine Strafe.
[10] Die Anwendung dieses Schemas auf Politik liegt auf der Hand: Die Linke ist gutgläubig (C) und riskiert, ausgebeutet zu werden. Die Rechte ist mißtrauisch (D) und hat Angst vorm sucker's payoff (S).
[11] Herbert Simon, The Sciences of the Artificial, S. 45.
[12] Martin Mayer, The Bankers, S. 280.
[13] Fußball ist ein klassisches Nullsummenspiel – heute verschärft durch die Dreipunkteregel, die den, der unentschieden spielt, bestraft. Es gilt also: $R = P$; Sieg $(T) = 3$; Niederlage $(S) = 0$; Unentschieden $(R/P) = 1$; und dann folgt: $(T + S) : 2 > R/P$.
[14] Frank Knight, Selected Essays Bd. II, S. 41. – Vgl. dazu auch Kapitel 2.
[15] Hier muß man sich hüten, Kooperation als unbedingten Positivwert zu verklären. Auch Korruption ist Kooperation. Selbst echte Feindschaft setzt Kooperation voraus. Feinde arbeiten gemeinsam daran, die öffentliche Meinung zu polarisieren. Erfolg besteht deshalb gerade nicht in der Vernichtung des Feindes. Der besiegte Feind wird nämlich zur Hypothek. Den Carl-Schmitt-Freunden muß man also im Blick auf unser Thema sagen: Wichtiger als die Unterscheidung Freund/Feind ist die Dauerhaftigkeit der Interaktion.
[16] Charles Lindblom, The Market System, S. 40. – Wie viele „few" sind, ist dabei von allergrößter Wichtigkeit. Das numerische Problem der Coopetition hat Reinhard Selten auf die magische Formel gebracht: *4 are few and 6 are many*. 5 ist demnach die Grenze zwischen großen und kleinen Gruppen. Bei Gruppen > 5 ist der Anteil am Kartellgewinn kleiner als der Profit des Outsiders. Daraus folgt: Je größer die Zahl der Wettbewerber, desto attraktiver die Position des Außenseiters. Vgl. Reinhard Selten, „A Simple Model of Imperfect Competition, where 4 Are Few and 6 Are Many", S. 141 f. und 199 ff. In Neologismen wie Coopetition und Koevolution verbirgt sich die Unternehmensphilosophie, daß Erfolg gerade nicht in der Vernichtung des Konkurrenten besteht. Doch wie können nette Leute in einer „Ellenbogengesellschaft", also unter Bedingungen der „bürgerlichen Kälte" überleben? Die Zauberformel einer Antwort verdanken wir Herbert A. Simon, Reason in Human Affairs, S. 62: „coevolution of altruistic behaviors". Sie liegt wie ein Zuckerguß über einer Theorie, der es gelungen ist, die moderne Grundsituation doppelter Kontingenz auf ein prägnantes, berechenbares Modell zu reduzieren. Man könnte von einer Geburt der Spieltheorie aus dem ökonomischen Problem der Selbstanwendung sprechen: ökonomi-

sche Voraussagen stören das, was sie voraussagen. Aber viel plastischer wird das Problem, wenn wir es „politisch" zuspitzen:
Der Feind denkt, daß wir denken, er werde angreifen
– deshalb denkt er, daß wir angreifen werden
– deshalb wird er uns angreifen
– und deshalb müssen wir ihn angreifen.

17 Robert Putnam, Bowling Alone, S. 22 f. Mit einem für soziale Systeme charakteristischen Emergenzeffekt, wie Robert Axelrod, The Complexity of Cooperation, S. 140, gezeigt hat: „the emergent clusters of mutually committed actors are really new actors at a higher level of organization."
18 A.a.O., S. 23.
19 Robert Axelrod, The Complexity of Cooperation, S. 172; genau so formuliert auch Mark Granovetter, „The Strength of Weak Ties", S. 1378: „strong ties, breeding local cohesion, lead to overall fragmentation." Vgl. hierzu auch Kapitel 7. – Wenn man die strategische Alternative des Gefangenendilemmas (Aggression/Kooperation) mit dieser Grundunterscheidung der Weltgesellschaft (Inklusion/Exklusion) korreliert, ergibt sich eine interessante Möglichkeit der Kreuztabellierung:

	Aggression	
Inklusion	Wettbewerb	Terror	Exklusion
	Organisation	Internat. Politik	
	Kooperation	

Kapitel 6: Politik zwischen Celebrity Design und Muddling Through

1 Vgl. Erving Goffman, The Presentation of Self in Everyday Life, S. 203 ff.
2 Charles E. Lindblom, „The Science of ‚Muddling Through'". – Bundeskanzler Schröder hat das unlängst sehr schön, wenn auch in kritischer Absicht als „die Politik der permanenten Gegenwart" bezeichnet, in: Der Spiegel #28, 2004, S. 30.
3 Stanley Fish, The Trouble with Principle, S. 92.
4 Eric Leifer, Actors as Observers, S. 44.
5 Charles E. Lindblom/David K. Cohen, Usable Knowledge, S. 50.
6 Zum antiken Urmodell vgl. Eric A. Havelock, Preface to Plato, S. 167 f., 170 f.
7 Über diesen unbewußten Wunsch nach Propaganda hat Jacques Ellul ein auch heute noch lesenswertes Buch geschrieben: Propagandes. Dieser Propagandabegriff meint nicht Gehirnwäsche und Zensur. Moderne

Regierungen zensieren nicht, sondern kontern Fakten mit Fakten. Propaganda ist die Betäubung, die es ermöglicht, daß politische Operationen durchgeführt werden können – man könnte von Informationshypnose sprechen.

[8] Das jüngste deutsche Beispiel für diese Personalisierung und Digitalisierung des Politischen bot im Wahlkampf 2002 das TV-Duell Schröder gegen Stoiber, das heißt Sympathiewerte gegen Kompetenzwerte, der Medienvirtuose gegen den Aktenfresser, der Hedonist (bekennender Rotweintrinker) gegen den Asketen (der sich ersichtlich zwingen muß, das in Bayern obligatorische Maß Bier zu trinken). Letztlich könnte man all diese Unterscheidungen auf eine einzige reduzieren: warm oder kalt. Welches ist die richtige Betriebstemperatur für einen modernen Staat? Bisher hat sich Deutschland fast immer für die Wärme entschieden – legendär Willy Brandt, der Vater der Herzens-SPD, gegen Barzel, den unsympathischen Intellektuellen.

[9] Philip Kotler, „Semiotics of Person and Nation Marketing", S. 5.

[10] Jerome Bruner, On Knowing, S. 181.

[11] Theodore Roszak, The Cult of Information, S. 217.

[12] Das Verhältnis von Parteiführer und Basis ist ein gutes Beispiel für „the strength of weak ties", das heißt für den Wert der Diskontinuität – vgl. dazu Mark Granovetter, „The Strength of Weak Ties". Deshalb ist die Kluft zwischen Schröder und der SPD-Basis so groß. Vor allem aber Joschka Fischer hat die Strategie der Mehrdeutigkeit perfektioniert; er funktioniert wie der Tintenfleck im Rorschachtest. Derart erfolgreiche Politiker schalten die Medien als Puffer zwischen sich und die Partei – ihre Sympathiewerte emanzipieren sich von der „Sonntagsfrage".

[13] Allan Bloom, The Closing of the American Mind, S. 76. Hierzu ausführlich Kapitel 7.

[14] Politik ist práxis, also eine in sich befriedigende Tätigkeit. Sie wird uns aber als poiésis verkauft.

[15] Murray Edelman, Constructing the Political Spectacle, S. 104.

[16] Walter Benjamin, Das Kunstwerk im Zeitalter seiner technischen Reproduzierbarkeit, in: Gesammelte Schriften Bd. I, S. 492 Anm.

[17] Seither sind Mediendesigner für das Funktionieren einer modernen Partei wichtiger als „politisches Urgestein". Und das Spektrum medienwirksamer Darstellung ist breit: vom „Branding Germany", das Deutschland als Markenartikel auf den Weltmarkt werfen will, bis zum resoluten Marketing des „Exit" – Oskar und das Buch, das die Republik erschüttern wollte.

[18] Harrison C. White, Identity and Control, S. 282.

[19] Politiker präsentieren sich dann gerne als Herakles oder Sisyphos – und verdecken damit planvoll den Reform-Genuß. Wer nämlich in gemeinwohlorientiertem Handeln nach dem öffentlichen Guten strebt, kann schon die Suche genießen: das Vergnügen des Wegs zum Ziel. Die Politiker haben die Lust des öffentlichen Handelns. Ähnliches gilt übrigens auch für viele Professoren in Kommissionen – sie streichen die *in-process benefits* ein.

Kapitel 7: Wie die Medien die Gesellschaft zusammenhalten

[1] Eric A. Havelock, Preface to Plato, S. 174.
[2] Kevin Kelly, New Rules for the New Economy, S. 106. – So ist wohl auch Flussers These zu verstehen, daß „die Massenmedien sich in intersubjektive, briefartige Medien zu verzweigen beginnen" – Vilém Flusser, Die Schrift, S. 98.
[3] „Local convergence can lead to global polarization", heißt es bei Robert Axelrod, The Complexity of Cooperation, S. 172.
[4] Walter Lippmann, Public Opinion, S. 59.
[5] Pascal Bruckner, Ich kaufe, also bin ich, S. 111.
[6] Harold A. Innis, The Bias of Communication, S. 79.
[7] John R. Searle, The Construction of Social Reality, S. 135.
[8] Wer Fakten, Fakten, Fakten bietet, stellt alle Weltprobleme als Probleme des *Nichtwissens* dar – und verdeckt damit das Problem der *Orientierungslosigkeit*. Und er bietet als Universallösung *Information* – läßt also gar nicht mehr daran denken, daß es uns vielleicht an *Imagination* fehlt.
[9] Hans Mathias Kepplinger, Die Kunst der Skandalierung und die Illusion der Wahrheit, S. 153.
[10] Neil Postman, Amusing Ourselves to Death, S. 112.
[11] Murray Edelman, Constructing the Political Spectacle, S. 101.
[12] Allan Bloom, The Closing of the American Mind, S. 76. – Seit Edward Bernays spricht man vom *engineering of consent*. Doch wird man das heute nicht mehr als Wesen der Demokratie verkaufen können. Die Kontrollmacht der Elite verkleidet sich als Konsens: „the managers of the media [...] do not simply address audiences; they assemble them." – Charles E. Lindblom, Inquiry and Change, S. 102.
[13] Jerome Bruner, On Knowing, S. 141.
[14] John M. Keynes, The General Theory of Employment, Interest and Money, S. 156. – So zähmt die öffentliche Meinung das Meinen, indem sie es in eine Spirale reziproker Erwartungen hineinzwingt: „Everyone expects everyone else to expect everyone else to expect the result; and everyone is powerless to deny it." – Thomas C. Schelling, The Strategy of Conflict, S. 91.
[15] Kepplinger, a a O., S. 46.
[16] Eric Leifer, Actors as Observers, S. 96. Meinungen und Gewißheiten beeinflussen sich ja um so stärker, je *näher* sie beieinander liegen.
[17] Weil sich dabei die Erwartung jedes Zuschauers zum Anspruch steigert, wächst die Emotionalität. Das gilt vor allem für den modernen Anspruch der Selbstverwirklichung, in dem die Gesellschaft die Tatsache anerkennt, daß das Individuum nicht Teil der Gesellschaft ist. Der Ausschluß des Menschen aus der Gesellschaft wirft ihn auf seine Gefühle zurück, weil der kompensatorische Anspruch auf Selbstverwirklichung nicht routinisiert werden kann. Unser Stichwort lautet hier: Emotional Design – vgl. dazu Kapitel 9.
[18] „Von da her ist die moderne Gesellschaft mehr, als man gemeinhin

denkt, durch Emotionalität gefährdet", meint Niklas Luhmann, Soziale Systeme, S. 365, ohne diese Gefahr jedoch spezifizieren zu können.
[19] Lionel Tiger, The Pursuit of Pleasure, S. 55. – Vgl. hierzu ausführlich Kapitel 9.

Kapitel 8: Der Kult des Authentischen

[1] Nelson Goodman, Languages of Art, S. 111f.
[2] A.a.O., S. 122.
[3] *Picture processing* meint also einmal diese digitale Emendierung fototechnisch schwacher Funkbilder. Zum andern aber ist es eine Technik der spurlosen Fälschung: Funkbilder und Fotos werden mit einem Scanner abgetastet und in digitaler Form, das heißt als diskrete Zahlenreihe, im Computer gespeichert. Nun kann man retuschieren, ohne daß Spuren bleiben, denn die Pixel des Monitors sind kleiner als die Film-Körnung. Man kann es auch so sagen: Daß jedes Bild als Matrix von Codes manipuliert werden kann, hat den Effekt, daß es keine ‚Effekte' mehr gibt. Am Endpunkt dieser Entwicklung wird die Kamera durch die direkte Video-Synthese numerischer Bilder ersetzt werden. Elektronische Bildverarbeitung korrigiert und verknüpft digital gewandelte Bilder von jedem einzelnen Pixel aus. Techniken wie die Fourier-Analyse ermöglichen ein *image enhancement*, das etwa Satellitenbilder überhaupt erst interpretierbar macht: Die Photographien werden gleichsam gesäubert, ihre Datenstruktur optimiert – Oberflächen erscheinen dann geglättet, Kanten scharf konturiert. Bei dieser elektronischen Nachbearbeitung von Bildrohdaten verliert der Begriff Manipulation seinen kritischen Sinn. Elektronische Bilder sind weniger diskrete Gegenstände als vielmehr Zeitsegmente eines kontinuierlichen Signals. Ihr bestimmendes Verhältnis zueinander ist deshalb nicht mehr das des Schnitts und der Montage, sondern der Metamorphose und digitalen Transformation.
[4] Odo Marquard, Aesthetica und Anaesthetica, S. 96.
[5] Vgl. für eine imposante Auflistung neuerer Verschwörungstheorien die Titelgeschichte des *Spiegel* vom 8. September 2003.
[6] Walter Benjamin, Das Kunstwerk im Zeitalter seiner technischen Reproduzierbarkeit, S. 440.
[7] A.a.O., S. 447.
[8] Eric Havelock, Preface to Plato, S. 159.
[9] Lennard J. Davis, Factual Fictions, S. 36.
[10] So Kenneth J. Gergen, Realities and Relationships, S. 281: „Deceit is a highly profitable commodity in the world of news making."
[11] Neil Postman, Amusing Ourselves to Death, S. 104.
[12] Havelock, a.a.O., S. 139.
[13] Arlie Russell Hochschild, „Emotion Work, Feeling Rules, and Social Structure", S. 563: „Work to make feeling and frame consistent with situation".
[14] Marquard, a.a.O., S. 93.
[15] A.a.O., S. 84.

Kapitel 9: Gute Unterhaltung

[1] Eric Havelock, Preface to Plato, S. 89.
[2] Lionel Tiger, The Pursuit of Pleasure, S. 54.
[3] Thomas C. Schelling, Choice and Consequence, S. 333.
[4] Dolf Zillmann, „Über behagende Unterhaltung in unbehagender Medienkultur", S. 46.
[5] Tibor Scitovsky, The Joyless Economy, S. 41.
[6] Theodor W. Adorno, Minima Moralia, § 150.
[7] Desmond Morris, The Naked Ape, S. 79. – Das entspricht präzise der Definition von Thrill bei Michael Balint, Thrills an Regressions, S. 23: „mixture of fear, pleasure, and confident hope in face of an external danger". Hinzu kommt, daß die inszenierten Emotionen in Kino und Fernsehen Metaemotionen im Zuschauer auslösen; beim Krimi etwa Angstlust, beim Melodram die Empfindung „Wie schön es ist, melancholisch zu sein" – man könnte von Gefühlen zweiter Ordnung sprechen.
[8] Werner Früh hat diesen kontrollierten Kontrollverlust zu Recht ins Zentrum seiner Unterhaltungstheorie gestellt: Unterhaltung durch das Fernsehen.
[9] William I. Thomas, The Unadjusted Girl, S. 49.
[10] Elisabeth Bott, Family and Social Network, S. 67.
[11] Robin Dunbar, Grooming, Gossip and the Evolution of Language, S. 66. – Vgl. dazu auch Andrew Anthonys schönen Aufsatz „It could be you": „We seem to have developed a bulimic appetite for fame, consuming endless spin, rumour and gossip before spewing it all back out in disgust at the celebrity's privileged and pampered lifestyle."
[12] So ausdrücklich Francis Fukuyama, The Great Disruption, S. 279. – Riten geben jedem Problem eine Ausdrucksform und ermöglichen so das „Überleben der Spannung in Formen", heißt es bei Niklas Luhmann, Soziologische Aufklärung Bd. 1, S. 13. – Gefühle sind also die kulturellen Artefakte, in denen die Erregung in kontrollierte Form gebracht ist. Die Kontrolle besteht in Tabus, Verhaltensmustern, Ritualen, Mythen, Spielen, Rationalisierungen; wir werden von symbolischen Gefühlsmodellen geleitet. „In order to make up our minds we must know how we feel about things; and to know how we feel about things we need the public images of sentiment that only ritual, myth, and art can provide." Clifforf Geertz, The Interpretation of Cultures, S. 82.
[13] Ronald S. Burt, Structural Holes, S. 261.
[14] Tiger, a.a.O., S. 55.
[15] Allan Bloom, The Closing of the American Mind, S. 76.
[16] John R. Searle, The Construction of Social Reality, S. 135.
[17] Dunbar, a.a.O., S. 199; vgl. hierzu ausführlich Kapitel 2.
[18] Owen Barfield, The Rediscovery of Meaning, S. 151.
[19] Niklas Luhmann, Soziologische Aufklärung Bd. 4, S. 261.
[20] Robert Warshow, The Immediate Experience, S. 153.
[21] Niklas Luhmann, „Soziologie der Moral", S. 78.
[22] Jerome Bruner, On Knowing, S. 36.

[23] Lionel Tiger/Robin Fox, The Imperial Animal, S. 7.
[24] Man findet in diesem Zusammenhang auch schon den Begriff „storying". Vgl. dazu Kenneth J. Gergen, Realities and Relationships, S. 210, über „narratives of the self".
[25] Vgl. Karl E. Weick, Sensemaking in Organizations, S. 61: „what is necessary in sensemaking is a good story." – Herbert A. Simon, Reason in Human Affairs, S. 32, hat das „hot dressing" genannt: Information im Kontext von Emotion. Vgl. auch Herbert A. Simon, Administrative Behavior, S. 90f.
[26] Ronald de Sousa, The Rationality of Emotion, S. 115.
[27] „Anything about which you tell a story is a tie." – Harrison C. White, Identity and Control, S. 68.
[28] Hayden White, Figural Realism, S. 8; so auch Peter Brooks, Reading for the Plot, S. 14: „plot *makes* events *into* a story".
[29] Kenneth Gergen, a.a.O., S. 224; so auch Ronald de Sousa, a.a.O., S. 73: „scripts mirror the ‚inertial' effects of emotions".
[30] Bruner, a.a.O., S. 24. Auch bei Gergen, a.a.O., S. 222, heißt es: „one *does* emotions" – wie auf einer Bühne; vgl. zu diesem Thema immer noch maßgebend Erving Goffman, The Presentation of Self in Everyday Life.
[31] Andy Warhol, The Philosophy of Andy Warhol, S. 91. – So sehen es aber auch Soziologen, etwa Hugh Dalziel Duncan, Communication and Social Order, S. 64: „emotions are experienced as we experience emotions in watching a play." Oder eben im Fernsehen!
[32] Gergen, a.a.O., S. 230.
[33] Lionel Tiger, The Decline of Males, S. 10f.
[34] Aristoteles, Metaphysik I,1.980a 21.
[35] Desmond Morris, The Human Zoo, S. 74.
[36] Sex & Crime leben von Totem und Tabu. Bei Crime geht es um die geheime Verwandtschaft von Politik und Verbrechen, die von Freud, Benjamin und Agamben analysiert worden ist. Im Krimi kommt das Verbrechen als verborgener Grund der Politik zum Vorschein; das macht den unvergleichlichen Reiz guter Mafia-Filme aus.
[37] Max Horkheimer/Theodor W. Adorno, Dialektik der Aufklärung, S. 127.
[38] Bewußte Kontrolle und Planung spielen, zum Leidwesen der Trainer und ihrer „Taktik", nur eine untergeordnete Rolle. Performanz zählt mehr als Hierarchie. Deshalb verdient der Fußballstar meist mehr als der Trainer.
[39] Tiger, a.a.O., S. 229.
[40] Vgl. hierzu Francis Fukuyama, The End of History and the Last Man, S. 162ff.
[41] Zygmunt Bauman, Postmodernity and its Discontents, S. 91.
[42] Ellen Berscheid, „Back to the Future and Forward to the Past", S. XI. – Ihr Standardbeispiel ist die inszenierte Hilflosigkeit auf der Achterbahn.
[43] Philip Kotler, „Semiotics of Person and Nation Marketing", S. 5.
[44] Walter Benjamin, Das Kunstwerk im Zeitalter seiner technischen Reproduzierbarkeit, S. 452.
[45] Tagtäglich macht das Fernsehen mit seinem Körperkult der Prominenz

dem Zuschauer deutlich, wie die Massenmedien den Markt für Achtung und Aufmerksamkeit regulieren. So nährt sich die Gier nach Publizität von der Angst, nicht wahrgenommen zu werden. Was die Millionen Warhol-Schüler ersehnen, hat Roger Rosenblatt sehr schön „redemption by exposure" genannt – „The Year Emotions Ruled", S. 64. – „Diese spontane Enthüllung erspart jegliche Aktivität, jede Arbeit an sich selbst. Allein der Blick der anderen sagt mir, wer ich bin, was mit mir los ist." – Pascal Bruckner, Ich kaufe, also bin ich, S. 159 f.

46 Eric Robertson Dodds, Die Griechen und das Irrationale, S. 128. – Über Tyche, „diesen ungöttlichen Gott", heißt es bei Ulrich von Wilamowitz-Moellendorf, Der Glaube der Hellenen Bd. II, S. 305: „Wenn im Menschenleben der Zufall herrscht, gibt es keine göttliche Gerechtigkeit, und wenn der Erfolg entscheidet, gibt es kein ewiges Sittengesetz."

47 So der treffende Titel eines erhellenden Aufsatzes von Andrew Anthony, der an Leo Braudys Geschichte des Ruhms anknüpft. Lord Byron wird hier als erste spezifisch moderne Berühmtheit dargestellt, an deren Streben nach Ruhm jeder Leser teilnehmen durfte.

Kapitel 10: Das Kaleidoskop der Werte

1 Vgl. Norbert Bolz, Das konsumistische Manifest, S. 90 ff.
2 Tom Peters, The Brand You 50, S. 101.
3 Kenneth Boulding, Beyond Economics, S. 225.
4 Bernard Cova, „From Marketing to Societing", in: Rethinking Marketing, S. 74. – Das meint wohl auch Ph. Herder-Dorneichs Begriff „Begegnungsgüter".
5 Lionel Tiger, The Decline of Males, S. 46. – Der spektakuläre Siegeszug der Tatoos zeigt, daß die Macht der Mode heute so groß ist, daß sie noch ihr Gegenteil übergreift. Das Tatoo ist nämlich populär, weil es unveränderlich ist; es ist endgültig wie der Verlust der Virginität. Das Tatoo ist also das Gegenteil der Mode – als Mode.
6 Gary S. Becker, Accounting for Tastes, S. 46.
7 Herbert A. Simon, The Sciences of the Artificial, S. 166.
8 Harrison C. White, Identity and Control, S. 177, 197.
9 Vgl. für eine detaillierte Analyse Kapitel 12, aber auch Norbert Bolz, Das konsumistische Manifest.
10 Jacques Lacan, Ecrits I, S. 146.
11 Magoroh Maruyama, Mindscapes in Management, S. 114. – Das Begehren, unbefriedigt zu sein, entsteht heute typisch aus dem Mangel an Sorgen. Zumal wenn man keine Kinder hat, möchte man Sorgen haben. Es ist der gleiche Wunsch, sich um etwas zu sorgen, der sich an Tiere, Tamagotchi, Natur oder dritte Welt hält. „People have a need to provide care", heißt es bei Rolf Jensen, The Dream Society, S. 76, der diesen neuen Markt für Symbole der Sorge als erster beschrieben hat. Dazu gehören paßgenau Ideologien wie Caring Capitalism oder Fair Trade mit dem Label „Made in Dignity".

¹² Tibor Scitovsky, The Joyless Economy, S. 41.
¹³ Thomas C. Schelling, Choice and Consequence, S. 130.
¹⁴ John Maynard Keynes, Two Memoirs, S. 97.
¹⁵ Harry G. Frankfurt, „Freedom of the Will and the Concept of a Person", S. 9. Eigentlich keine neue Einsicht; schon bei Kierkegaard, Entweder/Oder Bd. I, S. 41, heißt es: „Der eigentliche Genuß liegt nicht in dem, was man genießt, sondern in der Vorstellung."
¹⁶ Arthur M. Kroll, Career Development, S. 13.
¹⁷ Vgl. dazu ausführlich: Norbert Bolz, Die Konformisten des Andersseins.
¹⁸ Maruyama, a.a.O., S. 38.
¹⁹ Th. Schelling, a.a.O., S. 87.
²⁰ Allan Bloom, The Closing of the American Mind, S. 109.
²¹ Charles E. Lindblom, „The Science of ‚Muddling Through'", S. 85.
²² Adair Turner, Just Capital, S. 115.
²³ Pascal Bruckner, Ich kaufe, also bin ich, S. 216. – Das gilt aber auch für Wissen, so Steve Fuller, Social Epistemology, S. XVIII: „knowledge is a positional good, the value of which is directly related to restrictions on its access."
²⁴ Thomas C. Schelling, Micromotives and Macrobehavior, S. 215.

Kapitel 11: Die neuen Arbeitsverhältnisse

¹ Vgl. den Klassiker Mihaly Csikszentmihalyi, Flow, S. 159f., 162.
² Johannes Gross, Nachrichten aus der Berliner Republik, S. 242.
³ Peter M. Senge, The Fifth Discipline, S. 309.
⁴ Ian Angell, The New Barbarian Manifesto, S. 42.
⁵ Terrence E. Deal/Allan Kennedy, Corporate Cultures, S. 86. – Je mehr die Arbeit Kommunikation wird, um so weniger kann man sich das Ergebnis selbst zurechnen – und um so wichtiger wird der Status.
⁶ Daniel Bell, The Coming of Post-Industrial Society, S. XCV.
⁷ In der Wirtschaft kann das leicht zu einer emotionalen Abkopplung der Firmen vom Standort führen – zumal dann, wenn die Firmen an ihrem alten Standort auf Regulierungssüchtige treffen.
⁸ Tom Peters, The Tom Peters Seminar, S. 175.
⁹ Hier genügt der ironisch explizite Buchtitel von Tom Peters, The Brand You 50: fifty ways to transform yourself from an ‚employee' into a brand that shouts distinction, commitment, and passion!
¹⁰ Rolf Jensen, The Dream Society, S. 116.
¹¹ Daniel Bell, The Coming of Post-Industrial Society, S. 468.
¹² Adair Turner, Just Capital, S. 94.
¹³ Lester Thurow, Creating Wealth, S. 284.
¹⁴ Robert D. Putnam, Bowling Alone, S. 88: „increased competition in the global marketplace, improved information technology, greater focus on short-term financial returns, and new management techniques have combined to make virtually all jobs more ‚contingent'."
¹⁵ Charles Handy, Beyond Certainty, S. 171.
¹⁶ Niklas Luhmann, Die Wirtschaft der Gesellschaft, S. 165.

Kapitel 12: Der Wunsch nach Eigenzeit

1. Jede Karriere ist die Nachgeschichte einer Urszene.
2. Alle Lernprozesse sind heute riskant. Ständig stellt sich die Frage: Kann man das später brauchen? Etwa das Russisch, das die DDR-Kinder gelernt haben.
3. John R. Searle, The Construction of Social Reality, S. 134.
4. Stanley Fish, Is There a Text in This Class? S. 199.
5. Tom Peters, „In Search of Slow Speed", in: Intern. Management-Weiterbildung, Thalwil 1999, S. 6.
6. Ian Angell, The New Barbarian Manifesto, S. 42.
7. Vgl. hierzu ausführlich das Kapitel „Coda".
8. Karl E. Weick, The Social Psychology of Organizing, S. 159.
9. Rolf Jensen, The Dream Society, S. 116.
10. Robert B. Reich, The Future of Success, S. 176.
11. Macht hat, wer über die Eigenzeit anderer disponieren kann. Je höher der Status, desto später will und kann man zur Verabredung kommen. Dieses reputationsfördernde Verhalten wollen natürlich auch die Statusniedrigeren imitieren, und das führt in sozial ungeordneten Situationen zu für unsere moderne Gesellschaft charakteristischen Dilemmata: Ich will erst auf der Party erscheinen, wenn die meisten schon da sind – aber das wollen die meisten! Vgl. hierzu Kapitel 10.
12. The Henley Center, in: The Observer vom 4. März 2001: „Be happy – spend money."
13. Vgl. hierzu ausführlich Kapitel 2.

Coda: Die Prinzen von Serendip

1. Daß man einen bestimmten Denkstil heute politisch einfordern kann, versteht sich aus den veränderten Bedingungen des Denkens. Antik war die Muße, mittelalterlich das Mönchtum die Bedingung des Denkens – und modern ist es eben die Verbeamtung.
2. Immanuel Kant, Über den Gemeinspruch: Das mag in der Theorie richtig sein, taugt aber nicht für die Praxis, A201f.
3. Stanley Fish, „Consequences", S. 117.
4. Ernst Peter Fischer, in: Die Zeit vom 5. Januar 2000.
5. Ian Hacking, Representing and Intervening, S. 12. – Und Daniel Bell, The Coming of Post-Industrial Society, S. 112, empfiehlt: „we have to retreat from theory" – zugunsten neuer Paradigmen.
6. Gordon Moore, zit. nach: Michael Schrage, Serious Play, S. 141.
7. Martin Heidegger, Vier Seminare, S. 107.
8. Hans Blumenberg, Die Verführbarkeit des Philosophen, S. 21.
9. Michael Schrage, Serious Play, S. 19.
10. Herbert A. Simon, The Sciences of the Artificial, S. 111.
11. Harrison C. White, Identity and Control, S. 297.
12. Simon, a.a.O., S. 164.
13. A.a.O., S. 195.

[14] A.a.O., S. 211.
[15] A.a.O., S. 48.
[16] A.a.O., S. 166.
[17] A.a.O., S. 138.
[18] A.a.O., S. 44. – „You do not use rationality, but rather it uses you, embeds you as a person." – Harrison C. White, Markets from Networks, S. 351.
[19] Mary Douglas/Aaron Wildavsky, Risk and Culture, S. 212. – Wissenschaftliche Rationalität schreibt also nicht vor, sondern schränkt ein. Sie zerstört selektiv Informationen, um sie besser prozessieren zu können. Insofern ist sie funktional äquivalent mit Ignoranz. Jede Rationalität ist eine „engine of exclusion". – Stanley Fish, The Trouble With Principle, S. 70.
[20] Herbert A. Simon, a.a.O., S. 209.
[21] A.a.O., S. 128.
[22] A.a.O., S. 193. – Decomposability heißt im Jargon der Systemtheorie auch Interdependenzunterbrechung.
[23] A.a.O., S. 204.
[24] Natürliche Systeme bieten übrigens genauso eindrucksvolle Beispiele wie soziale. Gleichgültig, ob es sich um die Sequenz Elementarteilchen – Kern – Atom – Molekül oder Protein – Zelle – Gewebe – Organismus oder Individuum – Familie – Gemeinschaft – Staat oder Abteilung – Firma – Industrie – Wirtschaft handelt, in jedem Falle haben wir es mit einer hierarchischen Ordnung komplexer Systeme nach dem Schema der Fast-Dekomponierbarkeit zu tun.
[25] Simon, a.a.O., S. 120. – Satisficing ist also ein durch und durch untheologischer Begriff. Er meint Besserung im Gegensatz zu Heilung. Es geht um „Kriterien, die fürs erste ausreichen", so Theodor Adorno, Minima Moralia § 43. Wer oder was tüchtig genug ist, überlebt. Dieses „Gut genug" ist die Stoppregel für die Suche im unendlichen Informationsraum. Nichts anders meint auch Wittgensteins Haltmachenkönnen.
[26] Arnold Gehlen, Einblicke, S. 410.
[27] Helga Nowotny, Eigenzeit, S. 9.
[28] Niklas Luhmann, Das Recht der Gesellschaft, S. 296. – Und daraus folgt wiederum: Je weniger man voraussagen kann, desto mehr braucht man Feedback-Mechanismen.
[29] Vgl. hierzu ausführlich Kapitel 5.
[30] Kenneth E. Boulding, „Irreducible Uncertainties", S. 17.
[31] W. Ross Ashby, in: The Process of Model-Building in the Behavioral Sciences, S. 109.
[32] Niklas Luhmann, Beobachtungen der Moderne, S. 75.
[33] Steve Fuller, Social Epistemology, S. XII.
[34] Und wer erträgt das schon ohne einen mentalen Teddybären, also einen Klassiker als Übergangsobjekt – siehe die Kronzeugen dieses Abschnitts!
[35] Herbert A. Simon, Models of My Life, S. 272.

Literaturverzeichnis

Theodor W. Adorno, Minima Moralia, Frankfurt am Main 1951
Gerhard Amendt, „Aggressive Persiflage", in: FAZ 8. 11. 2002
Ian Angell, The New Barbarian Manifesto, London 2000
Andrew Anthony, „It could be you", in: The Observer 27. 1. 2002
Robert Axelrod, Robert Axelrod, The Complexity of Cooperation, Princeton NJ 1997
–, The Evolution of Co-operation, London 1990
Michael Balint, Thrills an Regressions, Madison Conn. 1959
Owen Barfield, The Rediscovery of Meaning, Middletown, Conn. 1977
Zygmunt Bauman, Postmodernity and its Discontents, Cambridge 1997
Gary S. Becker, Accounting for Tastes, Cambridge Mass./London 1996
Daniel Bell, The Coming of Post-Industrial Society, New York 1999
Walter Benjamin, Das Kunstwerk im Zeitalter seiner technischen Reproduzierbarkeit, in: Gesammelte Schriften Bd. I, 2. Auflage, Frankfurt am Main 1978
Ellen Berscheid, „Back to the Future and Forward to the Past", in: Close Relationships, hrsg. von Clyde Hendrick und Susan S. Hendrick, London 2000
Allan Bloom, The Closing of the American Mind, London 1988
Hans Blumenberg, Die Verführbarkeit des Philosophen, Frankfurt am Main 2000
Norbert Bolz, Die Konformisten des Andersseins, München 1999
–, Das konsumistische Manifest, München 2002
Elisabeth Bott, Family and Social Network, London 1957
Kenneth E. Boulding, Beyond Economics, Ann Arbor 1970
–, „Irreducible Uncertainties", in: Society, Nov./Dez. 1982
Peter Brooks, Reading for the Plot, Cambridge Mass./London 1992
Pascal Bruckner, Ich kaufe, also bin ich, München 2004
Jerome Bruner, On Knowing, Cambridge Mass./London 1979
Ronald S. Burt, Structural Holes, Cambridge Mass./London 1992
Ian Buruma, „Moral Policemen", in: Guardian 18. 12. 2001
Donald T. Campbell, Methodology and Epistemology for Social Science, Chicago/London 1988
Ronald Cohen, „Altruism: Human, Cultural, or What?", in: Journal of Social Issues, Vol 28 #3, 1972
Charles H. Cooley, Social Organization, New York 1962
Bernard Cova, „From Marketing to Societing", in: Rethinking Marketing, hrsg. von Douglas Brownlie, Mike Saren u. a., London/Thousand Oaks 1999
Mihaly Csikszentmihalyi, Flow, New York 1991

Mihaly Csikszentmihalyi/Robert Kubey, „Television and the Rest of Life", in: Public Opinion Quarterly #45, 1981
Lennard J. Davis, Factual Fictions, Philadelphia 1996
Terrence E. Deal/Allan Kennedy, Corporate Cultures, Cambridge Mass. 2000
Ronald de Sousa, The Rationality of Emotion, Cambridge Mass./London 1990
Eric Robertson Dodds, Die Griechen und das Irrationale, Darmstadt 1970
Mary Douglas/Aaron Wildavsky, Risk and Culture, London 1983
Robin Dunbar, Grooming, Gossip and the Evolution of Language, London 1997
Hugh Dalziel Duncan, Communication and Social Order, London/Oxford/New York 1962
Murray Edelman, Constructing the Political Spectacle, Chicago/London 1988
Jacques Ellul, Propagandes, Paris 1962
Hans Magnus Enzensberger, „Über die gutmütigen Deutschen", in: Der Spiegel #51, 1998
Brigitte Felderer und Thomas Macho (Hrsg.), Höflichkeit. Aktualität und Genese vom Umgangsformen, München 2002
Stanley Fish, „Consequences", in: Against Theory, hrsg. von W. J. T. Mitchell, Chicago 1985
–, Is There a Text in This Class?, Cambridge Mass./London 1980
–, The Trouble with Principle, Cambridge Mass./London 2001
Vilém Flusser, Die Schrift, Frankfurt am Main 1992
Harry G. Frankfurt, „Freedom of the Will and the Concept of a Person", in: The Journal of Philosophy, Vol. LXVIII, #1, 14. 1. 1971
Werner Früh, Unterhaltung durch das Fernsehen, Konstanz 2002
Francis Fukuyama, The End of History and the Last Man, New York 1992
–, The Great Disruption, New York 2000
Steve Fuller, Social Epistemology, 2. Auflage, Bloomington/Indianapolis 2002
Clifforf Geertz, The Interpretation of Cultures, New York 1973
Arnold Gehlen, Einblicke, Gesamtausgabe Bd. 7, Frankfurt am Main 1978
Der George-Kreis, hrsg. von G. P. Landmann, Stuttgart 1980
Kenneth J. Gergen, Realities and Relationships, Cambridge Mass./London 1997
–, The Saturated Self, New York 1991
Erving Goffman, The Presentation of Self in Everyday Life, London 1990
Nelson Goodman, Languages of Art, Indianapolis/New York/Kansas City 1968
Mark Granovetter, „The Strength of Weak Ties", in: American Journal of Sociology 78 (2) #6, 1973
Johannes Gross, Nachrichten aus der Berliner Republik, Berlin 1999
Gotthard Günther, Beiträge zur Grundlegung einer operationsfähigen Dialektik, Bd. II, Hamburg 1980

Ian Hacking, Representing and Intervening, Cambridge 1983
Charles Handy, Beyond Certainty, London 1996
Eric A. Havelock, Preface to Plato, Cambridge Mass./London 1963
Friedrich von Hayek, Recht, Gesetzgebung und Freiheit Bd. 1, 2. Auflage, Landsberg 1986
Martin Heidegger, Vier Seminare, Frankfurt am Main 1977
Albert O. Hirschman, Crossing Boundaries, New York 1998
–, Essays in Trespassing, Cambridge UK 1981
Otto Hondrich, „Die gute Gesellschaft", in: Die Zeit 21. 9. 2000
Max Horkheimer/Theodor W. Adorno, Dialektik der Aufklärung, Frankfurt am Main 1988
Harold A. Innis, The Bias of Communication, Toronto/Buffalo/London 2003
Rolf Jensen, The Dream Society, New York 1999
Ernst Jünger, Eumeswil, Stuttgart 1977
Immanuel Kant, Über den Gemeinspruch: Das mag in der Theorie richtig sein, taugt aber nicht für die Praxis, Werke Bd. VI, Frankfurt am Main 1964
Kevin Kelly, New Rules for the New Economy, New York 1998
Hans Mathias Kepplinger, Die Kunst der Skandalierung und die Illusion der Wahrheit, München 2001
John M. Keynes, The General Theory of Employment, Interest and Money, New York 1936
–, Two Memoirs, London 1949
Søren Kierkegaard, Entweder/Oder Bd. I, Gesammelte Werke I. Abt., Düsseldorf
–, Die Krankheit zum Tode, München 1976
Andreas Kilb, „Feierabend", in: FAZ 25. 11. 2002
Paul Kirchhof, „Geprägte Freiheit", in: FAZ 9. 9. 2003
Frank H. Knight, Selected Essays Bd. II, Chicago/London 1999
Philip Kotler, „Semiotics of Person and Nation Marketing", in: Marketing and Semiotics, hrsg. von Jean Umiker-Seboek, Kopenhagen 1991
Arthur M. Kroll, Career Development, New York 1970
Jacques Lacan, Ecrits I, Editions du Seuil, Paris o. J.
Dwight R. Lee/Richard B. McKenzie, Failure and Progress, Washington 1993
Eric Leifer, Actors as Observers, New York 1991
Charles E. Lindblom, Inquiry and Change, New Haven/London 1990
–, The Market System, New Haven/London 2001
–, „The Science of ‚Muddling Through'", Public Administration Review #19, 1959
Charles E. Lindblom/David K. Cohen, Usable Knowledge, New Haven 1979
Walter Lippmann, Public Opinion, New York 1997
Hermann Lübbe, „Sicherheit", in: Risiko ist ein Konstrukt, hrsg. von Münchner Rückversicherung, München 1996

–, Zeit-Erfahrungen, Stuttgart 1996
Niklas Luhmann, Beobachtungen der Moderne, Opladen 1992
–, Die Gesellschaft der Gesellschaft, Frankfurt am Main 1997
–, Grundrechte als Institution, 4. Auflage, Berlin 1999
–, Protest, Frankfurt am Main 1996
–, Das Recht der Gesellschaft, Frankfurt am Main 1993
–, Soziale Systeme, Frankfurt am Main 1984
–, „Soziologie der Moral", in: Theorietechnik und Moral, hrdg. von Niklas Luhmann und Stephan H. Pfürtner, Frankfurt am Main 1978
–, Soziologische Aufklärung Bd. 1, 4. Auflage, Opladen 1974
–, Soziologische Aufklärung Bd. 2, 3. Auflage, Opladen 1975
–, Soziologische Aufklärung Bd. 4, Opladen 1987
–, Die Wirtschaft der Gesellschaft, Frankfurt am Main 1988
Odo Marquard, Aesthetica und Anaesthetica, Paderborn 1989
Magoroh Maruyama, Mindscapes in Management, Cambridge 1994
Martin Mayer, The Bankers, New York 1974
Desmond Morris, The Human Zoo, New York 1996
–, The Naked Ape, London 1994
Friedrich Nietzsche, Sämtliche Werke. Kritische Studienausgabe, München 1980
Richard B. Norgaard, „The Coevolution of Economic and Environmental Systems and the Emergence of Unsustainability", in: Evolutionary Concepts in Economics, hrsg. von Richard W. England, Michigan 1994
Helga Nowotny, Eigenzeit, Frankfurt am Main 1989
Talcott Parsons, Politics and Social Structures, New York 1969
Tom Peters, The Brand You 50, New York/Toronto 1999
–, The Tom Peters Seminar: Crazy Times Call for Crazy Organizations, New York 1994
Helmuth Plessner, Grenzen der Gemeinschaft, Frankfurt am Main 2002
Neil Postman, Amusing Ourselves to Death, London 1987
The Process of Model-Building in the Behavioral Sciences, Ohio 1970
Robert Putnam, Bowling Alone, New York 2000
John Rawls, A Theory of Justice, Cambridge Mass. 1971
Robert B. Reich, The Future of Success, New York 2001
Roger Rosenblatt, „The Year Emotions Ruled" in: Time 22. 12. 1997
Theodore Roszak, The Cult of Information, 2. Auflage, Berkeley/Los Angeles/London 1994
Arlie Russell Hochschild, „Emotion Work, Feeling Rules, and Social Structure", in: American Journal of Sociology #85, 1979
Jean-Paul Sartre, Situations I, Paris 1972
Max Scheler, Das Ressentiment im Aufbau der Moralen, Frankfurt am Main 1978
Thomas C. Schelling, Choice and Consequence, Cambridge Mass./London 1984
–, Micromotives and Macrobehavior, New York / London 1978
–, The Strategy of Conflict, Cambridge Mass./London 1980

Helmut Schelsky, „Kritik der austeilenden Gerechtigkeit", in: Öffentliche Meinung und sozialer Wandel, hrsg. von Horst Baier, Mathias Kepplinger und Kurt Reumann, Opladen 1981
Donald A. Schön, The Reflective Practitioner, New York 1983
Arthur Schopenhauer, Werke in fünf Bänden, Zürich 1988
Michael Schrage, Serious Play, Boston 2000
Dietrich Schwanitz, Der Campus, Hamburg 1995
Tibor Scitovsky, The Joyless Economy. Revised Edition, New York/Oxford 1992
John R. Searle, The Construction of Social Reality, New York 1995
Reinhard Selten, „A Simple Model of Imperfect Competition, where 4 Are Few and 6 Are Many", in: International Journal of Game Theory #2, 1975
Peter M. Senge, The Fifth Discipline, New York 1990
George Lennox Sharman Shackle, Imagination and the Nature of Choice, Edinburgh 1979
Robert Sheaffer, Resentment against Achievement, Buffalo NY 1988
Herbert A. Simon, Administrative Behavior, 4. Auflage, New York 1997
–, Models of My Life, Cambridge Mass./London 1996
–, Reason in Human Affairs, Stanford Cal. 1983
–, The Sciences of the Artificial, 3. Aufl., Cambridge Mass. 1996
George Spencer Brown, Laws of Form, London 1969
Max Stirner, Der Einzige und sein Eigenthum, Leipzig 1845
P. F. Strawson, Freedom and Resentment, London 1974
Deborah Tannen, You Just Don't Understand, London 1991
Jacob Taubes, Die politische Theologie des Paulus, München
William I. Thomas, The Unadjusted Girl, Boston 1923
Lester Thurow, Creating Wealth, London 1999
Lionel Tiger, The Decline of Males, New York 1999
–, The Pursuit of Pleasure, New Brunswick/London 2000
Lionel Tiger/Robin Fox, The Imperial Animal, New Brunswick NJ 1998
Adair Turner, Just Capital, London 2002
Thorstein Veblen, The Theory of the Leisure Class, Mineola NY 1994
Martin Walser, Meßmers Reisen, Frankfurt am Main 2003
Andy Warhol, The Philosophy of Andy Warhol, New York 1977
Robert Warshow, The Immediate Experience, New York 1962
Max Weber, Wissenschaft als Beruf, 6. Auflage, Berlin 1975
Karl E. Weick, Sensemaking in Organizations, Thousand Oaks 1995
–, The Social Psychology of Organizing, 2. Auflage, New York 1979
Carl Christian von Weizsäcker, „Notes on Endogenous Change of Tastes", in: Journal of Economic Theory #3, 1971
Harrison C. White, Identity and Control, Princeton NJ 1992
–, Markets from Networks, Princeton/Oxford 2002
Hayden White, Figural Realism, Baltimore/London 1999
Ulrich von Wilamowitz-Moellendorf, Der Glaube der Hellenen Bd. II, Darmstadt 1959

Oscar Wilde, The Artist as Critic, hrsg. von Richard Ellmann, Chicago/London 1970

Dolf Zillmann, „Über behagende Unterhaltung in unbehagender Medienkultur", in: Medienlust und Mediennutz, hrsg. von Louis Bosshart und Wolfgang Hoffmann-Riem, München 1994